全国高职高专经济管理类"十三五"规划理论与实践结合型系列教材·物流专业

校企合作优秀教材

电子商务与物流管理

DIANZI SHANGWU YU WULIU GUANLI

主 编 张 华 李一辉 喻 立
副主编 秦 琴 霍丽娟 吴 瑕 刘 鹰

华中科技大学出版社
http://www.hustp.com
中国·武汉

图书在版编目(CIP)数据

电子商务与物流管理/张华主编. —武汉:华中科技大学出版社,2014.7(2021.12重印)
ISBN 978-7-5680-0277-6

Ⅰ.①电… Ⅱ.①张… Ⅲ.①电子商务-物流-物资管理-高等职业教育-教材 Ⅳ.①F713.36 ②F252

中国版本图书馆 CIP 数据核字(2014)第 170923 号

电子商务与物流管理 张　华　主编

策划编辑：张凌云
责任编辑：赵巧玲
封面设计：龙文装帧
责任校对：周　娟
责任监印：徐　露
出版发行：华中科技大学出版社(中国·武汉)　　　电话：(027)81321913
　　　　　武汉市东湖新技术开发区华工科技园　　　邮编：430223
录　　排：华中科技大学惠友文印中心
印　　刷：广东虎彩云印刷有限公司
开　　本：787mm×1092mm　1/16
印　　张：12.75
字　　数：323 千字
版　　次：2021 年 12 月第 1 版第 10 次印刷
定　　价：33.80 元

本书若有印装质量问题，请向出版社营销中心调换
全国免费服务热线：400-6679-118　竭诚为您服务
版权所有　侵权必究

全国高职高专经济管理类"十三五"规划
理论与实践结合型系列教材·物流专业

编 委 会

顾　　问：马士华
总 主 编：张良卫
副总主编：高新和　缪兴锋　李　东　符海青
编委委员：（排名不分先后）
　　　　　颜汉军　胡延华　乐　岩　黄本新
　　　　　麦　影　刘钧炎　关善勇　罗国良
　　　　　李超锋　许　彤　唐永洪　赖红清
　　　　　朱惠红　黄　慧　吴春尚　叶建恒
　　　　　代承霞　方秀英　程　继　余　正

总 策 划：缪兴锋　高新和

前言
PREFACE

从 20 世纪 90 年代以来，互联网信息技术飞速发展，电子商务对商品交易的作用已经得到了广泛的肯定，其应用范围正在不断扩大，对社会的影响和贡献日益显著。

电子商务与物流是特别强调"实战"的课程，本书正是通过"教、学、做"三位一体的"过程导向"原则，让学生掌握现实中电子商务与物流管理的模式、方法与技能；并在现实交易过程中学会发现问题、分析问题、解决问题的能力，以达到"零距离"教学的效果。

本书对内容体系进行了科学合理的安排，针对电子商务、物流专业的操作人员和管理人员的实际工作需要突出了相应的内容。它立足于理论与实际的结合，使学习者在了解国内外电子商务与物流基本理论的同时，也掌握从事电子商务、物流等工作所需的基本知识和技能。

本书借鉴了国内外最新电子商务与物流实践经验和理论研究成果，并对现代电子商务物流、电子商务与供应管理、物流成本、电子商务与物流服务及相关领域的新发展、新观点、新技术进行了论述，具有内容丰富、资料详实、文字简洁、脉络清晰和操作性强等特点。为了方便读者学习和认识电子商务与物流管理，书中还运用了大量的图标、案例进行说明。本书既可作为普通高等院校、高职高专院校电子商务专业、物流管理专业和相关经济管理专业的教学用书，又可作为广大电子商务、物流企业从业人员的学习参考用书。

本书采用任务化、项目化教学法进行设计，鼓励积极主动、勇于探索的自主学习方式，特别注重培养学生的职业能力。老师在实施教学时，要求课堂教学与现场教学相结合，课内项目训练与综合实训相结合，通过任务驱动，学、练同步，做到理论与实践一体化。本书不是按理论知识体系组织教学的，而是紧紧围绕各任务目标与综合项目组织教学，通过项目分解和提炼，以项目学习来实现知识目标和能力目标。

本书共分为八个教学项目，由武汉商贸职业学院张华老师、长江职业学院李一辉老师、武汉商贸职业学院喻立老师担任主编，由武汉商贸职业学院的秦琴老师、霍丽娟老师、吴瑕老师、刘鹰老师担任副主编。另外，武汉商贸职业学院刘芳老师也参与了本书的编写工作。

本书的编写参阅了许多国内外专家学者的相关研究成果，在此表示诚挚的感谢！由于编者水平有限，书中难免会有不妥或疏漏之处，敬请广大读者批评指正。

编　者
2014 年 9 月

目录
CONTENTS

项目一　电子商务与现代物流 ………………………………………………………… 1
　　任务一　电子商务的基本概念 …………………………………………………… 2
　　任务二　现代物流的基本概念 …………………………………………………… 6
　　任务三　电子商务与物流 ………………………………………………………… 19

项目二　电子商务物流管理信息系统 …………………………………………………… 29
　　任务一　电子商务物流管理信息系统概述 ……………………………………… 30
　　任务二　电子商务物流管理信息系统类型与组成 ……………………………… 35
　　任务三　电子商务物流管理信息系统的设计 …………………………………… 38
　　任务四　典型电子商务物流管理信息系统的规划设计 ………………………… 42

项目三　电子商务环境中的物流模式 …………………………………………………… 51
　　任务一　电子商务环境中的物流模式概述 ……………………………………… 52
　　任务二　第三方物流 ……………………………………………………………… 58
　　任务三　新型物流 ………………………………………………………………… 63

项目四　电子商务物流信息技术 ………………………………………………………… 71
　　任务一　电子商务中的物流信息技术 …………………………………………… 72
　　任务二　EDI 技术 ………………………………………………………………… 76
　　任务三　条码技术 ………………………………………………………………… 81
　　任务四　射频技术 ………………………………………………………………… 92
　　任务五　GPS 技术 ………………………………………………………………… 99
　　任务六　GIS 技术 ………………………………………………………………… 104

项目五　电子商务环境中的物流配送 …………………………………………………… 111
　　任务一　电子商务中的物流配送 ………………………………………………… 112
　　任务二　电子商务中的物流配送流程及合理化 ………………………………… 119
　　任务三　电子商务中的物流配送中心 …………………………………………… 125

项目六　电子商务与供应链管理 ………………………………………………………… 135
　　任务一　供应链与供应链管理 …………………………………………………… 136

任务二　供应链管理内容 …………………………………………………………… 139
　　任务三　供应链管理方法 …………………………………………………………… 144
项目七　在电子商务环境中的物流服务 163
　　任务一　在电子商务环境中的物流服务概述 ……………………………………… 164
　　任务二　电子商务中的物流客户服务内容 ………………………………………… 171
　　任务三　电子商务中的物流客户服务战略 ………………………………………… 176
项目八　电子商务环境中的物流成本管理 183
　　任务一　电子商务环境中的企业物流成本的管理 ………………………………… 184
　　任务二　电子商务中物流成本的构成与控制 ……………………………………… 190
　　任务三　电子商务中的物流成本控制的具体方法 ………………………………… 192
参考文献 …………………………………………………………………………………… 198

项目一
电子商务与现代物流

DIANZI SHANGWU
YU WULIU GUANLI

项目目标

1. 了解电子商务模式,了解电子商务对物流提出的要求。
2. 熟悉现代物流的基本概念、特点和分类;认识物流的作用和功能;了解现代物流的相关理论。
3. 掌握电子商务物流的概念、特征和流程;正确理解电子商务与物流的关系。

知识链接

在电子商务活动中,物流是相当重要的一环。本项目重点讲述电子商务和现代物流的基本原理和电子商务物流管理的基本内涵。

任务一　电子商务的基本概念

案例引导

2010年7月15日,中国互联网络信息中心(CNNIC)在北京发布了《第26次中国互联网络发展状况统计报告》(以下简称《报告》)。《报告》显示,截至2010年6月底,我国网民规模达4.2亿人,互联网普及率持续上升,增至31.8%。手机网民成为拉动中国总体网民规模攀升的主要动力,半年内新增4334万,达到2.77亿人,增幅为18.6%。值得关注的是,互联网商务化程度迅速提高,全国网络购物用户达到1.4亿,网上支付、网络购物和网上银行半年用户增长率均在30%左右,远远超过其他网络应用。

提出问题

1. 什么是电子商务?
2. 电子商务包含哪些商业模式?各有什么特点?

任务分析

所谓电子商务(electronic commerce,简称EC)是利用计算机技术、网络技术和远程通信技术,实现整个商务(买卖)过程的电子化、数字化和网络化。人们不再是面对面的、看着实实在在的货物、靠纸介质单据(包括现金)进行买卖交易,而是通过网络,通过网上琳琅满目的商品信息、完善的物流配送系统和方便安全的资金结算系统进行交易(买卖)。

电子商务的参与者很多,有消费者(consumer)、企业(business)、政府(government),有接入服务的提供者,有配送、支付服务的提供者等。根据这些参与者的不同,分别归纳为 B2C (business to consumer)、B2B (business to business)、C2B (consumer to business)、C2C (consumer to consumer)、B2G(business to government)等商业模式。

一、电子商务的概念

电子商务是近年来在全球兴起的一种新的企业经营方式,是信息技术的高级应用,可以用来增强贸易伙伴之间的商业关系,并提高贸易的效率。它是现代信息技术和商务两个子集的交集。

目前,世界各国对什么是电子商务并没有一个公认的规范定义。一般将电子商务分为广义的电子商务和狭义的电子商务两种。EC一般称为狭义的电子商务,它是指利用Internet开展的交易活动;EB(electronic business)一般称为广义的电子商务,它是指利用整个IT技术对整个商务活动实现电子化。

那么到底什么是电子商务呢?现在普遍认可的定义有以下几种。

1. 世界电子商务会议提出的定义

1997年11月欧亚非的多个国家在法国巴黎召开的世界电子商务会议上提出:"电子商务是指对整个贸易活动实现电子化。"

可以看出这个定义较为简单,缺乏必要的叙述。首先,定义没有说明电子化的含义;其次,定义没有交代采用何种技术手段或工具;最后,定义没有点出社会上哪些人群和组织成为交易的参与对象。因此,这个定义被视为狭义电子商务的提法。

2. 联合国国际贸易程序简化工作组提出的定义

联合国国际贸易程序简化工作组对电子商务提出的定义:"采用电子形式开展商务活动,它包括在供应商、客户、政府及其他参与方之间通过任何电子工具,如EDI、Web技术、电子邮件等共享非结构化或结构化商务信息,并管理和完成在商务活动、管理活动和消费活动中的各种交易。"

这个定义比世界电子商务会议提出的定义更为完整。首先,该定义强调采用了电子形式及使用了电子工具;其次,交代了主要参与对象,特别是除了供应商和客户之外,还有政府等机构;最后,还指出共享的商务信息有结构化的,也可有非结构化的,进行的不仅有商务活动,还有管理活动和消费活动。这可以说是广义电子商务的定义,包括了以往的电子数据交换(EDI),也概括了将来可能出现的新技术手段和新工作方式。

3. 行业内提出的定义

行业内比较常见的表述是:"电子商务就是在互联网开放的网络环境下,基于浏览器/服务器应用方式,实现消费者的网上购物、商户之间的网上交易、在线电子支付,以及有关方的网络服务的一种新型的商业运营模式。"

首先,此定义指明了电子商务是在互联网这一开放的网络环境中实施的;其次,此定义指出电子商务是一种商业运营模式,而不仅是一种方法或手段;最后,还提到了电子商务的一些功能和服务。但这个定义的缺点是没有指出电子商务的参与方是谁。

二、电子商务应用系统的构成

从技术角度上来看,电子商务应用系统由以下三个部分组成。

(一)企业内部网

企业内部网由Web服务器、电子邮件服务器、数据库服务器以及电子商务服务器和客户端的 PC(personal computer,个人计算机)组成。所有这些服务器和 PC 都通过先进的网络设备集线器 HUB 或交换器 Switch 连接在一起。

(1) Web 服务器:最直接的功能是可以向企业内部提供一个规范名称站点,借此可以完成企业内部日常的信息访问。

(2) 电子邮件服务器:为企业内部提供电子邮件的发送和接收。

(3) 电子商务服务器和数据库服务器:通过 Web 服务器和由自己对企业内部和外部提供电子商务处理服务。

(4) 协作服务器:主要保障企业内部某项工作能协同进行。例如,在一个软件企业,企业内部的开发人员可以通过协作服务器共同开发一个软件。

(5) 账户服务器:提供企业内部网络访问者的身份验证,不同的身份对各种服务器的访问权限不同。

(6) 客户端 PC:客户端 PC 上要安装有 Internet 浏览器,如 Microsoft Internet Explorer 或 Netscape Navigator,借此访问 Web 服务器。

在企业内部网中,每种服务器的数量随企业情况的不同而不同,如果企业内部访问网络的用户比较多,可以放置一台企业 Web 服务器和几台部门级 Web 服务器,如果企业的电子商务种类比较多或者电子商务业务量比较大,可以放置多台电子商务服务器。

(二) 企业内部网与互联网的连接

为了实现企业与企业之间、企业与用户之间的连接,企业内部网必须与互联网进行连接才能实现贸易参与各方的连接,但连接后,会产生安全性问题(如计算机网络安全问题和商务交易安全问题)。所以,在企业内部网与互联网连接时,必须采用一些安全措施或具有安全功能的设备,这就是所谓的防火墙,它主要用于解决企业内部网与互联网连接后所产生的安全性问题。

为了进一步提高安全性,企业往往还会在防火墙外设立独立的 Web 服务器和邮件服务器供企业外部访问用,同时,在防火墙与企业内部网之间,一般会有一台代理服务器。代理服务器的功能主要有以下两个。

1. 安全功能

即通过代理服务器,可以屏蔽企业内部网的服务器或 PC,当一台 PC 访问互联网时,它先访问代理服务器,然后代理服务器再访问互联网。

2. 缓冲功能

代理服务器可以保存经常访问的互联网上的信息,当 PC 访问互联网时,如果代理服务器中有被访问的信息存在,那么,代理服务器将把信息直接送到 PC 上,省去对互联网的再一次访问,可以节省费用。

(三) 电子商务应用系统

在建立了完善的企业内部网和实现了互联网之间的安全连接后,企业已经为建立一个好的电子商务系统打下了良好的基础,在这个基础上增加电子商务应用系统,就可以实施电子商务了。

一般来讲,电子商务应用系统主要以应用软件形式实现,它运行在已经建立的企业内部网之上。

电子商务应用系统分为两个部分：一部分是完成企业内部的业务处理和向企业外部用户提供服务，比如，用户可以通过互联网查看产品目录、产品资料等；另一部分是极其安全的电子支付系统，电子支付系统使得用户可以通过互联网在网上购物、支付等，实现真正意义上的电子商务。

三、电子商务模式的类型

电子商务可以按不同的方式进行分类，通常是按参与对象、交易内容及所使用网络的不同类型进行分类。从供应链管理的角度出发，按参与对象可分为以下几种类型。

（一）企业内部电子商务

企业内部电子商务，即企业内部之间，通过企业内部网的方式处理与交换商贸信息，企业内部网是一种有效的商务工具，通过防火墙，企业将自己的内部网与 Internet 隔离，它可以用来自动处理商务操作及工作流，增强对重要系统和关键数据的存取，共享经验，共同解决客户问题，并保持组织间的联系。

通过企业内部的电子商务，可以给企业带来如下好处：增加商务活动处理的敏捷性，对市场状况能更快地做出反应，能更好地为客户提供服务，还可以实现企业内部的信息、设备共享，并利用局域网，实现企业员工间真正的协同工作。

（二）企业间的电子商务（简称为 B2B 模式）

企业间的电子商务，即企业与企业之间，通过 Internet 或专用网方式进行电子商务活动。

由于企业间的交易一般属于大宗交易，所以，企业间的电子商务是电子商务三种模式中最值得关注和探讨的，因为它最具有发展的潜力。企业间的电子商务交易，其参与者除了交易双方外，还牵涉银行、货运、工商税务、信息产业部门等，如果是国际贸易，还要涉及外汇、保险、商检、海关等机关部门。

实现企业间的电子商务可以给企业带来如下好处。

(1) 加快了企业间的通信速度。

(2) 增加了客户与供货方的联系。如电子商务系统网络站点使得客户和供货方均能了解对方的最新数据和动态，而企业间电子数据交换则意味着企业间的合作得到加强。

(3) 提高了企业的服务质量，能以一种快捷的方式提供企业及其产品的信息及客户所需的服务。

(4) 提供了交互式的销售渠道。使商家能及时得到市场反馈，改进自己的工作。

(5) 提供全天候的服务。

(6) 企业间电子商务的发展给国际贸易带来了崭新的运作模式。

(7) 增强了企业的竞争力。

（三）企业与消费者之间的电子商务（简称为 B2C 模式）

企业与消费者之间的电子商务，即企业通过 Internet 为消费者提供一个新型的购物环境——网上商店，消费者可以利用良好的搜索与浏览功能通过网络在网上购物、支付。这种模式节省了客户和企业双方的时间和空间，大大提高了交易效率，节省了不必要的开支。

任务二　现代物流的基本概念

案例引导

物流是保障世界博览会（以下简称"世博会"）成功举办的关键环节之一。大量饮料、食品等生活保障用品能否及时配送，展品、活动品等能否顺利安装到位，直接关系到每天近40万至60万参观者对世博会的体验、印象。而随着世博会工作有秩序地展开，物流工作也将接受更大的挑战和考验。官方数据显示，上海世博会的展品物流量达17.2万标箱，用于展馆建设的进境货物流量近25万立方米，参展人员约7000万人次。世博会物流的难点在于其具有很强的动态性，并非完全是常态下的物流需求，对企业的应急能力要求甚高。而且，世博会物流对运输、配送的时间要求严格，要求参与企业必须做到准确无误。在世博会期间，物流企业每天都需要达到最高的运作效率，在很短时间内完成所有规定的配送工作，避免造成延误或错误。可以说：一方面世博会物流对参与企业的业务能力提出了相当大的挑战；另一方面参与世博会物流也是企业完成自我提升的良好机遇。

提出问题

1. 哪些物流企业参与了上海世博会？
2. 是传统物流企业能快速应对世博会提出的要求，还是现代物流企业？

通过上海世博会这个窗口，可以看到上海世博会物流中心繁忙的景象，也可以看到许多忙碌的物流企业有条不紊地参与世博会的运转。通过了解世博会物流中心，以及为世博会服务的一些物流企业，从而了解物流的概念、了解现代物流的概念、了解电子商务物流的概念。

一、物流的概念

随着物流理论与实践的不断发展，物流的相关概念与内涵也在不断变化，世界上许多国家的研究机构、管理机构，以及物流研究专家对物流概念做出了各种定义，到目前为止，人们对物流的理解仍然存在差异，尚未形成统一的认识。

1. 物流的定义

对于物流的定义，比较有代表性的说法有以下几种。

（1）物流是一个控制原材料、制成品、产成品和信息的系统。

（2）物流通过运输解决对货物空间位置上的变化要求，通过存储调节解决对货物的需求和供给之间的时间差。

（3）物流是从供应开始经各种中间环节的转让及拥有而到达最终消费者手中的实物运动，以此实现组织的明确目标。

（4）物流是物质资料从供给者到需求者的物理运动，是创造时间价值、场所价值和一定的加工价值的活动。

（5）物流是指物质实体从供应者向需求者的物理移动，它由一系列创造时间价值和空间价值的经济活动组成，包括运输、保管、配送、包装、装卸、流通加工及物流信息处理等多项基本活动。

（6）物流一般是由商品的运输、仓储、包装、搬运装卸、流通加工以及相关的物流信息等环节构成，并对各个环节进行综合和复合化后形成的最优系统。

关于物流定义的描述，如表 1-1 所示。

表 1-1 物流定义的描述

国家或地区		年份	给出定义的组织	定 义
美国	工程派	1974	美国物流工程学会	物流是与需求、设计、资源供给与维护有关，以支持目标、计划及运作的科学、管理及技术活动的艺术
	军事派	1981	美国空军	物流是计划和执行军队的调动与维护的科学，它涉及与军事物资、人员、装备和服务相关的活动
	管理派	1985	美国物流管理协会	物流是对货物、服务及相关信息从起源地到消费地的有效率的、有效益的流动和存储进行计划、执行和控制，以满足顾客要求的过程。该过程包括进向、去向、内部和外部的移动以及以环境保护为目的的物料回收
	企业派	1997	美国 EXEL 物流公司	物流是与计划和执行供应链中商品及物料的搬运、存储及运输相关的所有活动，包括废弃物及旧品的回收复用
欧洲		1994	欧洲物流协会	物流是在系统内对货物的运输、安排及与此相关的支持活动的计划、执行与控制，以达到特定的目的
日本		1981	日本日通综合研究所	物流是物质资料从供给者向需求者的物理移动，是创造时间性、场所性价值的经济活动。从物流的范畴上来看，包括包装、装卸、保管、库存管理、流通加工、运输、配送等诸多活动
中国	大陆	2001	中国国家科委、国家技术监督局、中国物资流通协会，国家标准《物流术语》（GB/T 18354—2006）	物流是物品从供应地向接收地的实体流动过程，根据实际需要，实现运输、仓储、装卸、搬运、包装、流通加工、配送、信息处理等基本功能的有机结合
	台湾地区	1996	台湾物流管理协会	物流是一种物的实体流通活动的行为，在流通过程中，通过管理程序有效结合运输、仓储、装卸、包装、流通加工、资讯等相关机能性活动，以创造价值，满足顾客及社会性需求

综上所述,所谓现代物流是指为了实现客户满意和挖掘"第三利润源",利用现代信息技术将运输、仓储、装卸、搬运、包装、流通加工、配送、信息处理、需求预测、为用户服务等活动有机地结合起来,经济有效地将原材料、半成品及产成品由生产地送到消费地的所有流通活动。

2. 物流、商流和流通

商品的流通是社会经济活动的一部分,而商品的生产和消费是经济活动的主要构成。由于在商品的生产和消费之间存在各种间隔,如图 1-1 所示,因此,需要通过"流通"将商品的生产及所创造的价值和商品的消费加以连接。商品的生产和消费之间存在的间隔的解决方法如下。

1) 社会间隔

商品的生产者和商品的消费者有所不同,需通过商品的交易实现所有权的转移。

2) 场所间隔

商品的生产场所和商品的消费场所不在同一地点,需要商品的运输进行连接。

3) 时间间隔

商品的生产日期与商品的消费日期不尽相同,需要通过商品的保管加以衔接。

人们通过商业或贸易活动来沟通商品的生产和消费之间的社会间隔,这种沟通被称为商流。商品从生产者向消费者的转移(如商品的运输和保管),即商品的生产和消费的场所间隔和时间间隔则需要通过"物流"来进行沟通。

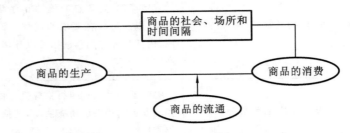

图 1-1　在商品的生产和消费之间存在社会、场所、时间间隔

随着社会的发展和社会分工的细化,商品的生产和消费之间的间隔越来越大,而商品通过流通将商品的社会、场所和时间的间隔加以连接所起的作用也就越来越明显。

综上所述,人们通过"商流"消除了商品的社会间隔,通过"物流"消除了商品的场所和时间间隔,两者共同实施的结果完成了商品的所有权和商品实体的转移,即商品的流通。"物流"并不先于"商流"存在,而是在"商流"确定以后的具体行为,但如果没有"物流","商流"也就无法实现。因此,"商流"与"物流"的关系是相辅相成、互相补充的,它们是商品流通领域的两大基本要素。

3. 现代物流与传统物流

物流的发展已经有了几十年的历史,人们对物流的研究和应用已经从早期以商品销售为主的传统物流阶段,进入了将原材料的采购,商品的生产、储运和商品销售的全过程予以综合考虑的阶段。随着生产和社会的发展以及科学技术的进步,新的管理思想、技术和工具在物流的各个环节得到应用,逐步进入现代物流的发展阶段。

1) 传统物流

传统物流以商品的销售作为主要对象,具体完成将生产的商品送交消费者的过程中所发生的各种活动,包括公司内部原材料的接收和保管、产成品的接收和保管及工厂或物流中心的运输等。

2）现代物流

社会生产与科学技术的发展使物流进入了现代物流的发展阶段，其标识是物流活动领域中各环节的技术水平得到不断的提高。

现代物流的高新技术表现为将各个环节的物流技术进行综合、复合化而形成的最优系统技术，以运输设备高速化、大型化、专用化为中心的集装箱系统机械的开发，保管和装卸结合为一体的高层自动货架系统的开发，以计算机和通信网络为中心的情报处理和物流信息技术，与运输、保管、配送中心的物流技术在软件技术方面的结合，运输与保管技术相结合的生鲜食品保鲜输送技术，以及商品条形码(BAR CODE)、电子数据交换(EDI)、射频技术(RF)、地理信息系统(GIS)、全球定位系统(GPS)等。这些高新技术在物流中的发展与应用，使得物流的应用领域更广泛，功能和作用更强大。由此可见，发展物流业和加强企业的物流管理，必然会给社会和企业带来更大的社会效益和经济利益，因此，物流的重要性也就不言而喻了。

在物流的发展中，为了深刻地理解现代物流，需要将现代物流与传统物流进行区别，如表1-2所示。

表 1-2 现代物流与传统物流的区别

区别项目	传统物流	现代物流
概念与理念	物品的存储与运输及其附属业务形成的物流活动	以现代信息技术为基础，整合运输、包装、装卸、发货、仓储、流通加工、配送及物流信息处理等多种功能而形成的综合性的物流活动
职能系统	运输、存储、装卸搬运、包装单要素操作；各种物流功能相对孤立	运输、存储、装卸搬运、包装、流通加工、配送、信息处理综合物流活动；强调物流功能的整合和系统优化
物流组织	企业内部的分散组织，无物流中心，不能控制整个物流链	企业外部的专业组织，采用物流中心，实施供应链的全面管理
物流服务模式	一次性被动服务；限地区内物流服务；短期合约；自营物流为主	多功能主动服务和增值服务；跨区域、跨国物流；合同为导向形成长期战略伙伴关系；第三方物流普遍
物流技术	自动化、机械化程度低，手工操作为主；无外部整合系统，无GPS、GIS、EDI、POS、EOS等技术应用	硬件革命和软件革命，自动化立体仓库、搬运机器人、自动导引车、条形码、GPS、GIS、EDI、POS、EOS等技术的应用
追求的目标	价格竞争策略，追求成本最低	以客户为中心，追求成本与服务的均衡

二、物流的分类

由于在不同领域中物流的对象、目的、范围和范畴存在差异，所以就形成了不同的物流类型，但目前还没有统一的对物流进行分类的方法和标准，常见的物流分类有以下几种。

1. 按照物流涉及的领域分类

按照物流涉及的领域不同，可以将物流分为宏观物流和微观物流。

1）宏观物流

宏观物流又称社会物流，是指社会再生产总体的物流活动，是从社会再生产总体的角度来认识和研究物流活动。其主要特点是综观性和全局性。宏观物流主要研究社会再生产过程中物流活动的运行规律以及物流活动的总体行为。

2）微观物流

微观物流又称企业物流，是指消费者、生产企业所从事的物流活动。其主要特点是具体性和局部性。

2. 按照物流在供应链中的作用分类

按照物流在供应链中的作用不同，可以将物流分为供应物流、生产物流、销售物流、回收物流和废弃物物流，如图1-2所示。

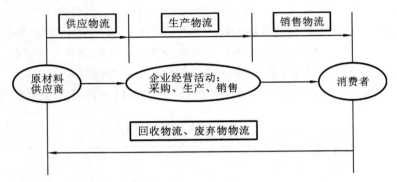

图1-2 物流的分类

1）供应物流

根据中国国家标准《物流术语》（GB/T 18354—2006），供应物流是指提供原材料、零部件或其他物品时所发生的物流活动。生产企业、流通企业或消费者购入原材料、零部件或商品的物流过程称为供应物流，也就是物资生产者、持有者与使用者之间的物流。生产企业的供应物流是指因生产活动而需要的原材料、备品备件等物资的采购、供应活动而产生的物流；流通领域的供应物流是指交易活动中从买方角度出发在交易中所发生的物流。对于一个企业而言，企业的流动资金十分重要，如果流动资金大部分被购入的物资和原材料及半成品等所占用，则会增加企业的成本，因此，供应物流的合理化管理对于企业的成本有重要影响。

2）生产物流

根据中国国家标准《物流术语》（GB/T 18354—2006），生产物流是指企业生产过程中发生的涉及原材料、在制品、半成品、产成品等的物流活动。生产物流包括从生产企业的原材料购进入库起，直到生产企业成品库的成品发送出去为止的物流活动的全过程。企业在生产过程中，原材料、半成品等按照工艺流程在各个加工点之间不停地移动、流转形成了生产物流，如果生产物流中断，生产过程也将随之停顿。生产物流的重要性体现在如果生产物流均衡稳定，可以保证在制品的顺畅流转，缩短生产周期；如果生产物流的管理和控制合理，也可以使在制品的库存得到压缩，使设备负荷均衡化。因此，生产物流的合理化对生产企业的生产秩序和生产成本有很大影响。

3）销售物流

根据中国国家标准《物流术语》（GB/T 18354—2006），销售物流是指企业在出售商品过程中所发生的物流活动。生产企业或流通企业售出产品或商品的物流过程即为销售物流，也是指物资的生产者或持有者与用户或消费者之间的物流。生产企业的销售物流是指售出产品;流通领域的销售物流是指在交易活动中从卖方角度出发的交易行为中的物流。企业通过销售物流,可以进行资金回收并组织再生产活动。销售物流的效果关系到企业的存在价值是否被社会承认,销售物流的成本在产品及商品的最终价格中占有一定的比例。因此,销售物流的合理化在市场经济中可以起到较大的增强企业竞争力的作用。

4) 回收物流

商品在生产及流通活动中有许多要回收并加以利用的物资,如作为包装容器的纸箱和塑料筐,建筑行业的脚手架,对旧报纸和书籍进行回收、分类再制成生产的原材料纸浆,利用金属废弃物的再生性在回收后重新熔炼成有用的原材料等。上述对物资的回收和再加工过程形成了回收物流,但回收物资品种繁多、变化较大,且流通的渠道也不规范,因此,对回收物流的管理和控制难度较大。

5) 废弃物物流

根据中国国家标准《物流术语》(GB/T 18354—2006),废弃物物流是指将经济活动或人们生活中失去原有使用价值的物品,根据实际需要进行收集、分类、加工、包装、搬运、存储等,并分送到专门处理场所的物流活动,即对伴随某些产品共生的副产品(如物渣),以及消费中产生的废弃物(如垃圾)等进行回收处理的物流活动。如开采矿山时产生的土石,炼钢生产中的钢渣、工业废水,以及其他各种无机垃圾等。这些废弃物已没有再利用的价值,但如果不妥善加以处理,就地堆放会妨碍生产甚至造成环境污染,对这类废弃物的处理产生了废弃物物流。为了更好地保障生产和生活的正常秩序,有效地遏制物流活动造成的环境污染,必须重视对废弃物物流的研究。

3. 按照物流活动的地域范围分类

按照物流活动的地域范围不同,可以将物流分为地区物流、国内物流和国际物流。

1) 地区物流

地区物流是指某一行政区域或经济区域的内部物流。研究地区物流对于提高所在地区的企业物流活动的效率,以及保障当地居民的生活和环境,具有不可缺少的作用。对地区物流的研究应根据所在地区的特点,从本地区的利益出发组织好相应的物流活动,并充分考虑到利弊两个方面的问题,要与地区和城市的建设规划相统一,进行妥善安排。例如,某地区计划建设一个大型物流中心,这将提高当地的物流效率、降低物流成本,但也应考虑到会引起供应点集中所带来的系列交通问题。

研究地区物流时对地区的划分,可以按不同的目的进行:按涉及的行政区域划分,如北京地区;按一定的经济圈划分,如苏(州)、(无)锡、常(州)经济区和黑龙江边境贸易区等;按地理位置划分,如珠江三角洲地区和西部地区等。

2) 国内物流

国内物流是指为国家的整体利益服务,在国家自己的领地范围内开展的物流活动。国内物流作为国民经济的一个重要方面,应该纳入国家总体规划的内容中。我国的物流事业是国家现代化建设的重要组成部分。因此,国内物流的建设投资和发展必须从全局着眼,清除部门和地区分割所造成的物流障碍,尽早建成一些大型物流项目为国民经济服务。

国内物流作为国家的整体物流系统,它的规划和发展应该充分发挥政府的行政作用,具体包括如下内容:物流基础设施如公路、港口、机场、铁路的建设,以及大型物流基地的配置等;各种交通政策法规的制定,包括铁路、公路、海运、空运的价格规定以及税收标准等;为提高国内物流系统运行效率,进行与物流活动有关的各种设施、装置、机械的标准化;对各种物流新技术的开发和引进以及对物流技术专门人才的培养。

3)国际物流

根据中国国家标准《物流术语》(GB/T 18354—2006),国际物流是指跨越不同国家或地区之间的物流活动。国际物流是国际贸易的一个必然组成部分,各国之间的相互贸易最终通过国际物流来实现。

随着经济全球化的发展,国家与国家之间的经济交流越来越频繁,各国的经济发展已经融入全球的经济潮流之中;另外,企业的发展也走向社会化和国际化,出现了许多跨国公司,使一个企业的经济活动范畴遍布世界各大洲。因此,国际物流已成为物流研究的一个重要分支,而且越来越重要。

4. 按照物流系统性质分类

按照物流系统的性质不同,可以将物流分为社会物流、行业物流和企业物流。

1)社会物流

社会物流是指以整个社会为范畴、面向广大用户的超越一家一户的物流。这种物流的社会性很强,涉及在商品流通领域所发生的所有物流活动,因此,社会物流带有宏观性和广泛性,所以也被称为大物流或宏观物流。伴随着商业活动的发生,物流过程通过商品实体转移实现商品所有权转移,这是社会物流的标识。

社会物流研究的内容包括:对再生产过程中随之发生的物流活动的研究;对国民经济中的物流活动的研究;对如何形成服务于社会、面向社会又在社会环境中运行的物流的研究;对社会物流体系结构和运行的研究。社会的物资流通网络是国民经济的命脉,因此,如何合理分布流通网络、如何保证流通渠道的畅通、如何进行科学管理和有效控制、如何采用先进的技术来保证物流的高效率低成本运行等,都是社会物流研究的重点。

2)行业物流

顾名思义,在一个行业内部发生的物流活动称为行业物流。一般情况下,同一个行业的各个企业往往在经营上是竞争对手,但为了共同的利益,在物流领域中却又常常互相协作,共同促进行业物流系统的合理化。

在国内外有许多行业均有自己的行业协会或学会,并对本行业的行业物流进行研究。在行业的物流活动中,有共同的运输系统和零部件仓库以实行统一的集配送;有共同的新旧设备及零部件的流通中心;有共同的技术服务中心进行对本行业操作和维修人员的培训;采用统一的设备机械规格、统一的商品规格、统一的法规政策和统一的报表等。行业物流系统化的结果使行业内的各个企业都得到相应的利益。

3)企业物流

根据中国国家标准《物流术语》(GB/T 18354—2006),企业物流是指生产和流通企业在经营活动中所发生的物流活动。企业物流是具体的、微观的物流活动的典型领域,它由企业生产物流、企业供应物流、企业销售物流、企业回收物流和企业废弃物物流等几部分组成。企业作为一个经济实体,是为社会提供产品或某些服务的。一个生产企业的产品生产过程,从采购原材料开始,按照工艺流程经过若干工序的加工变成产品,然后再销售出去,有一个较为复杂的物流过程;一个商业企业,其物流的运作过程包括商品的进、销、调、存、退等各个环节;一个运输企业的物流活动包括按照客户的要求提货、将货物运送到客广指定的地点并完成交付。

5. 按照从事物流主体分类

按照从事物流主体不同,可以将物流分为第一方物流、第二方物流、第三方物流和第四方物流。

第一方物流是指供应方(生产厂家或原材料供应商)提供运输、仓储等单一或某种物流服务的物流业务。

第二方物流是指需求方(生产企业或流通企业)为满足自己企业在物流方面的需求,由自己完成或运作的物流业务。

第三方物流是指由物流的供应方与需求方以外的物流企业提供的物流服务,即由第三方物流企业以签订合同的方式为其委托人提供所有的或一部分物流服务,称为合同制物流。

第四方物流是一个供应链的集成商,是供需双方及第三方物流的领导力量。第四方物流不是物流的利益方,而是通过拥有的信息技术、整合能力以及其他资源提供一套完整的供应链解决方案,以此获取一定的利润。第四方物流帮助企业实现降低成本和有效整合资源的目的,并且依靠优秀的第三方物流供应商、技术供应商、管理咨询以及其他增值服务商,为客户提供独特的和广泛的供应链解决方案。

6. 其他物流种类

除以上物流种类外,还有精益物流和定制物流,绿色物流和逆向物流,虚拟物流,军事物流、军地物流一体化和配送式保障,应急物流等。

1) 精益物流和定制物流

根据中国国家标准《物流术语》(GB/T 18354—2006),精益物流是指消除物流过程中的无效和不增值作业,用尽量少的投入满足客户需求,实现客户的最大价值,并获得高效率、高效益的物流。

定制物流是根据用户的特定要求而专门设计的物流服务模式。它是快速响应客户的物流需求,在不影响成本和效率的基础上,为客户进行物流服务的设计和提供物流服务。

2) 绿色物流和逆向物流

绿色物流是指在物流过程中防止物流对环境造成危害的同时,实现对物流环境的净化,使物流资源得到最充分合理的利用。

根据中国国家标准《物流术语》(GB/T 18354—2006),逆向物流又称反向物流,是指从供应链下游向上游的运动所引发的物流活动。

现阶段,由于环境污染问题的日益突出,在处理社会物流与企业物流时必须考虑环境问题。尤其是在原材料的取得和产品的分销中,运输作为主要的物流活动,对环境可能会产生一系列的影响,而且废弃物品如何合理回收,如何减少对环境的污染或最大可能地再利用也是物流管理所需考虑的内容。

3) 虚拟物流

虚拟物流是指以计算机网络技术进行物流运作与管理,实现企业间物流资源共享和优化配置的物流方式。虚拟物流最初的应用是为了满足高价值、小体积的货物要求,如航空货物、医疗器械和汽车零部件等。特别是中小企业在大的竞争对手面前经常处于不利的地位,它们从自己的物流活动中不但无法获取规模效益,而且还会加大物流成本的消耗。虚拟物流可以使这些小企业的物流活动并入一个大的物流系统中,从而在较大规模的物流中降低成本、提高效益。虚拟物流要素包括：①虚拟物流组织，它可以使物流活动更具市场竞争的适应能力和盈利能力；②虚拟物流储备，它可以集中储备、调度储备以降低成本；③虚拟物流配送，它可以使供应商通过最接近需求点的产品并运用遥控运输资源实现交货；④虚拟物流服务，它可以提供一项虚拟服务以降低固定成本。

4）军事物流、军地物流一体化和配送式保障

根据中国国家标准《物流术语》(GB/T 18354—2006)，军事物流是指用于满足平时、战时军事行动物资需求的物流活动。

军地物流一体化是指对军队物流与地方物流进行有效的动员和整合，实现军地物流的高度统一、相互融合和协调发展。

配送式保障是指在军事物资全资产可见性的基础上，根据精确预测的部队用户需求，采取从军事物资供应起点直达部队用户的供应方法，通过灵活调配物流资源，在需要的时间和地点将军事物资主动配送给作战部队。

5）应急物流

根据中国国家标准《物流术语》(GB/T 18354—2006)，应急物流是指针对可能出现的突发事件已做好预案，并在事件发生时能够迅速付诸实施的物流活动。

三、物流的作用

物流在国民经济中占有重要的地位，支撑着国民经济活动特别是物质资料运动的经济活动的运行。从社会再生产过程来看，它不仅支撑着人类社会的生产，而且也支撑着人类社会的消费，并与商品交易特别是有形商品的交易活动息息相关。物流效率的高低和成本的大小，也直接影响着其他经济活动（生产、消费、流通）的效率与成本，影响着其他经济活动（生产、消费、交易）的实现程度。归纳起来，物流的作用主要表现在以下几个方面。

1. 物流是国民经济的动脉系统

物流连接着社会生产的各个部分，使之成为一个有机整体。任何一个社会（或国家）的经济，都是由众多的产业、部门、企业组成的，这些企业又分布在不同的城市和地区，属于不同的所有者，它们之间相互供应其产品用于对方的生产性消费和生活性消费，它们互相依赖又互相竞争，形成极其错综复杂的关系，物流就是维系这种复杂关系的纽带和血管。特别是现代科学技术和互联网电子商务的发展，引起和正在导致经济结构、产业结构、消费结构的一系列变化。这使众多的企业和复杂多变的产业结构，以及成千上万种产品必须依靠物流把它们连接起来，就像血管把人体的各个部分连接起来成为一个有机整体一样。

2. 物流是保障生产过程不断进行的前提

无论在传统的贸易方式下，还是在电子商务环境下，生产都是商品流通之本，而生产的顺利进行需要各类物流活动的支持。生产的全过程从原材料的采购开始，便要求有相应的供应物流活动将所采购的材料输送到位，否则，生产就难以进行；在生产的各工艺流程之间，也需要原材料、半成品的物流过程，即所谓的生产物流，以实现生产的流动性；部分余料、可重复利用的物资的回收，需要所谓的回收物流；废弃物的处理则需要废弃物物流。可见，整个生产过程实际上就是系列化的物流活动，物流是保障生产过程不断进行的前提条件。在商品生产的过程中，物流活动可以通过降低生产成本、优化库存结构、减少资金占压和缩短生产周期来实现合理化、现代化，最终保障生产的高效进行。

3. 物流是保证商流顺畅进行的物质基础

商流活动的最终结果是将商品所有权由供方转移到需方,但是实际上在交易合同签订后,商品实体并没有因此而移动。在传统交易环境下,除了非实物交割的期货交易,一般的商流都必须伴随相应的物流活动,即按照需方(购方)的需求将商品实体由供方(卖方)以适当的方式、途径向需方(购方)转移。而在电子商务的环境下,网络消费者虽然通过上网订购完成了商品所有权的交割过程,但必须通过物流的过程将商品和服务真正转移到消费者手中,电子商务的交易活动才告以终结。因此,物流在电子商务交易的商流中起到了后续者和服务者的作用,没有现代化物流,无论电子商务是多么便捷的贸易形式,其商流活动将是一纸空文,优势不复存在。

4. 物流技术的发展和广泛应用是推动产业结构调整和优化的重要因素

产业结构调整、优化和升级是我国经济面临的重要任务。物流发展水平对产业结构调整具有很强的制约作用,物流产业发展水平的高低不仅关系到产业结构调整的快慢甚至成败,也影响产业结构调整的成本大小。社会化大生产的发展要求生产社会化、专业化和规模化,物流技术的发展和广泛应用,有利于社会生产分工和专业化发展,从根本上改变产品的生产和消费条件,推动产业结构的调整和优化。

5. 物流是实现"以顾客为中心"理念的根本保证

电子商务的出现,在很大程度上方便了最终消费者。他们不必再跑到拥挤的商业街一家又一家地挑选自己所需的商品,而只需坐在家里,在互联网上搜索、查看、挑选,就可以完成购物过程。但试想,他们所购的商品迟迟不能送到,或者商家所送并非自己所购,那消费者还会选择网上购物吗?网上购物的不安全性,一直是电子商务难以推广的重要原因。物流是电子商务中实现"以顾客为中心"理念的最终保证,缺少了现代化的物流技术,电子商务给消费者带来的购物便捷度便等于零,消费者必然会转向他们认为更安全的传统购物方式。

综上所述,电子商务作为网络时代的一种全新的交易模式,相对于传统交易方式是一场革命。但是,电子商务必须有现代化的物流技术作支持,才能体现出其所具有的无可比拟的先进性和优越性,在最大程度上使交易双方得到便利,获得效益。因此,只有大力发展作为电子商务重要组成部分的现代化物流,电子商务才能得到更好的发展。

四、物流的功能

物流的功能包括物流的基本功能和物流的增值功能。

1. 物流的基本功能

物流的基本功能包括:运输功能、保管功能、包装功能、装卸搬运功能、流通加工功能、配送功能和信息功能。

1) 运输功能

运输是物流各环节中最主要的部分,是物流的关键,有人把运输作为物流的代名词。运输方式有公路运输、铁路运输、船舶运输、航空运输、管道运输等。没有运输,物品只有存在价值,没有使用价值,即生产出来的产品,如果不通过运输送至消费者那里进行消费,等于该产品没有被利用,因而也就没有产生使用价值。假如产品长期不被使用,不仅资金不能回笼,而且还是空间、能源、资源的浪费。没有运输连接生产和消费,生产就失去意义。

运输也可以划分成两段:一段是生产企业到物流基地之间的运输,批量比较大、品种比较单

一、运距比较长；另一段是从物流基地到用户之间的运输，人们称其为"配送"。就是根据用户的要求，将各种商品按不同类别、不同方向和不同用户进行分类、拣选、组配、装箱送给用户。其实质在于"配齐"和"送达"。

2) 保管功能

保管同样是物流各大环节中十分重要的组成部分。产品离开生产线后到达最终消费之前，一般都要有一个存放、保养、维护和管理的过程，该过程也是克服季节性、时间性间隔，创造时间效益的活动。虽然人们希望产品生产出来后能马上使用，使物流的时间距离，即存放、保管的时间尽量缩短，最好接近"零"，但这几乎是不可能的。即便从生产企业到用户的直达运输，在用户那里也要有一段时间的暂存过程，因此说保管的功能不仅不可缺少，而且很有必要。为了防止自然灾害、战争等人类不可抗拒事件的发生，还需要进行战略性储备。

在商品短缺的时代，保管往往是储备、存储和仓储的代名词。人们把仓库看成"旅馆"，开"旅馆"的人希望客人住的时间越长越好，从这个角度来讲，保管的功能单单是储备、存放、管理和维护等。随着经济的发展，特别是以计算机为核心的电子信息技术日新月异的变化，为了减少流通环节，节约物流费用，人们越来越认为仓库不应该是"旅馆"，而应被看作是"车站"，管理"车站"的人希望旅客来去匆匆，尽量缩短在"车站"停留的时间，从这个意义上来讲，仓库的作用发生了根本性的变化，由主要发挥保管功能转为主要发挥"流通"功能。现代经济发达国家的仓库大都转向了物流中心、配送中心或流通中心。生产企业从这里了解自己产品的流转速度、周转率，从中得出什么产品畅销，什么产品滞销，由此决定该生产什么，不该生产什么等。并把保管作为信息源，根据保管环节中各种数据的汇总、分析进行决策，决定生产、促进销售的具体策略、方法。这就是说，"保管"还具有信息反馈功能。

3) 包装功能

包装可大体划分为两类：一类是工业包装，或叫运输包装、大包装；另一类是商业包装，或叫销售包装、小包装。

工业包装的对象有水泥、煤炭、钢材、矿石、棉花、粮食等大宗生产资料。用火车运煤和矿石时，只要在车皮上盖上苫布，用绳索固定即可。从国外进口大麦、小麦，只以散装的形式倒入船舱，不必进行装袋。水泥运输也强调散装化，以便节约费用，便于装卸和运输。不管是无包装，还是简单包装，都要防水、防湿、防潮、防挤压、防冲撞、防破损、防丢失、防污染，同时，还要保证运输途中不变质、不变形、不腐蚀、保鲜、保新等。此外，产品包装后要便于运输、便于装卸、便于保管，保质保量，有利于销售。工业发达的国家，在产品设计阶段就考虑包装的合理性、搬运装卸和运输的便利性、效率性等。商业包装的目的主要是促进销售，包装精细、考究，以利于宣传，吸引消费者购买。

4) 装卸搬运功能

装卸搬运是物流各个作业环节连接成一体的接口，是运输、保管、包装等物流作业得以顺利实现的根本保证。通常，产品或制品、半成品在生产线上的移动本身就是一个装卸搬运的过程，包装后有装卸车、出入库等搬运作业，物品在整个运输、保管和包装各个环节中，都伴随着装卸搬运活动。

尽管装卸和搬运本身不创造价值，但会影响商品的使用价值的实现。装卸搬运工具、设施、设备如何，影响搬运装卸效率和商品流转时间，影响物流成本和整个物流过程的质量。由于目前我国装卸搬运作业水平的机械化、自动化程度与发达国家相比还有较大差距，野蛮装卸造成包装货品破损、丢失现象时有发生。装卸经常是与搬运伴随发生的,装卸、搬运的功能是运输、保管和包装各子系统的连接点,该连接点的作业直接关系到整个物流系统的质量和效率,是缩短物品移动时间、节约物流费用的关键。

5) 流通加工功能

流通加工是产品从生产到消费之间的一种增值活动,属于产品的初加工,是社会化分工、专业化生产的一种形式,是使物品发生物理性变化(如大小、形状、数量等变化)的物流方式。通过流通加工,可以节约材料、提高成品率,保证供货质量和更好地为用户服务,所以,对流通加工的功能同样不可低估。流通加工是物流过程中"质"的升华,它使流通向更深层次发展,国外早在20世纪60年代就开始予以高度重视。

6) 配送功能

配送是指在经济合理区域范围内,根据客户要求对物品进行拣选、加工、包装、分割、组配等作业,并按时送达指定地点的物流活动。

从物流角度来说,配送几乎包括了所有物流功能要素,是物流的一个缩影,或是在较小范围内物流全部活动的体现。一般的配送集装卸、包装、保管、运输为一体,通过一系列活动完成将物品送达客户的目的。特殊的配送则还要以加工活动为支撑,所以,配送包括的内容十分广泛。

7) 信息功能

物品从生产到消费过程中的运输数量和品种、库存数量和品种、装卸质量和速度、包装形态和破损率等信息都是影响物流活动的质量和效率的信息。物流信息是连接运输、保管、装卸、搬运和包装各环节的纽带,没有各物流环节信息的通畅和及时供给,就没有物流活动的时间效率和管理效率,也就失去了物流的整体效率。

物流信息功能是物流活动顺畅进行的保障,是物流活动取得高效率的前提,是企业管理和经营决策的依据。充分掌握物流信息,能使企业减少浪费、节约费用、降低成本和提高服务质量。当然,在搞好企业经营管理时,只掌握物流信息是不够的,商流信息如销售状况、合同签订、批发与零售等信息,同行业企业商流、物流信息,乃至一个国家的政治、经济、文化信息,包括政治事件、经济政策、重大项目计划、证券、金融、保险等国民经济重要指标等,都是企业经营正确决策所不可缺少的重要依据。

2. 物流的增值功能

物流的增值功能主要包括提供增加便利性服务、加快反应速度的服务、降低成本的服务、延伸服务等。

五、现代物流相关理论

1. "黑大陆"学说

著名的管理学权威 P.E. 德鲁克曾经说过,"流通是经济领域里的黑暗大陆"。流通领域的投入产出很难像生产领域那样清楚地计算和界定,在一定程度上成为人们认识的盲区。由于流通领域中物流活动的模糊性尤其突出,是流通领域中人们更不容易认识清楚的领域,所以"黑大陆"现在主要针对物流而言。

2. 物流"冰山说"

物流"冰山说"是日本早稻田大学西泽修教授提出来的。他研究物流成本时发现,现行的财务会计制度和会计核算方法都不可能掌握物流费用的实际情况,因此,人们对物流费用的了解有大片的空白,他把这种情况比作"物流冰山",即大部分是沉在水面以下的看不到的区域,我们看到的不过是"冰山的一角",即物流成本的一部分。

3. "第三利润源"说

"第三利润源"的说法出自日本。从历史发展来看,在人类经济活动历史上先后出现过两个大量提供利润的领域:第一个是物质资源投入领域;第二个是生产部门的劳动生产率领域。在这两个利润源潜力越来越小、利润挖掘越来越困难的情况下,物流领域的潜力开始被人们所重视,并按时间序列被称为"第三利润源"。"第三利润源"的发现是人类对社会经济活动复杂性的认识进一步深化的结果,也为企业提高经营效益找到了新的着眼点和切入点。

4. "效益背反"学说

"效益背反"是物流领域中很普遍的一种现象,是这一领域中内部矛盾的反映和表现。"效益背反"指的是物流的若干功能要素之间存在着损益的矛盾,即当某一个功能要素的优化和利益发生的同时,必然会存在另一个或另几个功能要素的利益损失;反之也如此。这是一种此涨彼消、此盈彼亏的现象。虽然在许多领域中这种现象都是存在的,但物流领域中这个问题似乎尤其严重。例如,在包装方面每少花一元钱,这一元钱从账面上看就转为了收益,即包装费用越节省,利润也就越高。但是,当商品进入流通之后,如果简单的包装降低了商品的防护效果,不能保证商品品质的完好和数量的完整,甚至造成大量损失,就会造成存储、装卸、运输等整个物流系统的功能降低和效益减少。如何在降低物流费用和顺利完成物流工作之间建立某种平衡,是物流企业必须因地制宜考虑并决策的重要问题。

5. 成本中心说

成本中心说的含义是,物流在整体企业战略中,只对企业营销活动的成本发生影响,物流是企业成本的重要发生点,因而,解决物流问题主要是通过物流管理和压缩物流费用的一系列措施以降低企业总成本。所以,物流作为"成本中心"的观点既是指成本的主要产生点,又是指降低成本的关注点。物流是"降低成本的宝库"等说法是这种认识的形象表述。

6. 利润中心说

利润中心说的含义是,物流可以为企业提供大量直接和间接的利润,是形成企业经营利润的重要活动。从现代物流业的发展来看,物流服务领域在向生产和消费领域延伸,不断开发出有价值增值作用的新型物流活动,提高了生产企业和物流企业的效率和效益。对整个国民经济而言,物流功能的强化也可以提高国民经济的运行效率,从而产生社会经济效益。物流的这一作用,也被表述为"第三利润源"。

7. 服务中心说

服务中心说反映了美国和欧洲一些现代学者对物流的认识。他们认为物流活动的最大作用,不在于为企业节约消耗、降低成本或增加利润,而在于提高企业对用户的服务水平,进而提高了企业的竞争能力。因此,他们在描述物流时往往使用后勤一词,特别强调其服务保障职能,通过物流的服务保障,企业以其整体运作能力的提高来压缩成本、增加利润。在电子商务时代,这种通过完善物流服务来提高企业竞争力的观念是非常重要的,也是值得推介的。

8. 战略学说

战略学说是当前非常盛行的一种说法。实际上,学术界和产业界越来越多的人已逐渐认识到,物流更具有战略性,是企业发展的战略而不是一项具体的操作性任务。应该说,这种看法把物流放在了一个很高的位置,物流会影响企业总体的生存和发展。

任务三　电子商务与物流

案例引导

作为国内最大的 C2C 电子商务网站,淘宝网在 2007 年的交易总额达到了 433.1 亿元,同比增长 156.3%,淘宝网的这一数字仅次于百联集团,跃升为中国第二大综合卖场。

淘宝网的飞速发展固然与其免费的经营策略吸引巨大的人气与商流有关,但其对物流的重视也成为其大发展的一个"法宝"。淘宝网产品技术中心产品经理严俊表示:"在国内的电子商务网站中,淘宝网在物流方面是做得非常深入的。"尽管如此,国内目前的物流状况仍难以满足淘宝网对物流的需求。

"在电子商务中,信息流、资金流、物流这三者共同构成了完整的电子商务。"易观国际分析师曹飞表示:"前两者都可以通过计算机虚拟化在网上完成,唯有实实在在的物流难以像信息流、资金流那样被虚拟化,物流也就成为影响电子商务效益的一个重要因素。而目前国内的物流还远远达不到电子商务的需求,物流也就成为制约电子商务发展的瓶颈之一。"

"推荐物流"策略

身为电子商务企业的淘宝网,"轻公司"也将是其努力的目标。在物流外包、供应链扁平化的大背景下,尽管淘宝网上的不少卖家希望淘宝网建立自己的物流体系,但其期望难以实现。虽然没有自己的物流体系,但淘宝网也探索着自己独特的物流策略——推荐物流,即淘宝网与物流公司签约,签约的物流公司进入淘宝网的推荐物流企业行列,这些物流企业便可直接通过与淘宝网对接的信息平台接受其用户的订单。

一直以来,淘宝网逐步完善自身的网上交易体系。淘宝网评价体系的建立,提高了交易的诚信;支付宝的推出,确保了交易安全,而"推荐物流"模式的实行则使得淘宝网的物流更加规范,博得了网购用户更大的好感。

"使用'推荐物流'加强了淘宝网对物流的控制力。"严俊称,"因为使用推荐物流后,淘宝网可以对相应物流公司的物流配送情况进行监督,推荐物流也可以为用户提供更好的服务和更优惠的价格。而且一旦出现差错,比如,发生破损等情况,淘宝网接到投诉后,便会监督物流公司的投诉和理赔情况,这样也会降低淘宝网用户索赔的难度。"

据严俊介绍,物流公司要进入淘宝网的推荐物流行列,必须是网络成熟、排名前十的企业,而且服务范围尽量是全国范围内的。在进入淘宝网的"推荐物流"之时,也必须与淘宝网签订相关协议,约定服务价格、内容和方式,以及非常优惠的赔付条款,并规定由淘宝网监控和督促物流公司对于投诉和索赔的处理。

同时,淘宝网与推荐物流公司之间的信息平台对接已初步完成。"用户在淘宝网上达成交易后,如果使用'推荐物流',便可以直接在线发送订单,经确认后,物流公司就会上门取货,而且买家和卖家还可以随时跟踪订单。"严俊说。

尽管淘宝网用户可以自由选择物流服务商,既可以使用推荐物流,又可以自由寻找其他物流服务商,但如今,淘宝网上使用推荐物流的用户已经达到了70%。这一比例也初步证明了推荐物流模式的成功。

提出问题
1. 淘宝网上的电子商务做得风生水起,与其推荐物流策略有什么关系?
2. 淘宝网的推荐物流有什么优缺点?

任务分析

从淘宝网的推荐物流策略可以看出:电子商务成功实现了商流、信息流、资金流在交易过程中的网络化,买卖双方只有货物在网络之外,所以物流成为电子商务发展的一个重要瓶颈。

一、电子商务对物流的影响与作用

电子商务是指在互联网上进行的商务活动。从广义上来讲,电子商务的内涵是十分丰富的,外延也是十分广泛的。它不仅可以进行无形商品的商务活动,也可以进行有形商品的商务活动。近几年来,随着电子商务环境的不断改善,电子商务得到了较大的发展。

电子商务活动对物流的基本影响与作用,主要是从两个方面来进行的。

一是电子商务这种交易方式对物流的影响。有形商品的网上商务活动作为电子商务的一个重要构成方面,在近几年中也得到了迅速的发展。如何在交易完成后,保证交易的对象——商品在消费者所需要的时间内送到消费者的手中,不仅是电子商务的需要,而且是物流的职能,物流的职能要求它应完成这一运动。

二是电子商务技术对物流所产生的影响。电子商务不仅是一种新的交易方式,而且也是一种新工具、新技术的应用,对于物流来说,作为一种经济活动,它也需要新工具、新技术的支持,并将其应用于自身的活动之中,以提高物流的效率、降低物流的成本。

电子商务对物流的影响,主要表现在以下几个方面。

1. 电子商务将改变人们传统的物流观念

电子商务作为一个新兴的商务活动,为物流创造了一个虚拟性的运动空间。在电子商务的状态下,人们在进行物流活动时,物流的各种职能及功能可以通过虚拟化的方式表现出来,在这种虚拟化的过程中,人们可以通过各种组合方式寻求物流的合理化,使商品实体在实际的运动过程中,达到效率最高、费用最省、距离最短、时间最少的功能。

2. 电子商务将改变物流的运作方式

首先,电子商务可使物流实现网络的实时控制。传统的物流活动在其运作过程中,无论是以生产为中心,还是以成本或利润为中心,实质都是以商流为中心,从属于商流活动,因而物流的运作方式是紧紧伴随着商流来运动的(尽管其也能影响商流的运动)。而在电子商务下,物流的运作是以信息为中心的,信息不仅决定了物流的运动方向,而且也决定着物流的运作方式。在实际运作过程中,通过网络上的信息传递,可以有效地实现对物流的实时控制,实现物流的合理化。

其次,网络对物流的实时控制是以整体物流来进行的。在传统的物流活动中,虽然也有依据计算机对物流进行实时控制的,但这种控制都是以单个的运作方式来进行的。例如,在实施计算机管理的物流中心或仓储企业中,所实施的计算机管理信息系统,大都是以企业自身为中心来管理物流的。而在电子商务时代,网络全球化的特点,可使物流在全球范围内实施整体的实时控制。

3. 电子商务将改变物流企业的经营形态

首先,电子商务将改变物流企业对物流的组织和管理。在传统经济条件下,物流往往是从某一企业的角度来进行组织和管理的,而电子商务则要求物流从社会的角度来实行系统的组织和管理,以打破传统物流分散的状态。这就要求企业在组织物流的过程中,不仅要考虑本企业的物流组织和管理,而且要考虑全社会的整体系统。

其次,电子商务将改变物流企业的竞争状态。在传统经济活动中,物流企业之间存在激烈的竞争,这种竞争往往是通过本企业提供优质服务、降低物流费用等手段来进行的。在电子商务时代,这些竞争内容虽然依然存在,但有效性却大大降低了。原因在于电子商务需要一个全球性的物流系统来保证商品实体的合理流动,对于一个企业来说,即使它的规模再大,也难以达到这一要求。这就要求物流企业相互联合起来,在竞争中形成一种协同竞争的状态,实现物流高效化、合理化、系统化。

4. 电子商务将促进物流基础设施的改善和物流技术与物流管理水平的提高

首先,电子商务将促进物流基础设施的改善。电子商务高效率和全球性的特点,要求物流也必须达到这一目标。而物流要达到这一目标,良好的交通运输网络、通信网络等基础设施则是最基本的保证。

其次,电子商务将促进物流技术的进步。物流技术主要包括物流硬技术和软技术。物流硬技术是指在组织物流过程中所需的各种材料、机械和设施等;物流软技术是指组织高效率的物流所需的计划、管理、评价等方面的技术和管理方法。从物流环节来考察,物流技术包括运输技术、保管技术、装卸技术、包装技术等。物流技术水平的高低是实现物流效率高低的一个重要因素,要建立一个适应电子商务运作的高效率的物流系统,加快提高物流的技术水平则有着重要的作用。

最后,电子商务将促进物流管理水平的提高。物流管理水平的高低直接决定和影响着物流效率的高低,也影响着电子商务高效率优势的实现。只有提高物流的管理水平,建立科学合理的管理制度,将科学的管理手段和方法应用于物流管理当中,才能确保物流的畅通进行,实现物流的合理化和高效化,促进电子商务的发展。

5. 电子商务对物流人才提出了更高的要求

电子商务要求物流管理人员不仅具有较高的物流管理水平,而且具有较高的电子商务知识,并在实际的运作过程中能有效地将两者有机结合在一起。

二、物流在电子商务中的地位与作用

物流在电子商务中的地位主要表现在以下几个方面。

1. 物流是电子商务概念的重要组成部分

虽然对于电子商务的定义至今也没有最终的标准定论,但可以从物流的角度出发,将现有的电子商务定义归为两大类。

第一类定义是由美国一些IT厂商提出的,将电子商务定位于"无纸贸易"。

(1) IBM对电子商务的定义包括企业内部网、企业外部网和电子商务三个部分。它所强调的是网络计算环境下的商业应用,不仅是硬件和软件的结合,也不仅是通常意义下所强调的交易意识的狭义的电子商务,而是把买方、卖方、厂商及其合作伙伴在互联网、企业内部网和企业外部网结合起来的应用。

(2) 康柏在其电子商务解决方案中这样定义电子商务:"电子商务就是引领客户、供应商和合作伙伴业务操作的流程连接。"

(3) 电子商务是通过电子方式在网络上实现物资与人员流程的协调,以实现商业交换活动的过程。

(4) 电子商务是一种商务活动的新形式,它通过采用现代信息技术手段,以数字化通信网络和计算机装置替代传统交易过程中纸介质信息载体的存储、传递、统计、发布等环节,从而实现商品和服务交易,以及交易管理等活动的全过程无纸化,并达到高效率、低成本、数字化、网络化、全球化等目的。

无论从电子化工具来看,还是从电子化对象来看,这类定义都没有将物流包含在内,其原因主要在于美国在电子商务概念推出之初,就拥有强大的现代化物流作为支撑,只需将电子商务与其进行对接即可,而并非意味着电子商务不需要物流的电子化。事实上,如果电子商务不能涵盖物流,甚至将货物的送达过程排除在外,那么这样的电子商务就不是真正意义上的电子商务。

因此,国内一些专家在定义电子商务时,已经注意到将国外的定义与我国的现状相结合,扩大了定义的范围,提出了包括物流电子化在内的第二类电子商务定义。

(1) 电子商务是实施整个贸易活动的电子化。

(2) 电子商务是一组电子工具在商务活动中的应用。

(3) 电子商务是电子化的购物市场。

(4) 电子商务是从售前到售后支持的各个环节实现电子化、自动化。

在第二类电子商务定义中,电子化的对象是整个交易过程,不仅包括信息流、商流、资金流,而且还包括物流;电子化的工具也不仅指计算机和网络通信技术,还包括叉车、自动导引车、机械手臂等自动化工具。可见,从根本上来说,物流电子化应是电子商务概念的组成部分,缺少了现代化的物流过程,电子商务过程就不完整。

2. 物流是电子商务的基本要素之一

电子商务概念模型中物流的地位,可以将实际运作中的电子商务活动过程抽象描述成电子商务的概念模型。电子商务的概念模型由电子商务实体、电子市场、交易事务和商流、物流、信息流及资金流等基本要素构成。电子商务的概念模型如图1-3所示。

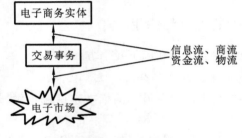

图1-3 电子商务的概念模型

在电子商务的概念模型中,企业、银行、商店、政府机构和个人等能够从事电子商务的客观对象被称为电子商务实体。电子市场是电子商务实体在网上从事商品和服务交换的场所,在电子市场中,各种商务活动的参与者利用各种通信装置,通过网络连接成一个统一的整体。交易事务是指电子商务实体之间所从事的如询价、报价、转账支付、广告宣传、商品运输等具体的商务活动内容。

电子商务的任何一笔交易都由商流、物流、信息流和资金流等四个基本部分组成,在电子商务概念模型的建立过程中,强调商流、信息流、资金流和物流的整合。其中,信息流十分重要,它在一个更高的位置上实现对流通过程的监控。

1)"四流"构成流通体系

近年来,人们提到物流的话题时,常与商流、信息流和资金流联系在一起,这是因为从某种角度讲,商流、物流、信息流和资金流是流通过程中的四大相关部分,由这"四流"构成了一个完整的流通过程,如图 1-4 所示。将商流、物流、信息流和资金流作为一个整体来考虑和对待,会产生更大的能量,创造更大的经济效益。

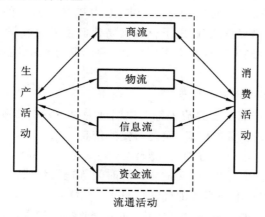

图 1-4 商流、物流、信息流、资金流的流通过程

商流:是指商品在购、销之间进行的交易和商品所有权转移的运动过程,具体是指商品交易的一系列活动。

物流:是指交易的商品或服务等物质实体的流动过程,具体包括商品的运输、存储、装卸、保管、流通加工、配送、物流信息管理等各种活动。

信息流:是指商品信息的提供、营销、技术支持、售后服务等内容,也包括如询价单、报价单、付款通知单、转账通知单等商业贸易单证以及交易方的支付能力和支付信誉。

资金流:主要是指交易的资金转移过程,包括付款、转账等。

2)"四流"的相互关系

"四流"互为依存,密不可分,相互作用。它们既有独立存在的一面,又有互动的一面。通过商流活动发生商品所有权的转移,商流是物流、资金流和信息流的起点,也可以说是其他"三流"的前提。在一般情况下,没有商流就不太可能发生物流、资金流和信息流。反过来,没有物流、资金流和信息流的匹配和支撑,商流也不可能达到目的。同时,商流、物流、信息流、资金流各有独立存在的意义,并各有自身的运行规律,"四流"是一个相互联系、互相伴随、共同支撑流通活动的整体。

例如，A企业与B企业经过商谈达成了一笔供货协议，确定了商品价格、品种、数量、供货时间、交货地点、运输方式，并签订了合同，也可以说商流活动开始了。要认真履行这份合同，下一步要进入物流过程，即货物的包装、装卸搬运、保管、运输等活动。如果商流和物流都顺利进行了，则接下来进入资金流的过程，即付款和结算。无论是买卖交易，还是物流和资金流，这三个过程都离不开信息的传递和交换，没有及时的信息流，就没有顺畅的商流、物流和资金流。没有资金的支付，商流就不成立，物流也就不会发生。

在电子商务中，交易的无形商品如各种电子出版物、信息咨询服务以及有价信息软件等可以直接通过网络传输的方式进行配送，而对于大多数有形的商品和服务来说，物流仍然要由物理的方式进行传输。电子商务环境下的物流，通过机械化和自动化工具的应用和准确、及时的物流信息对物流过程的监控，将使物流的速度加快、准确率提高，能有效地减少库存，缩短生产周期。电子商务交易过程的实现，自始至终都需要这"四流"的协调配合。对电子商务的理解不应该仅停留在对前"三流"的重视上，在强调前"三流"的电子化、网络化的同时，还应加强物流的电子化过程。在电子商务的概念模型中，强调信息流、商流、资金流和物流的整合，而信息流作为连接的纽带贯穿于电子商务交易的整个过程中，起着串联和监控的作用。事实上，随着互联网技术和电子银行的发展，前"三流"的电子化和网络化已可以通过信息技术和通信网络来实现了。而物流，作为"四流"中最为特殊和必不可少的一种，其过程的逐步完善还需要经历一个较长的时期。

3. 物流是电子商务流程的重要环节

无论哪一种模式的电子商务交易流程都可以归纳为以下六个步骤。

(1) 在网上寻找产品或服务的信息，发现需要的信息。

(2) 对找到的各种信息进行各方面的比较。

(3) 交易双方就交易的商品价格、交货方式和时间等进行洽谈。

(4) 买方下订单、付款并得到卖方的确认信息。

(5) 买卖双方完成商品的发货、仓储、运输、加工、配送、收货等活动。

(6) 卖方对客户的售后服务和技术支持。

在上述步骤中，"商品的发货、仓储、运输、加工、配送、收货"实际上是电子商务中物流的过程，这一过程在整个流程中是实现电子商务的重要环节和基本保证。

物流对电子商务的发展起着十分重要的作用。我们应摒弃忽视物流的观念，大力发展现代物流，通过重新构筑电子商务的物流体系来推广电子商务。现代物流的发展有利于扩大电子商务的市场范围，协调电子商务的市场目标；物流技术的研究和应用有利于实现基于电子商务的供应链集成，提高电子商务的效率与效益，有效支持电子商务的快速发展，使电子商务成为最具竞争力的商务形式。

三、电子商务与物流的关系

1. 物流对电子商务的制约与促进

没有一个完善的物流体系，电子商务，特别是网上有形商品的交易就难以得到有效的发展。反过来，一个完善的物流体系是电子商务，特别是网上有形商品交易发展的保障。

有形商品的网上交易活动作为电子商务的一个重要构成方面，在近几年中也得到了迅速的发展。在这一发展过程中，没有一个高效的、合理的、畅通的物流系统，电子商务所具有的优势就难以得到有效的发挥;没有一个与电子商务相适应的物流体系,电子商务就难以得到有效的发展。

2. 电子商务对物流的制约与促进

电子商务对物流的制约主要表现在:当网上有形商品的交易规模较小时,不可能形成一个专门为网上交易提供服务的物流体系,这不利于物流的专业化和社会化的发展。电子商务对物流的促进主要表现在两个方面:一是网上交易规模较大时,会有利于物流的专业化和社会化的发展;二是电子商务技术会促进物流的发展。

众所周知,在人类社会经济的发展过程中,物流的每一次变革都是由其活动的客观环境和条件发生变化所引起的,并由这些因素来决定其发展方向。在人类迈入 21 世纪的信息化、知识化社会之际,作为以信息化和知识化为代表的电子商务正是在适应这一趋势的环境下产生的,它具有传统商务活动所无法比拟的许多优势,代表了商务活动的发展方向和未来,具体体现在以下几个方面。

(1) 电子商务所具备的高效率特点,是人类社会经济发展所追求的目标之一。

(2) 电子商务所具备的个性化特点,是人类社会发展的一个方向。

(3) 电子商务费用低的特点,是人类社会进行经济活动的一个目标。

(4) 电子商务所具备的全天候的特点,使人们解除了交易活动所受的时间束缚。

(5) 电子商务所具备的全球性的特点,使人们解除了交易活动所受的地域束缚,大大地拓宽了市场主体的活动空间。

四、电子商务物流的含义与研究对象

1. 电子商务物流的含义

电子商务物流是在电子商务的条件下,依靠计算机技术、互联网技术、电子商务技术和信息技术等所进行的物流活动。电子商务作为一种新型的数字化生存方式,代表未来的贸易、消费和服务方式,这就需要打破原有行业的传统格局,发展建设以商品代理和配送为主要特征,物流、商流、信息流有机结合的社会化物流配送体系。

实际上,电子商务物流的概念是伴随电子商务技术和社会需求的发展而出现的,它是电子商务经济价值实现的不可或缺的重要组成部分。电子商务独具的电子化、信息化、自动化等特点,以及高速、廉价、灵活等诸多好处,使得电子商务物流在其运作特点和需求方面有别于一般物流。

2. 电子商务物流的研究对象

电子商务物流的研究对象,是物流在电子商务和现代科学技术条件下的运作和管理等。电子商务物流的目标是通过现代科学技术的运用,在电子商务条件下,实现物流的高效化和低成本化,促进物流产业的升级以及电子商务和国民经济的发展。电子商务物流的本质是实现物流的信息化和现代化。

五、电子商务物流的特点

1. 信息化

物流信息化是电子商务的必然要求。物流信息化表现为物流信息的商品化、物流信息搜集的数据库化和代码化、物流信息处理的电子化和计算机化、物流信息传递的标准化和实时化、物流信息存储的数字化等。因此,条码技术(bar code)、数据库技术(database)、电子订货系统(electronic ordering system,EOS)、电子数据交换(electronic data interchange,EDI)、快速反应(quick response,QR)及有效的客户反映(effective customer response,ECR)、企业资源计划(enterprise resource planning,ERP)等技术与观念在我国的物流中将会得到普遍的应用。

2. 自动化

自动化的基础是信息化,自动化的核心是机电一体化,自动化的外在表现是无人化,自动化的效果是省力化。另外,自动化还可以扩大物流作业能力、提高劳动生产率、减少物流作业的差错等。物流自动化的设施非常多,如条码/语音/射频自动识别系统、自动分拣系统、自动存取系统、自动导向车、货物自动跟踪系统等。这些设施在发达国家已普遍应用于物流作业流程,而我国由于物流业起步晚,发展水平低,自动化技术的普及还需要相当长的时间。

3. 网络化

物流领域网络化的基础也是信息化,网络化具有两层含义。一是物流配送中心系统的网络化。物流配送中心系统通过网络与供应商、制造商、下游顾客等进行联系。如物流配送中心向供应商提出订单这个过程,就可以使用计算机通信方式,借助于增值网(value-added network,VAN)上的电子订货系统和电子数据交换技术来自动实现,物流配送中心通过计算机网络搜集下游客户的订货过程也可以自动完成。二是组织网络化,即建立所谓的企业内部网。例如,中国台湾地区的计算机产业在20世纪90年代创造了"全球运筹式产销模式"。这种模式的基本流程是按照客户订单组织生产,生产采取分散形式,即将全世界的计算机资源全部利用起来,采取外包的形式将一台计算机的所有零部件、元器件、芯片外包给世界各地的制造商生产,然后通过全球的物流网络将这些零部件、元器件和芯片发往同一个物流配送中心进行组装,由该物流配送中心将组装的计算机迅速发给客户。这一过程需要高效物流网络的支持,当然物流网络的基础是信息和计算机网络。

物流网络化是物流信息化的必然结果,是电子商务时代物流活动的主要特征之一。当今世界因特网等全球网络资源的可用性及网络技术的普及为物流网络化提供了良好的外部环境,物流网络化势不可挡。

4. 智能化

智能化是物流自动化、信息化的一种高层次应用。物流作业过程大量的运筹和决策,如库存水平的确定、运输(搬运)路径的选择、自动导向车的运行轨迹和作业控制、自动分拣机的运行、物流配送中心经营管理的决策支持等问题都需要借助于大量的知识才能解决。在物流自动化的进程中,物流智能化是不可回避的技术难题。好在专家系统、机器人等相关技术在国际上已经有比较成熟的研究成果。为了提高物流现代化水平,物流的智能化已成为电子商务时代物流发展的一个新趋势。

5. 柔性化

柔性化本来是为实现"以顾客为中心"理念而在生产领域提出的,但要真正做到柔性化,即真正地能根据消费者需求的变化来灵活调节生产工艺,没有配套的柔性化物流系统是不可能达到目的的。20世纪90年代,国际生产领域纷纷推出柔性制造系统、计算机集成制造系统、制造资源系统、企业资源计划,以及供应链管理的概念和技术。这些概念和技术的实质是要将生产、流通进行集成,根据需求组织生产,安排物流活动。因此,柔性化物流正是适应生产、流通与消费的需求而发展起来的一种新型物流模式。这就要求物流配送中心要根据消费需求"多品种、小批量、多批次、短周期"的特色,灵活组织和实施物流作业。

另外,物流设施、商品包装的标准化,物流的社会化、共同化也都是电子商务下物流模式的新特点。

项目小结

随着电子商务的发展和应用,物流在电子商务中的重要性日益显现,现代物流产业发展程度是衡量一个国家产业化水平和综合竞争力的重要标志。物流是以满足客户需求为目的,为提高原料、在制品和制成品以及相关信息从供应到消费的流动和存储效率与效益而对其进行的计划、执行和控制的过程。从不同的角度,物流又分为不同的类型,其中现代物流以其系统化、总成本最小化、信息化、手段现代化、服务社会化、管理专门化、电子化、快速反应化、网络化、柔性化等特点而突显出来。

随着 Internet 的出现,电子商务和物流成为一个相互影响、密不可分的整体。电子商务与现代物流的集成,形成了一种新型物流——电子商务物流。电子商务物流是一种高度发达的物流形式,它是建立在现代信息技术、自动化技术和先进的管理思想基础上的集成化物流运作模式,信息渠道通畅的电子商务成为其主要支撑。基于电子商务物流基础,电子商务物流管理应运而生,其内容、目的以及职能成为企业生存不可忽视的要素。

案例任务分析

淘宝网推出大物流计划

2010年6月淘宝网向媒体透露,酝酿已久的淘宝网大物流计划已经正式推出。

1. 什么是淘宝大物流计划

淘宝网物流平台总监龚涛解释,淘宝网大物流计划包括三部分内容:基于物流信息、交易消息和商家 ERP 系统全面打通的淘宝网物流宝平台,淘宝物流合作伙伴体系和物流服务标准体系。

淘宝网首席财务官张勇说:"通过线上平台与线下物流配送体系、前端平台展示与后端物流管理能力对接,淘宝网将通过大物流计划打通淘宝网内外商家的数据信息通道和物流仓储配送渠道,提供整体物流解决方案,降低商家在物流方面投入的成本。"

首度上线的淘宝物流宝平台是指由淘宝网联合国内外优秀的仓储、快递、软件等物流企业组成服务联盟,提供一站式电子商务物流配送外包服务,解决商家货物配备(集货、加工、分货、拣选、配货、包装)和递送难题的物流信息平台。

"该平台将通过应用程序编程接口(application programming interface,API)的全面开放,使得物流服务商、淘宝网卖家和外部商家,以及各类电子商务网站实现订单交易信息、物流信息和商家自身 ERP 系统的全面信息打通。"在龚涛看来,"后端物流管理系统的强大功能和线下物流配送体系的无缝对接将得以完全体现。"

龚涛告诉媒体记者,这个体系包括了七类合作伙伴:提供物流园区建设、管理的基础设施投资者;提供流程、作业标准的服务提供商;提供运输、配送服务的运输、配送服务商;提供技术支持和数据接口的ISV管理软件服务商;提供各种包装材料、包装设计方案的包装材料供应商;提供加工、售后服务的流通加工服务提供商;提供流通融资服务的流通融资服务提供商。

目前,淘宝网通过对社会物流资源的全面整合,已经能够达到干线运输、仓储服务、包装材料、发货管理和终端配送等各个物流配送环节的服务。这些服务将带给商家极强的伸缩性,满足不同商家多样化的需求。另悉,为了匹配电子商务物流的需要和打造新的物流服务标准,淘宝网大物流计划还特别推出了物流服务标准体系,其中包括了统一服务标准、统一合作伙伴流程、统一买家购买体验等。

2. 谁是最大赢家

"大物流计划的推出,将使得商家全面降低进入电子商务的成本。"龚涛分析道,"企业可以不需要前期的大量固定资产投资,不需要请一群专业人员,不需要去考虑设计物流的流程,不需要自己寻找一大堆供应商,即可根据业务需要来获得相匹配的服务资源,快速形成服务能力。"淘宝网大物流计划将降低商家日常运营的管理成本。通过这项计划,企业无须因维护物流体系而支付成本,只需要根据业务使用量支付实际使用成本,即同时拥有专业物流能力。

易观国际分析师陈寿送认为:"大物流计划的推出以及物流宝平台的建立,将有助于淘宝网完善服务体系。淘宝网服务水平提升将帮助企业降低运营成本,为网购用户提供更加有保障的服务的同时,也将提供更加有竞争力的价格。"

除了商家,消费者也是大物流计划的受益者。龚涛指出:"这项计划的推出将大大降低消费者的购买成本,同时提升购买体验。"

比如,大物流计划将提供统一配送服务,统一包装、发货;基于区域仓储配送的全国覆盖(全国快递变为区域配送);在指定区域内提供个性化的配送服务等。龚涛向记者透露,"我们还将进一步加大研发投入,让淘宝网合作物流配送中心内的商品清晰地被识别,并以免邮费的常态方式呈现。"

据介绍,淘宝网已联合国内优秀的物流企业,在北京、上海、深圳和成都等地与第三方建立了物流基地和配送中心,通过专业化平台,实现更多物流企业与电子商务无缝对接,帮助淘宝网客户从贴运单、寄快递、管货发货等重复性的劳动中解放出来,完成从订单流转到实物包裹递送的服务标准的统一,最终提升消费者的网上购物体验。

分析任务

1. 分析淘宝网推出大物流计划的特点。
2. 讨论网上购物中的物流存在哪些问题。

实训考核

实训项目 电子商务环境下快递业物流发展现状调研。

1. 实训目的:通过实训,了解电子商务环境下快递业物流发展现状。
2. 实训内容:对当地快递物流市场进行调研,了解快递业物流对于电子商务发展的影响。
3. 实训要求:分组参加实训,完成实训报告。

项目二
电子商务物流管理信息系统

DIANZI SHANGWU
YU WULIU GUANLI

1. 掌握电子商务物流管理信息系统的基本概念及基本功能。
2. 掌握电子商务物流管理信息系统的类型及系统构成。
3. 了解电子商务物流管理信息系统的软件、硬件应用环境及系统的开发过程。
4. 了解典型电子商务物流管理信息的规划设计及其应用。

知识链接

本项目主要介绍了电子商务物流管理信息系统的基本概念与分类，电子商务物流管理信息系统的发展及构成，在此基础上讲解了电子商务物流管理信息系统的开发与设计，其中，典型电子商务物流管理信息的规划设计是本项目的重点。

任务一　电子商务物流管理信息系统概述

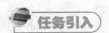

案例引导

乐视进军生鲜电子商务，醉翁之意不在酒？

乐视要做生鲜电子商务了，8月18号上线。消息一出，各种"不靠谱"的质疑铺天盖地，外界的质疑主要有以下几点：一是销售渠道问题，批评者认为，乐视电子商务现有用户不一定是生鲜客户；二是生鲜电子商务市场不再是蓝海，已然泛红，三是物流仓储能力欠缺，以及供应和配送问题。

但也不乏支持者。有分析认为，乐视生鲜电子商务能成功，理由也比较充分：一是乐视有互联网思维和互联网基因，乐视电视初期跟现在一样，同样不被看好；二是乐视生鲜可以与生态链整合（即下文提到的乐视生态农业），与其他单纯售卖生鲜的电子商务有所区别；三是生鲜物流都是区域服务，与第三方搞好合作就可以了，乐视电视配送的不也挺好么。

事实上，乐视做生鲜并非毫无准备，"乐视生态农业"早已经在山西临汾建了12个智能连栋温室、43个日光温室大棚以及2000余亩的苗木中心。据介绍，乐视生态农业产业园是集苗木、果蔬、花卉等现代化农业生产、生鲜农产品电子商务、农业科技开发与推广、旅游乐居于一体的全产业集群。

从生态农业到生鲜电子商务，可能只是换了一个说法。近一段时间，生鲜电子商务的概念在资本市场受到追捧，中粮我买网高调宣布完成B轮1亿美元融资，该笔融资主要用于强化海外直采、前端供应链和生鲜冷链配送等。

据了解,该笔融资是 IDG 资本历年来在电子商务行业的最大投资,可见"生鲜"对资本市场的诱惑。然而,有分析称,目前 99%的生鲜电子商务处于亏损状态,只有做细分市场的电子商务可以盈利。对此,一位电子商务行业人士表示,"现在是战略性亏损,不看重短期盈利,都是在拼未来。"

战略性亏损?大概跟当年红军为摆脱国民党围剿而"战略性转移"一个意思吧。有一句话怎么说来着,"人必先自欺而后欺人",做生鲜电子商务必须自己先"信"了,然后才能忽悠投资人"信"。至于用户信不信,那就听天由命了。

还有一种关于乐视生鲜的阴谋论,认为乐视"醉翁之意不在酒","不嫌麻烦"地上生鲜电子商务项目,更多的是为了取悦资本市场,为融资造势;另外,生鲜可能只是一个博眼球的噱头,乐视更大的目标在于更为宽泛的"基于 LBS 的生活服务"。

生鲜电子商务无疑是电子商务的最高境界,这让很多厂商趋之若鹜。乐视宣传进军生鲜电子商务,也真是符合其气质——颠覆者、破局者——在过去的一年多时间里,乐视 TV 已经搅活家电行业一池春水。

乐视在家电领域的作为,能否在电子商务界成功复制,最直观的就是看"乐视生鲜"的表现。用一句话评价乐视生鲜电子商务,那就是"一切皆有可能"。

提出问题

1. 从生态农业到生鲜电子商务过渡中,物流信息系统的作用与角色是什么?
2. "乐视生态农业"的物流信息管理系统有哪些方面的特色?

本任务从物流信息管理系统的结构和功能等基本知识入手,介绍了电子商务环境下物流信息管理系统的优势、发展和分类。

一、物流管理信息系统概述

1. 物流管理信息系统的概念

信息系统是基于计算机技术、网络互联技术。现代通信技术和各种软件技术,提供信息处理的人机系统。一个组织有大量的信息需要处理,为了满足组织的需要,信息系统一般来说必须要具有收集、存储、加工、传递和提供信息的功能。

管理信息系统是用系统思想建立起来的,以电子计算机为基本信息处理手段,以现代通信设备为基本传输工具,进行信息的收集、传输、加工、存储、更新和维护,并能为管理决策提供信息服务的人机系统。

物流管理信息系统,是指在管理信息系统中用于处理物流信息的子系统。它把物流活动和物流信息有机地结合,通过对物流信息的收集、传递、存储、处理和分析,获得物流管理中的有用信息,并以文字、表格和图形等文件形式输出,是为管理决策提供信息服务的人机系统。

2. 物流管理信息系统的特点

物流管理信息系统通过对电子商务过程中物流信息的收集和统一管理,使物流、资金流、信息流三者同步,满足了各部门对物流信息的处理和共享的需求,使各种资源得到了综合利用,实现了从物流决策、业务流程、客户服务的全程信息化,有效地提高了物流效率,降低了物流成本,提高了物流企业的综合竞争力。具有模块化、网络化、智能化、集成化、易用性、适应性的主要特点。

3. 物流管理信息系统的结构和功能

1）物流管理信息系统的层次结构

企业的管理活动可分为战略计划、管理控制计划、业务计划和控制三个层次，分别对应于战略决策、战术决策和业务决策三个决策层次。因而，从管理活动的角度可将物流管理信息系统分为四个层次：业务操作层、管理控制层、决策分析层和战略计划层（见图 2-1）。

图 2-1　物流管理信息系统的层次结构

2）物流管理信息系统的功能

物流管理信息系统最基本的功能是对信息的处理功能，包括对物流信息的采集、存储、传输、处理和输出功能。但组织的管理活动是按职能分解的，可以划分为若干部门，而各个部门又具有一定的业务功能，各种功能之间相互联系，构成一个有机结合的整体，因此，物流管理信息系统可以是单功能系统，也可以是多功能系统。一般来说，一个典型的、完整的物流管理信息系统具有订单管理功能、运输管理功能、仓储管理功能、配送管理功能、财务管理系功能和客户管理功能等。

4. 物流管理信息系统的发展

从物流实践的角度来看，物流管理信息系统的发展经历了四个阶段。

第一阶段（20 世纪 50 年代前）：物流信息的采集和传输主要依靠信函、电话、手工记录，物流信息系统处于初级阶段。

第二阶段（20 世纪 50 年代初到 60 年代中期）：由于物流理念以及计算机技术的局限，物流信息化仍处在较低水平。但管理信息系统已在物流中开始初步应用，给企业的生产经营活动带来了一定的便利。

第三阶段（20 世纪 60 年代中期到 80 年代中期）：企业开始注意物流管理的系统化和整体化，物料需求计划、制造资源计划的概念被提出，企业的信息管理流程逐步向规范化、标准化迈进。信息管理在物流企业管理中已逐步体现其核心地位的作用。

第四阶段（20 世纪 80 年代后期至今）：全面品质管理（total quality management，TQM）、准时制（just in time，JIT）、企业资源计划、供应链管理、电子商务等概念的提出，大大丰富了物流信息管理的内容。而计算机技术、网络技术、通信技术、数据库技术等技术的发展使物流信息管理进入高级阶段。

二、电子商务环境下物流管理信息系统

1. 电子商务物流管理信息

电子商务物流信息是指与电子商务物流活动有关的信息。物流信息的产生与物流活动的开展密不可分。由于物流系统是涉及社会经济生活各个方面的错综复杂的大系统,关系到原材料供应商、生产制造商、批发商、零售商、最终消费者及市场流通的全过程,因此,物流信息数量巨大,类型繁多。

电子商务物流信息不仅包括与电子商务物流相关的信息,还包括大量其他流通活动的信息。例如,商品的交易信息、商品的市场信息等。商品的交易信息包括商品的销售和购买信息等;商品的市场信息包括市场的结构信息、消费者的需求信息、竞争者的商品信息。此外,电子商务信息还应包括政策信息、通信交通等基础设施信息等。

总之,在电子商务物流活动中,电子商务物流信息与其他各类信息相互交叉、相互融合,共同在电子商务物流系统和整个供应链活动中发挥着重要的作用。

2. 电子商务物流信息管理系统

电子商务物流管理信息系统(electronic commerce logistics management information system,电子商务 LMIS)是一个由人、计算机网络等组成的能进行电子商务环境中物流相关信息的收集、传送、存储、加工、维护和使用的系统。LMIS 利用电子化的手段,尤其是利用互联网技术完成物流全过程的协调、控制和管理,实现从网络前端到最终客户端的全过程监管。电子商务物流管理信息系统将各种软、硬件技术融合于物流管理中,可以做到在线追踪发出的货物,在线规划运送线路,在线实施物流调度,在线进行货运检查。

电子商务物流管理信息系统主要由以下几个部分构成:仓储管理及仓储作业管理、运输及配载管理、财务管理、人力资源管理。

物流管理信息系统是整个物流系统的心脏,是电子商务物流企业的灵魂。对于电子商务物流企业来说,拥有物流信息系统在某种意义上来说比拥有车队、仓库更为重要。

物流信息系统在物流运作过程中非常关键,并且自始至终发挥着不可替代的中枢作用。

三、电子商务的发展对物流管理信息系统的影响

1. 在电子商务的影响下,物流业的地位也得到提高

随着时代的发展,物流企业也随之发展,电子商务在日益发展的过程中,必须要担任起更加重要的任务,发挥更加重要的作用。无论是把货物从制造商运往仓库还是把货物从虚拟商送到客户手中,都是需要及时、准确、高效的运行。所以,现在的物流公司不但是制造商的仓库,同时,也成为用户的实物供应商了。在生产链中物流业成为人们和企业的协调者和操作者,给人们提供全方位的服务。电子商务的发展也使得物流行业达到了一个空前的高度,同时,也存在着空前的发展空间。

2. 电子商务对供应链信息管理产生巨大的影响

在电子商务环境影响下,供应链实现了一体化,供应商和零售商、消费者三方连接在一起,通过 POS、EOS 和其他厂商提供的信息,及时准确地了解和掌握产品销售信息和顾客购买信

息。在这种情况下,库存管理运用合理的方法,根据获取的信息,重新组织(生产和供应)给零售商,形成零库存销售,新库存流入。

3. 电子商务使得第三方物流成为物流业的主要组织形式

第三方物流是指由除了供应方、需求方之外的第三方物流服务的物流运作模式来完成物流形式。第三方物流服务在电子商务环境中将得到很好的发展,原因有两点:①跨区域的物流,第三方物流服务能满足跨时空性的电子商务和跨区域或跨国的要求;②第三方物流是电子商务发展过程中的重要组成部分。

4. 电子商务环境使物流信息环节发生变化

1) 物流信息流由闭环变为开环

从现在来看,以往的信息管理的模式是以物流运输、仓储、装卸、包装等功能为对象,链接到自己的企业物流管理为中心,很少与外界进行信息交流,导致信息闭塞,是一种封闭的管理方法。现在的、将来的物流企业都是应该注重客服中心的培养和各个环节的发展。通过加强合作,企业之间的生产、采购、库存、运输、配送、产品销售等方面进行整合,将制造商、配送中心(物流中心)、分销商(零售)网络和其他业务流程组成一个紧密的供应链。在这个过程中,不仅物流信息不会封闭不流动,信息的快速流动,还形成了信息交流和共享的新的管理功能。

2) 各个模块功能也有了变化

在现在的电子商务环境下影响的现代物流技术,是传统的物流管理信息系统某些模块的功能改变。改变的模块主要有以下几种。

①采购。在电子商务发展的情况之下,采购的范围也扩大到了世界各地,我们以使用在线要求的文档与供应商产生的需求和供应列表采购。

②运费。运用 GIS、GPS 和 RF 等技术,运送更加方便,道路更加便捷,货物得到良好的运输。

③仓库。使用条形码技术能够提高速度,并能收集到更加精确和有用的信息,如此一来就提高了资金的流动,也提高了仓库库存的管理的准确性。

④交货。以往公司在不接触对方的情况下进行管理,这样的确是避免了造成运输交叉,而库存却不断积压。在电子商务环境影响下,仓库管理变得更加信息化和共享化,直接由总部仓库进行规划、统筹再发出,如此一来就消除了以上的各种缺陷。送到相关的运输部门客户还可以随时查询货物的地点、时间。

四、电子商务物流管理系统信息化现状和发展趋势

1. 电子商务物流管理系统信息化现状

电子商务时代,由于企业销售范围的扩大,企业和商业销售方式及消费者购买方式的转变,使得物流业的发展有了广阔的前景,电子商务物流管理信息系统也呈现出新的发展趋势。物流管理信息系统逐步融入电子商务的发展中。

1) 进行网络规划,建立起合理的网络配送体系

公司有必要设置分销网络,覆盖大部分客户。对大客户进行综合性的服务也是必要的,例如,大型的制造商、跨国公司等。建立物流网络:仓储、配送中心、运输设备和位置以及数量。与此同时,需要进行必要的规划和设计,目标就是要尽可能地达到客户的需要,提高资金利用率,

降低运输的成本。

2）高效的物流网络信息系统的创建

当前,电子商务正处在迅速的发展过程中,而当今各种各样的客户要求是越来越高、越来越多,导致供应链在迅速加快中,这给物流服务的发展带来了很大的挑战。商品的流通中包括了运输、存储、装载以及包装等方面。在不同的环节当中,要实现高效运转,尤其是需要缩短运输过程中所消耗的时间,达到零库存的效果。交货必须充分及时,保持一个持续和稳定的供应链。这就要求保持一个畅通的流动活动过程,及时有效地采纳反馈信息,进而进行综合的处理。除此以外,还要对各个环节进行分析和整合。为了达到更加良好的效率,运输部门或者物流中心需要把一个单点的货物分散的信息组合一起形成大型运输的物流系统,而达到这些目的的前提也是要依靠高效的物流信息网络系统作为服务的核心竞争来实现。

3）完善电子商务系统并建立物流网络

现在的物流和电子商务公司在协助人类社会发展的同时,也要保证电子商务自己的发展。提供贸易伙伴的运输、仓储、装卸、包装、加工、整合的在线物流服务,需要建立一个有效的电子商务的物流信息系统。这个系统具有自动完成所有相关货物业务的功能,这就意味着这个系统可以完成企业、银行、税务、保险、商检、海关、港口和其他的业务,然后构建一个网络或者是平台形成标准格式来支持数据的传输和处理。

总的来说,电子商务和物流作为现代货品与资金流通的两个手段,是密切相互联系的。全球越来越多的商业巨头进入中国,现在看来,未来几年,电子商务将嵌入我们的生活中,在社会经济发展中发挥更加重要的作用,这就要求我们国内企业把握形势,加快电子商务的应用,增强物流管理手段,提高服务水平,才能在未来的发展和竞争中处于不败之地。

2. 电子商务物流管理信息系统的发展趋势

第一,目前在企业日益重视经营战略的情况下,建立物流信息系统是必要的、不可缺少的。

第二,由于信息化的迅速发展,各企业之间的关系日益紧密。

第三,企业物流已经不只是一个企业的问题,被牵扯进入社会系统的部分将日益增多,在这种形势下,物流信息系统将日益成为社会信息系统的一个组成部分。

任务二 电子商务物流管理信息系统类型与组成

案例引导

沃尔玛的物流信息管理系统

沃尔玛百货有限公司是山姆·沃尔顿于 1962 年在美国创立。在短短数十年间,它从农村到城市,从北美走向世界,从一个小规模的折扣店,成为世界上最大的零售企业。沃尔玛 1991 年以 326 亿美元的销售额,成为全国零售冠军。2002 年沃尔玛在"财务 500"排名评选中甚至以最高的 2189.12 亿美元销售额位居排名首位。

沃尔玛能在如此短的时间内不断壮大，超越对手，坐上世界零售企业的头把交椅，强大的物流信息系统在其发展过程中起到了举足轻重的作用。沃尔玛有 80000 多种商品，为满足全球 4000 多家连锁店的配送需要，每年的运输总量超过 780000 万箱，总行程达 65000 万公里。没有强大的信息系统，它根本不可能完成如此大规模的商品采购、运输、存储、物流等管理工作。

早在 20 世纪 80 年代沃尔玛就建立起自己的商用卫星系统。在强大的技术支持下，如今的沃尔玛已形成了"四个一"，即"天上一颗星"——通过卫星传输市场信息，"地上一张网"——有一个便于用计算机网络进行管理的采购供销网络，"送货一条龙"——通过与供应商建立的计算机化连接，供货商自己就可以对沃尔玛的货架进行补货，"管理一棵树"——利用计算机网络把顾客、分店或山姆会员店和供货商像一棵大树有机地联系在一起。

沃尔玛的成功是在信息技术的支持下铸就的。沃尔玛能够以最低的成本、最优质的服务、最快速的管理反应进行全球运作。1974 年，公司开始在其分销中心和各家商店运用计算机进行库存控制。1983 年，沃尔玛的整个连锁商店系统都用上条形码扫描系统。1984 年，沃尔玛开发了一套市场营销管理软件系统，这套系统可以使每家商店按照自身的市场环境和销售类型制定出相应的营销产品组合。

在 1985 至 1987 年之间，沃尔玛安装了公司专用的卫星通信系统，全球 4000 家沃尔玛分店也都能够通过自己的终端与总部进行实时联系。90 年代沃尔玛提出了新的零售业配送理论：集中管理的配送中心向各商店提供货源，而不是直接将货品运送到商店。其独特的配送体系，大大降低了成本，加速了存货周转，形成了沃尔玛的核心竞争力。

提出问题
1. 沃尔玛的物流信息管理系统由哪些部分组成？
2. 沃尔玛的物流信息管理系统对其发展有哪些实质的帮助？

任务分析

电子商务物流系统包括运输系统、存储保管系统、装卸搬运系统、流通加工系统、物流信息系统等方面。其中，物流信息系统是高层次的活动，是物流系统中最重要的方面之一，涉及运作体制、标准化、电子化及自动化等方面的问题。由于现代计算机及计算机网络的广泛应用，物流信息系统的发展有了一个坚实的基础，计算机技术、网络技术及相关的关系型数据库、条码技术、EDI 等技术的应用使得物流活动中的人工、重复劳动及错误发生率减少，效率增加，信息流转加速，使物流管理发生了巨大变化。

一、电子商务物流管理信息系统类型

电子商务物流信息系统根据分类的方法不同，可分为不同类型的系统。

1. 按系统的结构划分

1) 单功能系统

单功能系统是指只能完成一种职能的系统，如财务系统、合同管理系统、物资分配系统等。

2) 多功能系统

多功能系统能够完成一级物资部门或一个企业物资部门所包括的全部职能，如仓库管理系统、经营管理决策系统等。

2. 按照系统功能的性质划分

1）操作型系统

操作型系统是指为管理者处理日常业务的系统。该系统主要是进行数据处理，如记账、汇总、统计、打印报表等。

2）决策型系统

在处理日常业务的基础上，运用现代化管理方法，进一步加上计算，为管理人员或领导者提供决策方案或定量的依据。通常称这类系统为辅助决策系统或决策支持系统，学术上统称为决策型系统。

3. 按照系统所采用的设备和技术划分

1）单机系统

系统只使用一台计算机，这台机器可以只有一个终端，也可以有多个终端。对数据采用分批处理方式。如果采用分时处理方式，那就必须配备多个终端。

2）网络系统

系统使用多台计算机，相互间以通信网联系起来，实行资源共享（包括硬件、软件和数据等）的分布式结构。网络是计算机技术和通信技术相结合的产物。网络根据连接地区大小的不同可以分为远程网络和局部网络两种。局部网络中使用最普遍最有实用意义是微型机的局部网络。

4. 按系统的应用对象分类

按系统的应用对象电子商务物流管理信息系统可分为面向制造企业的物流管理信息系统、面向零售商、中间商、供应商的物流管理信息系统、面向物流企业的物流管理信息系统和面向第三方物流企业的物流信息系统。

二、电子商务物流管理信息系统的组成

电子商务物流管理信息系统是在对企业业务活动进行调研、分析的基础上，以人为主导，以提高物流运作效率为目的，利用计算机软件、硬件、网络通信设备以及其他办公设备，对物流信息进行收集、传输、加工、存储、更换和维护，达到支持决策，指挥控制运作的集成化人机交互系统。

1. 电子商务物流管理信息系统的组成

电子商务物流管理信息系统一般由数据库、软件、硬件和人员等四个部分组成。

1）数据库

数据库是将多个用户、多种应用所涉及的数据，按一定数据模型进行组织、存储、使用、控制和维护管理。

2）软件

软件主要包括系统软件和应用软件两大类。其中系统软件主要用于计算机的管理、维修、控制、程序的载入和编译等工作；而应用软件则是指挥计算机进行信息处理的程序或文件，它又包括功能完备的数据库系统，实时的信息收集和处理系统，实时的信息检索系统，报告生成系统、经营预测、规划系统，经营监测、审计系统及资源调配系统等。

3) 硬件

硬件包括计算机、网络通信设备等,如计算机、服务器、通信设备。硬件是现代物流管理信息系统的物理设备、硬件资源,是实现现代物流管理信息系统的基础,它构成系统运行的硬件平台。

4) 人员

人员主要包括系统分析员、系统实施和操作人员以及系统维护人员、系统管理人员、数据准备人员与各层次管理机构的决策者。

2. 电子商务物流管理信息系统分解

物流管理信息系统按功能分解又可以分为以下子系统。

(1) 管理子系统:提供与具体业务无关的系统所需的功能。

(2) 采购子系统:提供原材料采购信息的功能。

(3) 仓储管理子系统:使用仓储管理子系统管理存储业务的收发、分拣、摆放、补货、配送,等等,同时,仓储管理系统可以进行库存分析与财务系统集成。

(4) 库存子系统:提供库存管理信息的功能。

(5) 生产子系统:提供生产产品信息的功能。

(6) 销售子系统:提供产品销售信息的功能。

(7) 配送子系统:是指根据商品的配送类型做分类后,再按照商品重量与体积等各因素拟订的派车计划、体积装载计划以及配送行程计划等作业系统。

(8) 运输子系统:提供产品运输信息的功能。

(9) 财务子系统:提供财务管理信息的功能。

(10) 决策支持子系统:使物流信息系统达到一个更高的层次。

任务三　电子商务物流管理信息系统的设计

案例引导

宅急送物流管理信息系统的应用

宅急送(北京宅急送快递股份有限公司)是中日合资的全国性专业包裹快递公司,于1994年创立,目前,已在全国有3000多个经营网点,网络覆盖全国2000多个城市和地区;分别在华北、华东、华南、华中、东北、西北、西南设有7个物流基地,40个运转中心,75000平方米的配送中心,同时拥有42个航空口岸,360条航线,近1500个航班,620条物流班车线。依托成熟的快运平台,宅急送每年进出港货物逾亿件,真正做到了物畅其流,货通天下。

在2000年,随着业务范围的扩大和业务量的增加,宅急送原有的管理系统和业务处理方式已经不能适应业务扩展和企业战略调整的需要,其存在大量的问题,这些问题包括:公司决策层无法及时了解各营业所和分公司的业务状况,影响了公司的管理和决策;异地业务使通信费用占整体成本太高;统计中心业务量过大,同时,也无法保证数据的准确性;不能满足客户对于货物跟踪的新要求;等等。

为了解决业务中存在的大量问题,宅急送从 1999 年开始建设 MIS(管理信息系统),2002 年投入使用,并且一直不断地改进和完善 MIS 的功能。2003 年,宅急送实现了对数据的统一管理,这对信息化来说是至关重要的。在 2004 年,宅急送使用了条码采集器,2005 年自主开发了很多信息化系统,比如信息管理系统、仓储管理系统(WMS)、移动资源管理系统(MRM)、无线资源管理系统(RRM)、客户操作管理系统(COM)、客户关系管理系统(CRM)、自动化办公系统(OA)、人事管理系统(HR)、资产管理系统(AMS)、采购管理系统(PMS)等。

宅急送在业务发展的同时,形成了自己的模式,信息系统的建设也具有了宅急送的特色。下面用图形简单介绍宅急送在快递业务中信息化系统的应用(见图 2-2)。

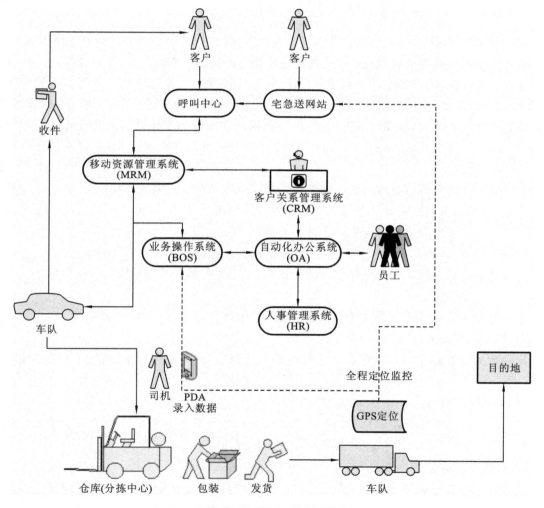

图 2-2 宅急送快递业务模式

提出问题

1. 宅急送的物流管理信息系统由哪些部分组成?
2. 宅急送的物流管理信息系统是如何设计的?

信息系统的设计是指建立一个信息系统的过程,其中心是设计出系统的应用软件。在这个过程中,必须遵循一定的方法,以保证开发的顺利进行。好的设计开发方法可以用较短的时间,投入较少的人力物力,设计出实用的信息系统。

电子商务物流管理信息系统的设计并不是单项数据处理的简单组合,必须根据企业的具体情况进行系统的规划。这个系统涉及传统管理思想向现代管理思想的转变,其应用的最终结果必然是提高物流企业管理的效率。这个系统的设计是一个涉及范围很广、协调性很强,并且是人机紧密结合的过程。

一、电子商务物流管理信息系统设计的步骤

1. 系统规划阶段

系统规划阶段是物流管理信息系统的起始阶段,是根据用户需求、业务的过程、环境,分析系统开发的可能性,进行概念设计和逻辑设计,制定总体规划的实施方案。确定要开发的物流系统的总目标,给出物流管理信息系统的功能、性能、可靠性,以及所需的接口等方面的设想,完成该项软件的可行性分析,探讨解决方案,制订完成开发任务的实施计划。新系统的可行性研究,要从有益性、可能性和必要性等三个方面对未来物流系统的经济效益、社会效益进行初步分析。

电子商务物流管理信息系统的规划是整个系统设计开发最为重要的阶段,一旦有了良好的系统规划,就可以按照数据处理系统的分析和设计持续进行工作,直至系统的实现。电子商务物流管理信息系统的总体规划分成四个基本的步骤。

1) 定义管理目标

定义管理目标是指确定各级管理的统一目标,原则是局部目标必须服从总体目标。

2) 定义管理功能

定义管理功能是指确定管理活动中的主要活动和决策。

3) 定义数据分类

定义数据分类是指在定义管理功能的基础上,把收集到的数据根据不同的管理功能进行分类。

4) 定义信息结构

定义信息结构是指确定信息系统各个部分及其相互数据之间的关系,导出各个独立性较强的板块,确定板块实现的优先关系,也就是划分子系统。

2. 系统分析阶段

系统分析阶段是系统开发的基础,是对开发的软件进行业务调查和分析,是理解用户需求和业务处理状况与流程的唯一途径,同时可进行功能、需求和限制的分析,提出可行的系统建设方案。

3. 系统设计阶段

系统设计阶段的任务是依据系统分析说明书进行新系统的物理设计,提出一个由一系列物

理设备构成的新系统设计方案,并把这一方案表达出来。通常分为总体设计阶段和详细设计阶段。总体设计阶段包括系统空间布局设计、系统模块结构设计、系统软硬件结构设计;详细设计阶段包括数据库/文件设计、编码设计、输入/输出模块结构设计与功能设计。

4. 系统实施阶段

系统设计完成后,必须在交付系统正式试用之前对系统进行严谨的测试。系统实施的主要任务是:购置计算机硬件、系统软件,并安装测试;程序设计、程序的调试;系统试运行;编写操作手册等文字资料;操作人员培训等。

5. 系统运行和维护阶段

本阶段的主要任务是同时进行系统的日常运行管理、评价、监理等三部分工作。在系统运行的过程中要逐日记录并提交运行记录,发现问题要及时对系统进行修改、维护或布局调整。

二、电子商务物流管理信息系统设计的原则

1. 可得性

物流信息可快速,并且始终如一地得到。

2. 精确性

物流信息系统报告与实际状况相比所达到的程度要高。

3. 及时性

物流活动在发生时与该活动在信息系统所反映时的时间耽搁要少。

4. 灵活性

本身具有不断更新的能力。

5. 异常情况的识别性

及时发现物流活动中的异常情况。

6. 适当形式化的报告

提供一定形式的报告。

三、物流信息系统设计的方法

物流管理信息系统的主要功能图见图2-3所示。

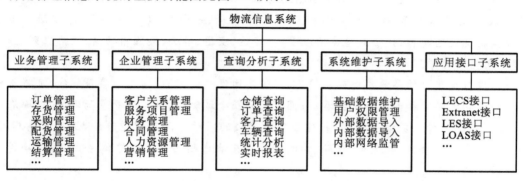

图2-3 物流管理信息系统的主要功能图

1. 总体结构设计

总体结构设计的核心问题是系统总体功能结构的确定和子系统与模块的划分。

1) 结构化系统设计

结构化系统设计的思想是：采用自顶向下、逐层分解的方法，把系统划分为若干子系统，而子系统又划分为若干功能模块，模块又划分为子模块，层层划分直到每一个模块是相对独立、功能单一的独立程序为止。

2) 子系统划分

子系统划分的原则：子系统要具有相对独立性；子系统之间的数据依赖性尽量小，相互接口用关键字连接；子系统的划分的结果应使数据冗余较小、便于分阶段完成。

2. 完成环境配置设计

计算机处理设计的方式有成批处理、联机实时处理、联机成批处理、分布式处理。系统软/硬件配置设置则要根据企业的财力和物流信息系统的需求来配置。新系统的建设应当尽量避免先买设备，再进行系统设计的情况。

3. 总结构层次环境设置的基础

能进一步根据电子商务物流活动详细设计物流的各个模块，完成最终的信息系统设计。

任务四　典型电子商务物流管理信息系统的规划设计

案例引导

中海北方物流有限公司物流系统设计

一、中海北方物流有限公司概况

中海北方物流有限公司是中海集团物流有限公司所属的八大区域物流公司之一。公司注册资金5000万元人民币，管理着东北地区18家子公司、分公司、办事处和50个配送网点。其业务涵盖物流策划与咨询、企业整体物流管理、海运、空运、码头、集装箱场站、铁路班列运输、集卡运输、仓储配送等。

公司建有现代化的集装箱场站和码头，通过集团发达的国际、国内集装箱航线，可将货物运抵国内任意指定港口和国际各主要港口；拥有集装箱冷藏班列，独立经营着冠名为"中国海运一号"大连—长春内外贸集装箱班列；组建了实力强大的集卡车队和配送车队，拥有配备GPS系统的集卡拖车200余辆，配送车50辆，构成了纵贯东北内陆的陆上运输体系，可将货物运往东北任意指定地点。

公司在大连港建有10万平方米的现代化物流配送仓库，采用以条码技术为核心的信息管理系统,配有国际先进的物流仓储设备。并以大连为中心,按照统一标准在各主要城市建有二、三级配送中心,形成了辐射东北三省的梯次仓储配送格局;公司的冷藏高温仓库,成为新鲜瓜果蔬菜存储、加工、包装、分拨和配送中心。

公司具有多年的物流服务经验,吸纳了国内一流的物流人才,拥有完备的物流硬件设备,具有较强的物流策划与实施能力。公司恪守"使客户满意,使客户的客户也满意"的服务宗旨,遵循"5R"原则,提供"安全、优质、便利、快捷"的整体优化服务。

公司的主要客户有顶新集团、青啤集团、露露集团、海信电器、TCL集团、上海家化及沈阳金杯等公司。

二、业务流程

中海北方物流有限公司业务流程图如图2-4所示。

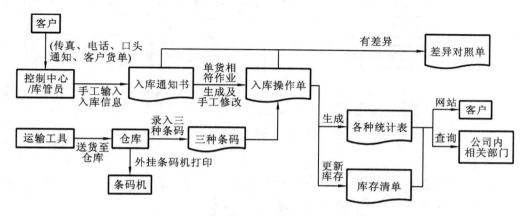

图 2-4 中海北方物流有限公司业务流程图

来源:中海北方物流有限公司

三、物流信息系统简介

中海北方物流公司的物流信息系统是以Intranet/Extranet/Internet为运行平台的,以客户为中心,以提高物流效率为目的的,集物流作业管理、物流行政管理、物流决策管理于一体的大型综合物流管理信息系统,由电子商务系统、物流企业管理软件、物流作业管理系统和客户服务系统组成:

- 电子商务系统使客户通过Internet实现网上数据的实时查询和网上下单;
- 物流企业管理系统对企业的财务、人事、办公等进行管理,对数据进行统计、分析、处理,为企业提供决策支持;
- 物流作业管理系统则通过集成条码技术、GPS/GSM技术、GIS技术等物流技术,实现物流作业、管理、决策的信息化;
- 客户服务系统为客户提供优质的服务。

四、中海北方物流信息系统功能

中海北方物流信息系统功能如图2-5所示。

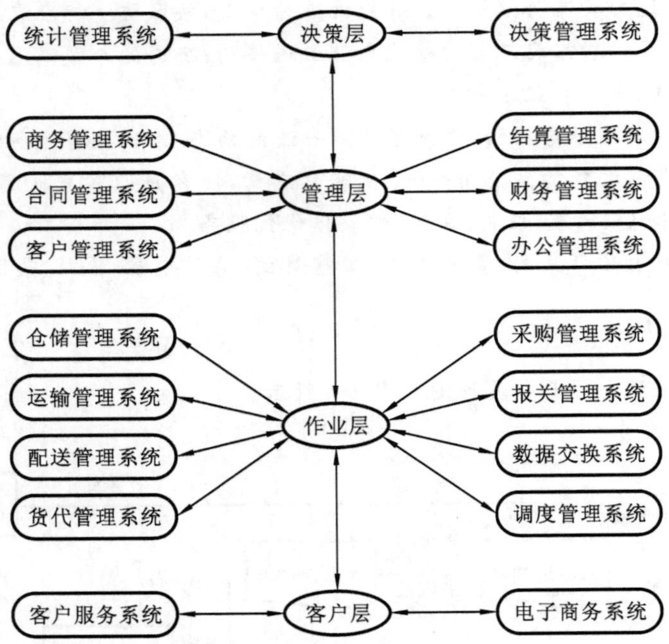

图 2-5 中海北方物流信息系统功能

提出问题

1. 中海物流信息系统为什么说是一个比较完善的物流管理信息系统？
2. 你认为这个系统还有哪些需要进一步改进的地方？

一、电子商务仓储管理信息系统设计

1. 电子商务仓储管理信息系统的概念

电子商务仓库管理系统是现代电子商务仓储企业进行货物管理和处理业务的操作系统。是用来管理仓库内部的人员、库存、工作时间、订单和设备的软件实施工具。这里所称的仓库，包括生产和供应领域中各个类型的存储仓库和配送中心。

电子商务仓储管理信息系统以对厂商或客户作业为主，包括货品实际出入库、根据出入库货品内容做库存管理、针对需求货品项目向供货厂商下采购订单或根据订货单向客户发货。物流仓储管理系统的工作内容包含出入库作业处理、存货控制、采购/销售管理系统、应付账款系统。其功能模块流程如图 2-6 所示。

1）出入库作业处理系统

主要处理两种作业内容：一是预定出入库信息处理；二是实际出入库作业。

2）存货控制系统

主要用来做库存数量控制、库存量规划之用，以减少因商品库存积压过多造成各种利润损失。主要作业包括商品的分类分级、订购批量及订购时点的订货、存货的追踪管理、库存的盘点作业。

3）采购管理系统

主要的目的在于提供给采购人员一套快速而准确的工具，以对供货厂商适时适量地开具采

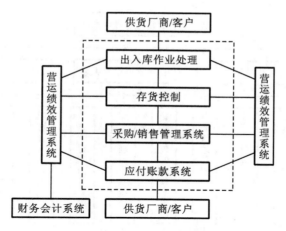

图 2-6 物流仓储系统功能模块流程

购单及接受客户订单,以使商品能于出货之前准时入库,并避免库存不足及呆滞品过多等情况。此系统主要包含四个子系统:采购预警系统、供货厂商/客户管理系统、采购单据/订单打印系统、采购/销售跟踪系统。

4) 应付账款系统

采购商品入库后,采购资料即由采购数据库转为应付账款系统,会计管理人员于供货厂商开具发票及请款单时即可调用此系统。

2. 电子商务仓储管理系统的功能

由计算机控制的仓库管理系统的目的是独立实现仓储管理各种功能:收货、在正确的地点存货、存货管理、订单处理、分拣和配送控制。仓库管理系统(WMS)将关注的焦点集中对仓储执行的优化和有效管理,同时延伸到运输配送计划并与上下游供应商客户的信息交互,从而有效提高仓储企业、配送中心和生产企业仓库的执行效率和生产率,降低成本,提高企业客户的满意度,从而提升企业的核心竞争力。

3. 自动化仓储信息系统的设计

仓储系统流程如图 2-7 所示。

二、运输信息系统设计

1. 运输信息系统概述

物流的最简单理解就是货物运输,所以运输在物流运作中的地位十分重要,运输管理在整个物流管理中占有相当大的比重。运输管理系统(TMS)是物流管理信息平台中的重要环节,在物流运作的各个环节中运输时间及成本占有相当大的比重。对运输实现有效的管理,是现代物流管理中的重要内容。现代运输管理是对运输网络的管理,在这个网络中传递着不同区域的运输任务、资源控制、状态跟踪、信息反馈等信息,运输管理系统是为企业的运输单元和运输网络建立的高效、可靠、安全、分布式的现代物流运输管理信息系统,其目的是对运输过程中的人(驾驶员)、车、货、客户,以及费用核算进行有效的协调和管理。实现各种资源的实时控制、协调管理,满足客户服务的信息需求。

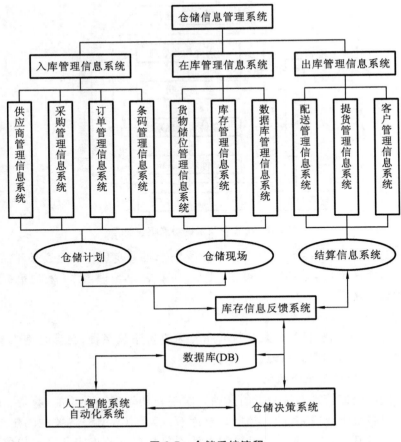

图 2-7 仓储系统流程

2. 运输信息系统设计

1) 业务流程

物流运输系统功能模块业务流程如图 2-8 所示。

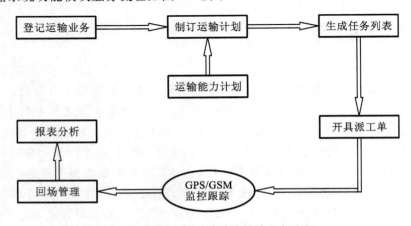

图 2-8 物流运输系统功能模块业务流程

2）基本功能模块

物流运输系统基本功能模块流程如图 2-9 所示。

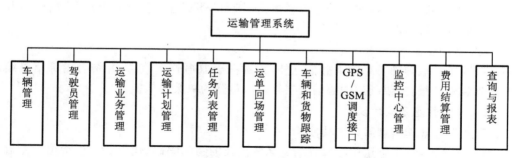

图 2-9　物流运输系统基本功能模块流程

三、电子商务配送中心信息系统

1．配送中心信息系统概述

物流配送中心信息系统是物流配送信息化的核心，有较强的综合性，主要目的是向各配送点提供配送信息，根据订货查询库存及配送能力，发出配送指令，发出结算指令及发货通知，汇总及反馈配送信息。

配送中心信息系统可解决配送中心订货、库存、采购、发货等一系列信息及时准确传递的任务，并收集各种表单，以及关于物流成本、仓库和车辆等物流设施、设备运转等资料，帮助物流管理部门有效地管理物流活动。

配送中心信息系统结构图如图 2-10 所示。

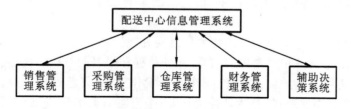

图 2-10　配送中心信息系统结构图

1）销售管理系统

其主要的职能是订单的处理。若采取配销模式，还应包括客户管理、销售分析与预测、销售价格管理、应收款及退货处理等系统。

2）采购管理系统

如果采取物流模式，其主要工作只能是接受进货及验收指令。如果是授权模式或配销模式，其主要工作是面对供货商的作业，包括供货商管理、采购决策、存货控制、采购价格管理、应付账款管理等。

3）仓库管理系统

该系统包括存储管理、进出货管理、机械设备管理、分拣处理、流通加工、出货配送管理、货物追踪管理、运输调度计划等内容。

4）财务管理系统

财务会计部门对销售管理系统和采购管理系统所传送来的应付、应收款项进行会计操作,同时,对配送中心的整个业务与资金进行平衡、预算和分析,编制各业务经营财务报表,并与银行金融系统联网进行转账。

5）辅助决策系统

该系统除了获取内部各系统业务信息外,关键在于取得外部信息,并结合内部信息编制各种分析报告和建议报告,供配送中心的高层管理人员作为决策的依据。

2. 配送中心信息系统的设计

（1）配送中心管理信息系统的功能如下。

① 标准化管理:负责配送中心管理信息系统涉及的物品编码、代码、人员、货位等基础信息的维护,是信息系统应用的基础。

② 订单管理:承担配送中心对外业务的处理,包括受理客户的收、发货请求,配送中心出具的单据的验证、复核、打印与传递。

③ 合约管理:有关合同、客户档案的管理。

④ 存储管理。

⑤ 入库管理:负责处理不同要求、不同形式的入库指令,生成入库单。

⑥ 理货管理:物品外观质量检验与验收,条码录入与打印,存储区域、货位分配、堆垛、苫盖,在库保管与养护,盘点作业管理。

⑦ 出库管理:负责处理各种出库方式的出库指令。

⑧ 车辆调度:按照配送中心出货订单与自有车辆和外雇车辆状况合理安排车辆。

⑨ 配载:按一定算法将轻重货物指派到指定车辆上以实现车辆的较高的利用率。

⑩ 货物跟踪:物品运输/送货过程中,信息的反馈与发送。可连接 GPS 装置,实现货物跟踪的功能。

⑪ 到货交接:物品送达客户的交接相关信息的处理。

⑫ 费用结算:配送业务相关费用的结算、业务单据和报表的打印与传递。

（2）配送中心主要涉及的物流作业:①市场开发作业;②订单处理作业;③采购作业;④进货入库作业;⑤库存管理作业;⑥补货及拣货作业;⑦流通加工作业;⑧出货作业处理;⑨配送作业;⑩会计作业。

项目小结

在信息技术快速发展、市场需求变幻莫测的今天,电子商务环境中的物流企业面对日趋激烈的竞争,如何满足客户的多样化需求,如何快速抓住市场的机遇并迅速做出反应,是企业能否生存和发展的关键。本项目介绍了电子商务物流信息系统的概念、基本构成及特点,还论述了典型的电子商务物流信息系统的设计原则及流程。通过本项目的学习,应能分析和判断电子商务物流信息系统设计的合理性和完整性,并能进行简单的系统设计。

案例任务分析

沃尔玛的物流管理系统

利用信息技术改善供应链与物流管理体系方面的核心竞争能力,不仅使沃尔玛获得了成本上的优势,而且加深了它对顾客需求信息的了解,提高了市场反应的速度,赢得了宝贵的竞争优势。沃尔玛被称为零售配送革命的领袖,其独特的配送体系,大大降低了成本,加速了存货周转,成为"天天低价"的最有力的支持,使沃尔玛折扣店的商品售价比对手低10%~20%,山姆会员店中的商品售价比对手则要低30%~40%。

沃尔玛采取过站式物流管理方式,即由公司总部"统一订货、统一分配、统一运送"的物流供应模式。同时,也授权给各分店,可直接从供应商甚至是国外供应商处订货,从而使补货时间从行业的平均水平(6周)减少到36小时。沃尔玛完整的物流系统不仅包括配送中心,还有更为复杂的资料输入采购系统、自动补货系统等。

1) 自动补货系统

沃尔玛的自动补货系统采用条形码技术、射频数据通信技术,电脑系统自动分析并建议采购量使得自动补货系统更加准确、高效,降低了成本,加速了商品流转以满足顾客需要。

早在1986年,沃尔玛便采用全电子化的快速供应(QR)这一现代化供应链管理模式。QR模式改变了传统企业的商业信息保密做法,将销售信息、库存信息、生产信息、成本信息等与合作伙伴交流分享。

沃尔玛通过EDI系统把POS终端数据传给供应方,供应方可以及时了解沃尔玛的销售状况、把握商品需求动向,及时调整生产计划和材料采购计划,供应方利用EDI系统在发货前向沃尔玛传送ASN(预先发货清单),这样沃尔玛可以做好进货准备,省去货物数据录入环节,提高商品检验效率。沃尔玛在接收货物时用扫描仪读取机器的条码信息,与进货清单核对,判断到货和发货清单是否一致。利用电子支付系统向供应方支付货款,把ASN和POS数据比较,就能迅速知道商品库存的信息。

沃尔玛把商品进货和库存管理职能移交给供应方,由供应商对沃尔玛的流通库存进行管理和控制。供应方对POS信息和ASN信息进行分析,把握商品销售和沃尔玛的库存动向。在此基础上,决定送货的时间、品种和方式,发货信息预先以ASN形式传送给沃尔玛,以多频度小数量进行连续库存补充,减少双方的库存,实现整个供应链的库存水平最小化。沃尔玛可以省去商品进货业务,节约了成本,能够集中精力于销售活动,并且能够事先得知供应方的商品促销计划和商品生产计划,能够以较低价格进货。

2) 信息化的物流配送中心

沃尔玛在物流方面的投资主要集中在物流配送中心建设方面。运输环节成本和效率是沃尔玛整个物流管理的重点。沃尔玛较早认识到配送中心作为零售店轴心的作用,卖场一般都设在配送中心周围,以缩短送货时间,降低送货成本。通常以320公里为一个商圈建立一个配送中心,以满足周围100多个分店的需求。目前,沃尔玛每个配送中心离最远的分店不超过500英里(1英里≈1.61千米),只有一天的路程。从零售店下订单到货物上架的响应时间只需要48小时,而其大部分竞争对手配送响应时间至少120个小时。

沃尔玛的配送中心是典型的零售型配送中心。沃尔玛第一配送中心于1970年建立,占地6000平方米,负责供货给4个州的32间商场,集中处理公司所销商品的40%。沃尔玛的总部至今仍在阿肯色州本顿维尔市的第一配送中心附近。沃尔玛在美国拥有100%的物流系统。沃尔玛随着经营规模的发展壮大而不断完善其配送中心的组织结构。2005年沃尔玛在全球已经建立了110个信息化、自动化水平很高的物流配送中心,为3703家分店提供服务。沃尔玛每个配送中心一般有600~800名员工,平均面积有10万平方米,相当于23个足球场那么大,里面的商品种类超过 8 万种。配送中心的一端是装货平台,另一端是卸货平台。每天有 160 辆货车开进来卸货,150 辆车装好货物开出。配送中心 24 小时不停地运转,许多商品在配送中心停留的时间总计不超过 48 小时。配送中心每年处理数亿次商品,99% 的订单正确无误。

在配送中心,计算机信息系统掌管着一切。沃尔玛各分店的订单信息通过公司的高速通信网络传递到配送中心,配送中心整合后正式向供应商订货。供应商可以把商品直接送到订货的商店,也可以送到配送中心。

沃尔玛要求供应商的商品必须都要有条形码,商品送到配送中心后,先经过核对采购计划、商品检验等程序,卡车将停在配送中心收货处的数十个门口,把货箱放在高速运转的激光控制的传送带上,在传送过程中经过一系列的激光扫描,读取货箱上的条形码信息,分别送到货架的不同位置存放,计算机会记录下货物的方位和数量。一旦分店提出需求计划,计算机就会查出这些货物的存放位置,并打印出印有商店代号的标签,供贴到商品上。整包装的商品将被直接送上传送带,零散的商品由工作人员取出后,也会被送上传送带。商品在长达几公里的传送带上进进出出,通过激光辨识物品上的条形码,把它引向配送中心另一端正待完成某家分店送货任务的卡车。传送带上一天输出的货物可达 20 万箱。

在推广使用 RFID 电子标签后,供应商按照沃尔玛配送中心发来的订单分拣好商品,交付运送;在商品通过配送中心的接货口时,RFID 阅读器自动完成进货商品盘点并输入数据库。配送中心在按照各个分店的要求进行配货后,商品被直接送上传送带装车;在商品装车发往分店的途中,借助 GPS 定位系统或者沿途设置的 RFID 监测点,就可以准确地了解商品的位置与完备性,从而准确预知运抵时间;运抵门店后,卡车直接开过接货口安装的 RFID 阅读器,商品即清点完毕,直接上架出售或暂时保存在门店仓库中,门店数据库中的库存信息也随之更新。商品一旦进入 RFID 阅读器覆盖的场所,RFID 系统就自动承担起商品的电子监控功能,有效地防止商品失窃现象。由于顾客改变了购买决策而随意放置的商品,也可以通过覆盖分店的 RFID 阅读器找到并由店员归位。顾客选购商品后,只需将购物车推过安装有 RFID 阅读器的收银通道,商品的计价即自动完成。随着商品减少,装有 RFID 阅读器的货架即自动提醒店员进行补货。这样,商品在整个供应链和物流管理过程中就变成了一个完全透明的体系。

为了取得充分的灵活性、为一线商店提供最好的服务和摆脱第三方运输公司的影响,沃尔玛不失时机地扩大了自己的车队规模。沃尔玛的送货车队也许是美国最大的。为满足美国国内连锁店的配送需要,沃尔玛在国内拥有近 3 万多个大型集装箱挂车、6000 多辆大型货运卡车,昼夜不停地工作。灵活高效的物流配送使得沃尔玛在激烈的零售业竞争中技高一筹,赢得了竞争优势。

分析任务

1. 沃尔玛在激烈的零售业竞争中技高一筹而赢得了竞争优势的关键核心因素是什么?
2. 分析沃尔玛物流信息系统的设置是否合理,该如何改进?

实训考核

实训项目　电子商务物流企业调查报告

1. 实训目的:了解企业物流系统信息化的现状及物流管理信息系统的构成。
2. 实训内容:对当地电子商务物流企业进行调查。
3. 实训要求:分组参加实训,写成调查报告,不少于 500 字。

项目三
电子商务环境中的物流模式

**DIANZI SHANGWU
YU WULIU GUANLI**

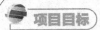

1. 掌握在电子商务环境中几种主要的物流模式的类型。
2. 理解不同物流模式各自的优势和不足。
3. 了解在电子商务环境中第三方物流的发展现状。
4. 了解在电子商务环境中的新型物流模式。

本项目主要介绍了电子商务环境中的几种主要物流模式,介绍了它们的发展现状和各自的特点,在此基础上讲解了企业应该如何选择合适的物流模式,其中几种主要的物流模式的发展现状是本项目的重点。

任务一　电子商务环境中的物流模式概述

案例引导

电子商务巨头京东正加快华中物流基地的区域扩张。2014年4月,总投资70亿元的京东华中物流基地项目在武汉新洲阳逻经济开发区奠基。

据悉,京东华中物流基地总投资70亿元,规划用地6280亩。其中,首期建设的一期项目,用地1280亩,包括京东商城华中区域总部大楼、华中区域订单生产中心、云计算和大型数据处理中心。

一期项目计划于2015年年底建成运营,2016年可以实现销售额200亿元,预计2019年销售额可达到800亿元。

京东集团首席人力资源官隆雨表示,建成后,将优化华中地区电子商务物流环境,进一步提高湖北乃至华中地区物流效率。

观察:销售发展迅速电子商务物流基地密集落户武汉

电子商务销售正迎来前所未有的发展时期,近三年更是获得高速增长。目前,湖北电子商务交易规模居全国第八位,中部地区第一位,武汉市电子商务交易规模占全省的七成以上,已被国家纳入电子商务示范城市。

由于看好中部地区电子商务销售的发展预期,电子商务巨头纷纷加速布局,在武汉建物流基地。2014年8月,苏宁位于武汉东西湖保税物流中心达20万平方米的苏宁武汉物流基地将投入使用,将解决湖北、湖南、河南三省的货物配送问题。

同时,阿里巴巴也拟在武汉投资4亿美元建华中地区最大物流配送中心,计划占地3000亩。

当当网也计划在武汉江夏建5万平方米的仓储物流基地。而此前,亚马逊、凡客等一批电子商务公司已经在武汉自建物流基地。

提出问题

1. 京东商城的物流基地项目属于哪种物流模式?
2. 为什么各大电子商务都选择武汉来建设物流基地?

本任务从几种常见的电子商务物流模式介绍入手,阐述了不同类型的电子商务物流模式的特点和运营方式。

一、电子商务物流模式

目前,电子商务物流发展方兴未艾,各种物流企业层出不穷,物流模式也各不相同。所谓物流模式,又称为物流管理模式,是指从一定的观念出发,根据现实的需要,构建相应的物流管理系统,形成有目的、有方向的物流网络,采用某种形式的物流解决方案。在电子商务环境下,大致有以下五种主要的物流管理模式:电子商务营运商自建物流体系(企业自营物流)、第三方物流模式、物流企业联盟模式、第四方物流模式、综合物流代理模式。这些模式方案各具特色,但无疑都凸显出物流管理创新的主旨。

1. 自建物流体系

电子商务企业自建物流体系主要有两种情况:一是传统的大型制造企业或批发企业经营的B2B电子商务网站,由于其自身在长期的传统商务中已经建立起初具规模的营销网络和物流配送体系,在开展电子商务时只需将其加以改进、完善,就可满足电子商务条件下对物流配送的要求;二是具有雄厚资金实力和较大业务规模的一些传统的大型企业集团经营的电子商务公司,凭借原有的庞大的连锁分销渠道和零售网络,利用电子商务技术构建自身的物流体系,进行物流配送服务,在第三方物流不能满足其成本控制目标和客户服务要求的情况下,自行建立适应业务需要的畅通、高效的物流系统,并可向其他的物流服务需求方(如其他的电子商务公司)提供第三方综合物流服务,以充分利用其物流资源,实现规模效应。

电子商务企业自营物流,自身组织商品配送,可以说是自己掌握了交易的最后环节,有利于控制交易时间。企业可以根据自身具体情况选择是否开展自营物流。从大体上来看,自建物流体系企业业务有如下特点。

(1) 业务集中在企业所在城市,送货方式比较单一。由于业务范围不广,企业独立组织配送所耗费的人力不是很大,所涉及的配送设备也仅限于汽车以及人力车而已。

(2) 拥有覆盖面很广的代理、分销、连锁店,而企业业务又集中在其覆盖范围内。

(3) 对于一些规模比较大、资金比较雄厚、货物配送量巨大的企业来说,投入资金建立自己的配送系统以掌握物流配送的主动权也是一种战略选择。

自建物流体系的核心是建立集物流、商流、信息流于一体的现代化新型物流配送中心,而电子商务企业在自建物流配送中心时,应广泛地利用条码技术、数据库技术、电子订货系统、电子数据交换、快速反应以及有效的客户反应(ECR)等信息技术和先进的自动化设施,以使物流中心能够满足电子商务对物流配送提出的如前所述的各种新要求。

2. 第三方物流模式

第三方物流(third party logistics，TPL 或 3PL)是指由供方与需方以外的物流企业提供物流服务的业务模式，也称为合同物流、契约物流。在某种意义上来看，可以说它是物流专业化的一种形式。

电子商务的迅速发展对物流服务提出了更高的要求。由于技术先进，配送体系较为完备，第三方物流成为电子商务物流配送的理想方案之一。这也是社会分工日益明确的产物。除了有实力自建物流体系的大企业之外，更多的中小企业倾向于采用这种"外包"方式。但是，无论是对于传统部门还是对于新兴的物流公司，信息技术、经营理念、管理模式、服务质量等方面将成为电子商务时代开展第三方物流的核心内容。

第三方物流模式按照不同标准可作如下分类。

(1) 按照物流企业完成的物流业务范围的大小和所承担的物流功能，可将物流企业分为功能性物流企业和综合性物流企业。

功能性物流企业，也可称为单一物流企业，即它仅仅承担和完成某一项或几项物流功能，按照其主要从事的物流功能可将其进一步分为运输企业、仓储企业、流通加工企业等；综合性物流企业能够完成和承担多项甚至所有的物流功能，综合性物流企业一般规模较大、资金雄厚，并且有着良好的物流服务信誉。

(2) 按照物流企业是自主完成、承担物流业务，还是委托他人进行操作，可将物流企业分为物流自理企业和物流代理企业。

物流自理企业就是平常人们所说的物流企业，它可进一步按照业务范围进行划分；物流代理企业同样可以按照物流业务代理的范围，分成综合性物流代理企业和功能性物流代理企业。功能性物流代理企业，包括运输代理企业(即货代公司)、仓储代理企业(仓代公司)和流通加工代理企业等。

3. 物流企业联盟模式

物流企业联盟是指在物流方面通过签署合同形成优势互补、要素双向或多向流动、相互信任、共担风险、共享收益的物流伙伴关系。企业之间不完全采取导致自身利益最大化的行为，也不完全采取导致共同利益最大化的行为。

绝大多数物流服务利益产生于规模经济，这种规模经济导致了物流企业联盟的产生。物流企业联盟的效益在于物流联盟内的成员可以从其他成员那里获得过剩的物流能力，或处于战略意义的市场地理位置以及卓越的管理能力等。

物流企业联盟模式一般具有以下特征。

1) 相互依赖

组成物流联盟的企业之间具有很强的依赖性，这种依赖来源于社会分工和核心业务的回归。

2) 分工明晰

物流联盟的各个组成企业明确自身在整个物流联盟中的优势及担当的角色，内部的对抗和冲突减少，分工明晰，使供应商把注意力集中在提供客户指定的服务上。

3) 强调合作

既然是联盟，当然要强调合作。许多不同地区的物流企业正在通过联盟共同为电子商务客户服务,实现跨地区的配送,满足电子商务企业全方位的物流服务需要。对于电子商务企业来说,通过物流联盟可以降低成本、减少投资、控制风险,提高企业竞争能力。

4. 第四方物流模式

第四方物流(fourth party logistics,4PL)的概念是在1998年由美国埃森哲咨询公司率先提出的,定义为:"所谓第四方物流是一个供应链的整合者以及协调者,调配与管理组织本身与其他互补性服务所有的资源、能力和技术来提供综合的供应链解决方案。"这个概念虽然得到物流行业人士的认可,但是距离实践仍然存在着相当的距离。尽管如此,应该看到,随着第三方物流的快速发展和现代物流技术的广泛应用,必将为第四方物流的发展提供商机,使得第四方物流具有巨大的发展潜力。

第四方物流主要是在第三方物流的基础上,通过对物流资源、物流设施、物流技术的整合和管理,提出物流全过程的方案设计、实施办法和解决途径,为客户提供全面意义上的供应链的解决方案。第四方物流模式具有以下特征。

1) 第四方物流是供应链的集成者、整合者和管理者

第四方物流能够降低实时操作和传统外包产生的成本,通过第三方物流和优秀的技术专家、管理顾问之间的联盟,集成管理咨询和第三方物流的能力,为客户提供最佳的供应链解决方案。

2) 第四方物流通过影响整个供应链来进行增值

第四方物流充分利用一批服务提供商的能力,包括第三方物流信息技术供应商、呼叫中心、电信增值服务等,提供全方位供应链解决方案来满足企业的复杂需求,它关注供应链的各个方面,既提供不断更新和优化的技术方案,又能满足客户的独特需求。

3) 第四方物流的解决方案共有四个层次——执行、实施、变革、再造

第四方物流发展的思路是:首先大力发展第三方物流,为第四方物流发展作铺垫;其次加速电子商务与现代物流产业的融合,建立全国物流公共信息平台;最后转变政府职能,做好物流基础设施建设和产业服务,加快物流标准化建设。

5. 综合物流代理模式

根据我国的实际情况,我国物流产业应积极采取代理形式的客户定制物流服务的物流模式。我国目前物流企业在数量上供大于求,供给数量大于实际供给能力;在质量上有所欠缺,满足不了需求的质量;物流网络资源丰富,利用和管理水平低;缺乏有效的物流管理者。因此,作为物流企业可以采用委托代理的形式,运用自己成熟的物流管理经验和技术,为客户提供高质量的服务。一般来讲,这种方式概括为以综合物流代理为主的物流运作模式。

从事综合物流代理业务的主要思路为:不进行大的固定资产投入,降低经营成本;将主要的成本部门及产品服务的生产部门的大部分工作委托他人处理,注重建立自己的销售队伍和管理网络;实行特许代理制,将协作单位纳入自己的经营轨道;公司经营的核心能力就是综合物流代理业务的销售、采购、协调管理和组织设计的方法与经验,并且注重业务流程创新和组织机制创新,使公司经营不断产生新的增长点。

为了提高管理效率、降低运作成本,物流代理企业不但要提出具有竞争力的服务价格,还必须采取以下措施:坚持品牌经营,产品(服务)经营和资本经营相结合的系统经营;企业的发展和目标与员工、供应商、经营商的发展和目标充分结合;重视对员工和外部协作经营商的培训,以

协助其实现经营目标;建立和完善物流网络,分级管理,操作和营销分开;开发建设物流管理信息系统,应用物流信息技术,对货物实施动态跟踪和信息自动处理;组建客户俱乐部,为公司提供一个稳定的客户群。

国际著名的专门从事第三方物流的企业有美国的联邦快递、日本的佐川急便等。国内专业化的物流企业主要是一些原来的国有大型仓储运输企业和中外合资、独资企业如中国储运总公司、中外运敦豪、大通物流、天地快运等。近年来,上述公司营业范围涉及全国配送、国际物流服务、多式联运和邮件快递等,已经在不同程度上进行了综合物流代理运作模式的探索实践。尤其是一些与外方合资或合作的物流企业充分发挥了国外公司在物流管理经验、人才、技术、观念和理论上的优势,率先进行了综合物流代理运作。

二、电子商务物流模式选择

1. 根据在电子商务环境下物流的特点和企业自身的情况选择合适的物流模式

在电子商务物流运作中,强调商流、信息流、资金流与物流的整合作用,物流是实现电子商务的保证,是电子商务的基本要素和重要组成部分。电子商务的物流模式可以有多种选择,企业完全可以针对在电子商务环境下物流的特点和企业自身的情况做出合理的决策。

1) 电子商务和其他商务活动使用同一物流系统

已经开展商务活动的机构,可以利用互联网建立电子商务营销系统,也可以使用现有的物流资源经营电子商务的物流业务。流通渠道良好的商家从事电子商务业务具有较强的优势和有利的条件。

2) 自建网上物流系统

网上物流是以互联网为基础的信息管理系统,对发货、收货、运输等信息进行采集、归纳和分析,同时,对用户的数据库进行维护。其显著特点是使用互联网平台、安全数据交换技术,通过互联网与厂商和用户的系统来相互支持。将来的物流企业提供服务的程序将简化为以下四个步骤。

第一步,寻找供货网页,互联网在组织信息时把信息放在一起,可以打开供应商的网页,咨询公司的服务、产品、价格、公司概况、经营现状、商誉等情况,极其顺利地进行市场调查,快速地获取全面信息,在很短的时间内完成网上订货。

第二步,打开运输企业网站,选择理想的运输伙伴,在网上签订运输契约。

第三步,利用自己公司的网页把本公司推销出去,让人们了解本公司的产品、服务、优势、特点等方面的内容,同时,还为本公司客户提供网上订货功能,随时处理顾客的订货要求。

第四步,对订单进行分析、统计并选择恰当的运输方式。

以上功能是在网上虚拟的环境中实现的,这要求各方建立数据信息库。

3) 第三方物流公司开展电子商务

第三方物流公司扩大到一定规模以后,也希望将业务沿着供应链的上游或下游移动,向上移动到制造业,向下延伸到销售业。第三方物流公司开展电子商务的销售活动,可以利用有利的物流和信息网络资源,使两个领域的业务都做到专业化,使公司利润最大化。物流服务不同于信息服务,它需要三思而后行。所以,第三方物流公司应根据现有的物流设施和物流手段,逐步扩展电子商务交易商品的范围。

4) 发展电子商务、接轨现代物流是专业市场的必然选择

发展电子商务、接轨现代物流是专业市场在新经济条件下实现功能创新、向现代流通业态转型的规律使然。专业市场所依赖的产业基础、商品标准化程度、商品属性的不同,决定了不同类型的专业市场发展电子商务物流的差异性。可以通过采取以下策略,推进专业市场电子商务物流发展:加强专业市场信息化建设;建立专业市场信用监管评价体系;完善专业市场发展电子商务接轨现代物流的服务体系;整合区域市场分散的物流资源;探索不同类型专业市场的电子商务物流运作模式。

2. 我国当前物流模式选择亟待解决的问题

从一个行业的发展周期来看,我国的物流市场目前尚处于发展初期。当前的许多分销渠道只专注于物流流程的末端部分,相当多的公司对第三方物流、价值链和供应链的理解十分有限。甚至在许多人的头脑中,物流还只是一个"仓库+卡车"的概念。在这样的现状下,要想尽快地将第三方物流模式应用于电子商务,亟待解决以下几个问题。

1) 经营理念亟待转变——应首先摒弃"大而全""小而全"的传统意识

对于我国的电子商务,"物流配送是电子商务的瓶颈"已是一句被说滥了的话。人们一般都认为这个瓶颈来源于电子商务企业的外部环境,其实并不尽然。须知,对于网络这样一个现阶段鲜有利润可言的新生事物而言,大量资金积压在配送网络的固定资产上不仅可惜,更使网络公司由于双重风险(传统物流和科技研发)的压力而难以发展其核心能力。

2) 通过提高专业技术,提供全方位、综合性的物流服务

电子商务企业要求第三方物流向他们提供的是全方位、综合性的物流服务,而不仅仅是单一的服务项目。目前,我国大多数的第三方物流企业都是以传统的"类物流"业(如仓储业、运输业、空运、海运、货运代理和企业内的物流部门等)为起点而发展起来的。从总体上来看,其经营管理和技术实力普遍较弱,许多小型的服务商只能提供单一的物流服务。因此,提高技术水平是解决问题的根本。

3) 物流过程重组是解决物流问题的关键

第三方物流企业应当从以下两个方面来把握物流过程的重组:一方面,物流过程重组的重点在于通过改善供应链伙伴之间的协作降低总体库存;另一方面,改善供应链伙伴之间协作的首要前提是实现物流各方的信息共享。

其中,导致信息共享缺乏有如下几个原因。

首先,一些企业(包括第三方物流企业)不愿与合作伙伴共享信息的观念尚未消除,而这不利于持久关系的建立。

其次,缺少IT系统。例如,不论物流服务提供商还是最终用户都很少使用专用的仓库管理系统,库存管理仍主要由手工操作,最多不过是Excel等软件的运用。

最后,未充分发挥条形码在物流和信息流之间的沟通桥梁作用。

上述几点,是造成物流过程中缺乏信息共享的主要障碍,同时也是第三方物流企业应努力、大有可为的方向所在。

任务二 第三方物流

案例引导

如果你拥有一家手机生产工厂,想将产品销往世界各地,是否想找一位专门负责管理航空或海运业务,以及清关工作的"跨国快递员"来提高效率、节约成本?产品零配件来自不同国家,一种电路板的断货就会严重耽误工期,是否需要一位"物流管家"监控零配件库存并定时补货?

随着国际贸易如雨后春笋般地蓬勃发展,供应链的优化成为跨国制造商和零售商提高竞争力的关键。第三方物流应运而生,极大地降低了客户配送成本并拓展其全球化触角。在金融危机以前,美国的第三方物流公司已连续9年实现产值净增长,其增速已超过经济增长速度,2004年美国第三方物流服务产值就达769亿美元,截至目前已承担了大约20%的供应链服务。UPS、FedEx和DHL等同时也是世界领先的第三方物流提供商。UPS首先开辟了"次日送达"等贴心服务,极大改变了物流产业的竞争格局。美国路易斯维尔的"世界港"是UPS的配送中心,从美国中部时间凌晨3时,每隔45 s就会有一架UPS货机起降,在4小时内处理100多万件包裹。

越来越多的第三方物流公司开始提供创新手段提高物流效率,以适应未来的商业需求及挑战。如今,UPS开始提供供应链一体化解决方案,旨在为客户提供有形的物流、无形的信息以及复杂的资金同步协调等全面服务。简而言之,UPS提供了产品出了生产商大门的所有物流环节,甚至还为一些公司的国际化提供了商业解决方案,比如,为想进入中国市场的美国公司提供"在哪里建分拨中心""如何获得税收优惠"等服务。

提出问题

1. 第三方物流的实质是什么?
2. 第三方物流对电子商务企业有什么作用?

本任务从第三方物流模式的概念和特征等基本知识入手,分析了电子商务中第三方物流企业服务的优势和不足。

一、第三方物流概述

第三方物流是指在物流渠道中由中间商提供的服务,中间商以合同的形式在一定期限内,提供企业所需的全部或部分物流服务,包括从简单的存储运输等单项活动到提供全面的物流服务,其中包括物流活动的组织、协调和管理,设计建议最优物流方案,以及物流全程的信息搜集、管理等。第三方物流提供者是一个为外部客户管理、控制和提供物流服务作业的公司,它们并不在物流供应链中占有一席之地,仅是第三方,但通过提供一整套物流活动来服务于供应链。

1. 第三方物流的特征

第三方物流是随着物流业的发展而发展的,第三方物流是物流专业化的重要形式。物流业发展到一定阶段必然会出现第三方物流的发展,而且第三方物流的占有率与物流产业的水平之间有着非常规律的相关关系。从大体上来看,第三方物流有如下几个特征。

1) 第三方物流是合同导向的一系列服务

第三方物流中的合同是指长期合同,它不同于一般的运输合同或仓储合同。一般合同针对一次交易,只包含一项或分散的几项物流服务,而第三方物流则根据合同条款规定的要求,提供多功能甚至全方位的物流服务。它不是满足临时需求,而是满足一段时期的需求。第三方物流企业提供的服务,也不严格限于物流方面,还可以根据用户需要,提供包含一些商流、信息流方面的服务,只不过物流是其核心能力。

2) 第三方物流是个性化物流服务

第三方物流服务的对象一般都较少,只有一家或数家;服务时间却较长,往往长达几年。这是因为需求方的业务流程各不相同,而物流、信息流是随商流或价值流而流动的,因而要求第三方物流服务应按照用户的业务流程来设计。传统的运输、仓储业务由于服务对象众多而只能提供单一的、标准化的服务,无法满足用户的个性化需求。

3) 第三方物流是建立在现代信息技术基础上的

现代信息技术的发展是第三方物流产生的必要条件。计算机、网络和现代通信技术,实现了数据处理的实时化、数据传递的高速化,使库存管理、运输、采购、订单处理、配送等物流过程自动化、一体化的水平不断提高,用户可以方便地通过信息平台与物流企业进行交流和协作,消除物流外包带来的管理上的不便,这就使用户企业有可能把原来在内部完成的物流作业交由物流公司运作。常用于支撑第三方物流的现代信息技术有实现信息快速交换的 EDI 技术、实现货物跟踪的 GPS 系统、实现资金快速支付的 EFT 技术、实现数据快速采集的条形码技术、实现网上交易和查询的电子商务技术等。

4) 第三方物流企业与用户企业是联盟关系

第三方物流企业与用户(或货主)企业不是一般的市场交易关系,而是介于市场交易与纵向一体化(即企业内部提供物流服务)之间的联盟关系。这就要求物流企业与用户企业之间相互信任,充分共享信息,共担风险和共享收益,以达到比单独从事物流活动所能取得的更好效果,即双赢。表现在物流服务提供者的收费政策上,即不看重单项业务的盈利,而着眼于整个时期的利润。无论从哪一方讲,合作伙伴对自己都有战略价值,故这种联盟关系的存续时间都较长。据一项调查表明,西欧使用第三方物流企业的服务时间在 5 年以上的达到 60%。

2. 第三方物流的优势分析

第三方物流自 20 世纪 50 年代在欧美等工业发达国家出现以来,以其独特的魅力受到了各企业的青睐,并得到迅猛发展,被誉为企业发展的"加速器"和 21 世纪的"黄金产业"。企业利用专业的第三方物流服务,能够获得如下利益:主业更集中、成本更低廉、库存减少、企业形象获得提升等。

与传统的物流服务提供商相比,第三方物流作为一种战略联盟,对所服务的对象企业(开展电子商务的企业)而言,具有突出的战略优势,主要表现为以下几个方面。

1) 使客户企业集中于核心能力

日趋激烈的市场竞争使企业越来越难以成为业务上面面俱到的专家,企业要想维持其市场竞争优势,出路在于将其有限的资源集中于其核心能力上。在这种情况下,电子商务运营商把经营重点投入自己的核心业务中,物流环节全部分包给专业物流企业,即通常所说的第三方物流。这种物流模式的好处在于:对电子商务运营商来说,可以把精力集中于电子商务平台的建立和完善,加大专业业务的深度;对专业物流公司来说,既可以拓展服务范围,又可以借以提高自身的信息化程度。两者都在自己熟悉的业务范围内工作,对成本的降低和盈利的提高有较高的确定性。而第三方物流,凭借其物流专长,正好为其所服务的对象企业提供了一种充分利用外部资源、处理非核心业务(物流管理)、集中精力于其最擅长领域的机会。换言之,对于物流并非其核心竞争力所在的企业而言,物流问题最好外包由第三方物流企业来解决。

2）为客户企业提供技术支持或解决方案

随着技术进步和需求的变化,供应商或零售商有着越来越高的物流配送与信息技术方面的要求。物流企业要满足这些需求就必须具备较强的技术创新能力,这同时也是物流企业得以生存和发展的关键。而普通的物流公司受限于其技术单一、实力薄弱,往往难以做到这点。可以说,只有第三方物流企业这样具备丰富专业知识(包括最新的IT知识)、深谙物流中存在的各种问题、把物流作为自己核心业务的企业,才肯投入全部的力量来进行物流领域的技术创新,并且往往能够以一种更快速、更具成本有效性的方式来满足用户对新技术的需求。

3）为客户提供灵活性增值服务

第三方物流企业提供各类物流增值服务,满足客户在诸如地理分布或个性化服务等多方面的灵活性要求。例如,美国UPS的一个部门,向那些哪怕一小时的设备停顿都会造成巨大损失的特殊客户提供一种更为复杂的第三方物流服务。这一服务明显节省了客户的成本,同时,由于客户"愿意为速度付钱",因而,这项业务也使这家物流企业获利颇丰。另外,第三方物流企业可以不拥有任何车辆、仓库及人力等物流资源,但却可以凭借其独特的解决方案,通过资源的外包,为客户组织这些物流资源。

4）节省物流费用,减少库存

专业的第三方物流服务提供者利用规模优势、专业优势和成本优势,通过提高各环节的利用率节省费用,使客户企业能从费用结构中获益。第三方物流服务提供者还借助精心策划的物流计划和适时配送等手段,最大限度地盘活库存,改善企业的现金流量。

5）提升客户企业形象

第三方物流企业的利润并非仅源于运费、仓储费等直接收入,而且来源于与客户企业共同在物流领域创造的新价值。所以,第三方物流企业与客户企业不是竞争对手而是战略伙伴。为实现"双赢"的结果,第三方物流企业会处处为客户企业着想。例如:通过全球性的信息网络使客户企业的供应链管理完全透明化,企业可随时了解供应链情况;极大地缩短交货期,以利于企业改进服务,树立自己的品牌形象;通过"量体裁衣"式的设计,制订出以顾客为导向、低成本、高效率的物流方案,为企业在竞争中取胜创造有利条件等。

3. 第三方物流的劣势分析

在我国的具体情况下,把物流外包给第三方物流公司,需要注意以下两点。

1）第三方物流尚未成熟

第三方物流在西方出现了约二十年的时间,而在我国只有不到十年的时间,分析我国第三方物流的发展现状不难看出,我国第三方物流尚未成熟,没有达到一定的规模化与专业化,成本节约、服务改进的优势在我国并不明显,而且常常会造成外包物流的失败。

2）容易受制于人

签订物流服务外购合同后,物流业务交由第三方物流公司打理,双方的力量对比因此发生了变化。就物流公司而言,它们对电子商务企业有依赖,但不强烈,这笔交易只是其众多交易中的一单,但对电子商务企业而言,物流公司的服务质量与效率将对企业的正常生产经营活动产生严重影响。因此,物流公司往往利用这种有利的地位欺诈对方,在必要时会提高价格,并转向那些能满足他们利益的客户,产生种种机会主义行为,例如,不按合同规定的时间配送,装卸搬运过程中故意要挟等。在供应链中,由于第三方物流企业还不成熟,电子商务企业若过分依赖供应链伙伴,则容易受制于人,在供应链关系中会处于被动地位,产生与最终顾客失去联系并有被淘汰出局的风险。

二、在电子商务环境中的第三方物流

随着全球经济的网络化,传统的商务活动面临着电子商务的挑战。电子商务,作为一场比工业革命更深刻的革命,它一方面把商店、商品、广告、订货、购买、货币、支付、认证等实物与事物处理虚拟化、信息化,使它们变成脱离实体而能在计算机网络上处理的信息;另一方面又将信息处理电子化,将所有信息通过计算机网络用计算机、电子邮件、文件传输、数据通信等电子手段来处理。强化了信息处理,弱化了实物处理,用信息处理来控制、指挥实体处理,使实体处理更科学化、效率化。这场革命必将会导致产业重组。重组的结果使得社会产业只有实业和信息业两种。而在实业中制造公司将会弱化,物流公司将会强化,因此,与电子商务相匹配的第三方物流在近年内也开始迅速发展。

1. 在电子商务环境中的第三方物流的特征

在电子商务环境中的第三方物流与传统的物流有着不同的特点,它是以服务于电子商务为目标的,因而有自己的特征。它的特点主要有以下几点。

1）信息化

物流信息化表现为:物流信息的商品化;物流信息搜集的数据库化和代码化;物流信息处理的电子化和计算机化;物流信息传递的标准化和实时化;物流信息存储的数字化等。

2）自动化

自动化的核心是机电一体化,表现为无人化,自动化的效果是省力化。另外,还可以扩大物流作业的能力、提高劳动生产率、减少物流作业的差错等。其自动化设备有条码自动识别系统、自动分拣系统、自动存取系统、自动导向车、货物自动跟踪系统等。

3）网络化

网络化是指物流配送系统不但与供应商即制造商的联系要通过计算机网络,同时,物流配送系统与下游顾客之间也要通过计算机网络进行联系。这些网络有些是专门的管理信息系统,现在大多采用互联网进行联系。现阶段,中国信息技术公司专职从事物流系统网络化的业务。

4）智能化

智能化是物流自动化、信息化的高层次的运用。

5）柔性化

柔性化,即实现"以客户为中心",满足客户的各种需求。

2. 在电子商务下第三方物流公司的管理模式

总结其运作及管理模式,主要有以下几种。

1）供应链管理模式

电子商务的发展带来了顾客需求的不断升级，市场竞争日益剧烈，国内外都在推行与需求不断升级相适应的快速反应的供给体系、物流体系和销售体系，这就形成了一个庞大的供应链管理体系，即对商品、信息的资金在由供应商、制造商、分销商和顾客组成的网络中的流动的管理。进行供应链管理，这对中国国内的第三方物流公司来说是一个巨大的挑战。

供应链管理对代理配送公司即第三方物流公司来说是一个中心环节。第三方物流公司要管理的就是由一个"中间者"即第三方物流公司介入顾客之间的供应链。与传统物流公司一样，其管理是构建在一个相互作用、互为先后的流程过程中的，是以服务的配套化为导向的，所不同的只是地位由供应者变成了中介者。采用供应链管理模式，一般可提高 1/4 的效率。

2）电子化管理模式

全球电子商务发展把第三方物流推向了技术化、科技化、信息化的阶段。现在全球通行的电子化管理模式是全面企业电子化管理的解决方案（total enterprise electronic management solutions，TEEMS）。TEEMS 模式完全避免了仅从某些方面去解决公司问题，而永远解决不了公司问题的状态。其第一阶段为"分销业务计划与决策分析系统"，第二阶段为"分销体系与资源运营管理系统"。

从根本意义上来说，TEEMS 是咨询、方案与服务的保证，TEEMS 构造了一个易于扩展的系统架构，从而真正满足了物资流通应用系统不断发展的实际需求。

3）系统化管理模式

物流系统就是随着采购、生产、销售活动而发生的，使物的流通效率提高的系统。这种系统大致由作业系统和信息系统组成。

4）后勤管理模式

对第三方物流公司来讲，后勤工作成了公司正常运作的有力支持。通过后勤工作的协调活动，第三方物流公司能合理安排代理配送业务活动过程中的各个环节，对于公司与厂商、客户之间的协调，以及公司自身协调运作有着不可估量的作用。随着电子商务的发展，顾客的需求不断升级，后勤工作也必须做出相应的调整，以占取市场份额。

5）全过程管理模式

全过程控制是物流管理的核心问题。供应商必须全面、准确、动态地把握散布在全球的各个中转仓库、经销商、零售商，以及汽车、火车、飞机、轮船等各种运输环节中的产品流动状况，并以此为根据随时发出高度指令，制订生产和销售计划，调整市场策略。对于大型商业机构而言，没有全过程的物流管理，就根本谈不上建立有效分销网络和供应配送体系。

三、在电子商务环境中的物流一体化

随着市场竞争的不断加剧，企业建立竞争优势的关键，已由节约原材料的"第一利润源泉"、提高劳动生产效率的"第二利润源泉"，转向建立高效的物流系统的"第三利润源泉"。20 世纪 80 年代，西方发达国家，如美国、法国和德国等就提出了物流一体化的现代理论，在发展第三方物流，实现物流一体化方面积累了较为丰富的经验，应用和指导其物流发展取得了明显的效果，使他们的生产商、供应商和销售商均获得了显著的经济效益。实现物流一体化，发展第三方物流，关键是拥有一支优秀的物流管理队伍。物流一体化的理论为中国的国有大中型企业带来了一次难得的发展机遇和契机，即探索适合中国国情的物流运作模式，降低生产成本，提高效益，

增强竞争力。

1. 物流一体化的含义

所谓物流一体化,就是以物流系统为核心的由生产企业经由物流企业、销售企业,直至消费者的供应链的整体化和系统化,是物流业发展的高级和成熟阶段。物流业高度发达,物流系统完善,物流业成为社会生产链条的领导者和协调者,能够为社会提供全方位的物流服务。还有物流专家指出,物流一体化就是利用物流管理,使产品在有效的供应链内迅速移动,使参与各方的企业都能获益,使整个社会获得明显的经济效益。

物流一体化是物流产业化的发展形势,它必须以第三方物流充分发育和完善为基础。物流一体化的实质是一个物流管理的问题,即专业化物流管理人员和技术人员,充分利用专业化物流设备、设施,发挥专业化物流运作的管理经验,以取得整体最佳的效果。同时,物流一体化的趋势为第三方物流的发展提供了良好的发展环境和巨大的市场需求。

2. 物流一体化发展的三个层次

物流一体化的发展可进一步分为物流自身一体化、微观物流一体化和宏观物流一体化三个层次。

1) 物流自身一体化

物流自身一体化是指物流系统的观念逐渐确立,运输、仓储和其他物流要素趋向完备,子系统协调运作,系统化发展。

2) 微观物流一体化

微观物流一体化是指市场主体企业将物流提高到企业战略的地位,并且出现了以物流战略作为纽带的企业联盟。

3) 宏观物流一体化

宏观物流一体化是指物流业发展到这样的水平:物流业占到国家国民总收入的一定比例,处于社会经济生活的主导地位。它使跨国公司从内部职能专业化和国际分工程度的提高中获得规模经济效益。

从物流业的发展来看,第三方物流是在物流一体化的第一个层次时萌芽的,但是这时只有数量有限的功能性物流企业和物流代理企业。第三方物流在物流一体化的第二个层次得到迅速发展,专业化的功能性物流企业和综合性物流企业,以及相应的物流代理公司出现,发展很快。这些企业发展到一定水平,物流一体化就进入了第三个层次。

任务三 新型物流

案例引导

出发到同城某地办事,正好附近陌生人有个包裹也是要送到同一地方,顺手捎带当一次快递员,不耽误自己的事还能赚点零花钱。近日,下载一款名为"人人快递"的手机应用软件并注册成为"自由快递员"的新型快递模式在无锡兴起。无锡已有上千人注册并通过审核。在方便快捷寄送包裹的同时,其安全性也令不少市民感到担忧。

手机下载"人人快递"经过简单注册,即可以发布寄件和求代购信息。如果要成为一名兼职快递员,要输入身份证号码并绑定信用卡,或经过现场资料审核并简单培训后才能上岗抢单。点开"附近的快递员",软件显示了手机周边5公里之内的几十位"自由快递员",信用等级普遍都有一颗星或三颗星,最高的已有五颗星。按其官网的信用说明计算,无锡的自由快递员接单最多的已寄送了500件快递了。

"人人快递"无锡分站负责人介绍,注册量每天都在刷新,目前,自由快递员的注册人数已超近千人。当中既有自由职业者,又有如小店店主、业务员、销售人员、退休人员以及学生兼职,"各行各业的基本都有,从接单的频率来看,不排除有小部分人甚至是专门做自由快递员的。"

"人人快递"无锡分站负责人介绍说,货物分为500元以下和500元至5000元两档,500元以下的货物,上传身份证并注册的快递员可以抢单,500元至5000元的货物,只有绑定信用卡的快递员才可以抢单,"接单后,我们会冻结快递员信用卡的相应资金,安全送达后才会解冻。"

他一再强调,"人人快递"是一个众包的互助平台,并不是一个真正意义上的快递公司,也因此,公司与快递员不是雇佣关系,对快递员的约束也是有限的,"如果取件拍照时东西还是好好的,到了收件人手里却发生了损坏,那肯定是要快递员来承担责任的。"

有专业人士表示,"包裹丢失,谁来监管?遇到枪支、毒品,没有鉴别能力怎么办?"法官认为,自由快递员没有签署劳动合同,难以获得法律保障,一旦发生纠纷或事故,无论是其自身还是寄件人的权益很难获得维护。

提出问题
1. 什么样的条件下,人人可充当"自由快递员"?
2. 作为一种新型快递模式,"人人快递"存在哪些问题?

任务分析

本任务介绍电子物流、绿色物流、国际物流和逆向物流等新型物流模式,分析这些新型物流模式各自的内容和特点。

一、电子物流

电子物流(E-Logistics)也可称为物流电子化或物流信息化,它是指利用电子化的手段,尤其是利用互联网技术来完成物流全过程的协调、控制和管理,实现从网络前端到最终客户端的所有中间过程服务,其最显著的特点是各种软件与物流服务的融合应用。电子物流的目的就是通过物流组织、交易、服务、管理方式的电子化,使物流商务活动能够方便、快捷地进行,以实现物流的快速、安全、可靠、低费用。

1. 电子物流的独特优势

电子物流之所以得到如此广泛的关注与发展,是与其本身独有的优势分不开的。

(1)电子物流企业通过互联网加强了企业内部、企业与供应商、企业与消费者、企业与政府部门的联系沟通、相互协调、相互合作。消费者可以直接在网上获取有关产品或服务信息,实现网上购物。这种网上的"直通方式"使企业能迅速、准确、全面地了解需求信息,实现基于客户订货的生产模式(build to order,BTO)和物流服务。

（2）电子物流可以在线跟踪发出的货物，联机实现投递路线的规划、物流调度以及货品检查等，实现对货物的实时监控。即从货物出厂家的门到进入商家和用户的门，这个过程中能时刻监控到货物的运输线路、所在位置，并且能够便捷、低成本地同货物保持联系，这就等于实现了物流信息化中最难以完成的环节。

（3）电子物流服务能够为客户提供系统集成服务解决方案，使客户的前端服务与后端的各项物流业务紧密地结合起来。所以说电子物流＝前端服务＋后端服务。电子物流的前端服务是至关重要的，是客户与物流企业交流的窗口。它包括咨询服务（确认客户需求）、网站设计/管理、客户集成方案实施等。电子物流的后端服务包括六类主要业务：订单管理、仓储与分拨、运输与交付、退货管理、客户服务以及数据管理与分析等。

2. 电子物流的市场参与者

从目前的电子物流服务市场来看，主要有四类市场参与者，它们分别是传统的物流服务提供商、软件供应商、集成商以及物流服务方案商。从表面上来看，这些市场参与者分别从事特定的服务，但是在电子物流服务市场领域，大多数市场参与者向客户提供的是一种综合性的物流服务。目前，还没有任何一个电子物流服务供应商能够提供全部的电子物流服务，大部分厂商通过利用自身的力量或者寻找业务合作伙伴来向客户提供端到端的电子物流服务解决方案。

二、绿色物流

绿色物流是指在物流过程中抑制物流对环境造成危害的同时，实现对物流环境的净化，使物流资源得到最充分的利用。它包括物流作业环节和物流管理全过程的绿色化。从物流作业环节来看，包括绿色运输、绿色包装、绿色流通加工等。从物流管理过程来看，主要是从环境保护和节约资源的目标出发，改进物流体系，既要考虑正向物流环节的绿色化，又要考虑供应链上的逆向物流体系的绿色化。绿色物流的最终目标是可持续发展，实现该目标的准则是经济利益、社会利益和环境利益的统一。

1. 绿色物流产生的背景

1）人类环境保护意识的觉醒

随着世界经济的不断发展，人类的生存环境也在不断恶化。具体表现是：能源危机、资源枯竭、臭氧层空洞扩大、环境遭受污染、生态系统失衡。以环境污染为例，全球20多个特大城市的空气污染超过世界卫生组织规定的标准。人类的认识往往滞后于客观自然界的发展，当前生态环境保护的意义逐渐被人类所认识。20世纪60年代以来，人类环境保护意识开始觉醒，十分关心和重视环境问题，认识到地球只有一个，不能破坏人类的家园。于是，绿色消费运动在世界各国兴起。消费者不仅关心自身的安全和健康，还关心地球环境的改善，拒绝接受不利于环境保护的产品、服务及相应的消费方式，进而促进绿色物流的发展。与此同时，绿色和平运动在世界范围内展开，环保勇士以不屈不挠的奋斗精神，给各种各样危害环境的行为以沉重的打击，对于激励人们的环保热情、推动绿色物流的发展，也起到了极其重要的作用。

2）各国政府和国际组织的倡导

绿色物流的发展与政府行为密切相关。凡是绿色物流发展较快的国家，都得益于政府的积极倡导。各国政府在推动绿色物流发展方面所起的作用主要表现在：一是追加投入以促进环保事业的发展；二是组织力量监督环保工作的开展；三是制定专门政策和法令来引导企业的环保行为。

环保事业是关系到人类生存与发展的伟大事业,国际组织为此做出了极大的努力并取得了显著成效。1992年,第27届联合国大会通过决议把每年的6月5日作为世界环境日,每年的世界环境日都规定有专门的活动主题,以推动世界环境保护工作的开展。联合国环境署、世贸组织环境委员会等国际组织展开了许多环保方面的国际会议,签订了许多环保方面的国际公约与协定,也在一定程度上为绿色物流发展铺平了道路。

3) 经济全球化潮流的推动

随着经济全球化的发展,一些传统的关税和非关税壁垒逐渐淡化,环境壁垒逐渐兴起。为此,ISO14000成为众多企业进入国际市场的通行证。ISO14000的两个基本思想是预防污染和持续改进,它要求建立环境管理体系,使其经营活动、产品和服务的每一个环节对环境的影响最小化。ISO14000不仅适用于第一产业、第二产业,也适用于第三产业,更适用于物流业。物流企业要想在国际市场上抢占一席之地,发展绿色物流是其理性的选择。尤其是中国加入WTO后,将逐渐取消大部分外国股权限制,外国物流业将进入中国市场,势必给国内物流业带来巨大的冲击,也意味着未来的物流业会有一场激烈的竞争。

4) 现代物流业可持续发展的需要

绿色物流是现代物流可持续发展的必然。物流业作为现代新兴产业,有赖于社会化大生产的专业分工和经济的高速发展。而物流要发展,一定要与绿色生产、绿色营销、绿色消费等绿色经济活动紧密衔接。人类的经济活动不能因物流而过分地消耗资源、破坏环境,以至于造成重复污染。此外,绿色物流还是企业最大限度降低经营成本的必由之路。一般认为,产品从投产到销出,制造加工时间仅占10%,而几乎90%的时间为仓储、运输、装卸、分装、流通加工、信息处理等物流过程。因此,物流专业化无疑为降低成本奠定了基础。

2. 绿色物流的构成

由于物流是与节约资源、保护环境相关的流通活动的主要发生领域,故绿色物流也是绿色流通中的主要方面。绿色物流主要由绿色运输、绿色包装及绿色流通加工三个子范畴组成。

1) 绿色运输

运输过程中的燃油消耗和尾气排放,是物流活动造成环境污染的主要原因之一。绿色运输是指以节约能源、减少废气排放为特征的运输。主要途径是周密策划,合理选择运输工具和运输路线,克服迂回运输和重复运输,多快好省地完成装卸运输。

2) 绿色包装

绿色包装是指采用节约资源、保护环境的包装。实现绿色包装的途径主要有两种。①促进生产部门采用尽量简化的,以及由可降解材料制成的包装。②在流通过程中,应采取措施实现包装的合理化与现代化。例如:包装模数化、大型化和集装化等;同时还提倡包装的多次、反复使用和废弃包装的处理,以及开发新的包装材料和包装器具等。

3) 绿色流通加工

流通加工是指在流通过程中继续对流通中商品进行生产性加工,以使其成为更加适合消费者的需求的最终产品。流通加工具有较强的生产性,也是流通部门对环境保护大有作为的领域。实现绿色流通加工的途径主要分两个方面:一方面变消费者分散加工为专业集中加工,以规模作业方式提高资源利用效率,以减少环境污染;另一方面是集中处理消费品加工中产生的边角废料,以减少消费品分散加工所造成的废弃物污染。

三、国际物流

广义的国际物流研究的范围包括国际贸易物流、非贸易物流、国际物流合作、国际物流投资、国际物流交流等领域。国际贸易物流主要是指组织货物在国家与国家之间的合理流动。非贸易物流是指国际展览与展品物流、国际邮政物流等。国际物流合作是指不同国别的企业完成重大的国际经济技术项目的国际物流。国际物流投资是指不同国家物流企业共同投资建设国际物流企业。国际物流交流则主要是指物流科学、技术、教育、培训和管理方面的国际交流。

狭义的国际物流主要是指：当生产消费分别在两个或在两个以上的国家（或地区）独立进行时，为了克服生产和消费之间的空间间隔和时间距离，对货物（商品）进行物理性移动的一项国际商品或交流活动，从而完成国际商品交易的最终目的，即实现卖方交付单证、货物和买方收取货物。

国际物流的实质是根据国际分工的原则，依照国际惯例，利用国际化的物流网络、物流设施和物流技术，实现货物在国际的流动与交换，以促进区域经济的发展与世界资源的优化配置。国际物流的总目标是为国际贸易和跨国经营服务，即选择最佳的方式与路径，以最低的费用和最小的风险，保质、保量、适时地将货物从某国的供方运到另一国的需方。

1. 国际物流的特点

与国内物流相比，国际物流有以下几个特点。

1）物流环境的差异性

国际物流所面临的环境相对于国内物流来说具有很大的差异性。这种差异来自方方面面的因素，不同的国家不同的地区适用的法律法规不同，操作规程和技术标准不同，地理、气候等自然环境、风俗习惯等人文环境不同，经济和科技发展及各自消费水平不同，等等。这些具有显著差异的物流环境使得国际物流的建立必须同时适应多个不同的法律法规、人文、习俗、语言、科技发展程度及相关的设施，因此，国际物流相对于国内物流来说，要形成完整、高效的物流系统难度较大。

2）物流系统范围的广泛性

国际物流系统不仅具有物流本身的复杂的功能要素、系统与外界的沟通因素，而且还要面对不同国家、不同地区错综复杂的不断变化的其他各种因素。国际物流涉及广阔的地域空间和诸多内外因素，需要较长的时间，难度较大的操作过程，以及面临较大的风险。国际物流系统范围的广泛性使得相关的现代化技术的开发与使用显得尤为重要，现代化系统技术可以尽可能降低物流过程的复杂性，降低其风险，从而使国际物流尽可能提高速度，增加效益，加速发展。

3）要求物流信息化具有先进性

国际物流所面对的市场变化多、稳定性小，所以对信息的提供、收集与管理具有更高的要求，因此必须要有国际化信息系统的支持，而建立技术先进的国际化信息系统已成为发展现代国际物流的关键所在。同时，它需要克服一系列困难：管理技术难度高，投资数额巨大，世界各国、各地区信息技术水平参差不齐。只有逐一地解决这些困难，才能建立起符合现代国际物流需求的物流信息支持系统。

4）要求物流标准化具有统一性

国际物流要使国家与国家之间物流互相接轨，并畅通起来，必须统一标准。在国际流通体系中，应当推行国际基础标准、安全标准、卫生标准、环保标准及贸易标准的进一步统一，并在此基础上制定并推行运输、包装、配送、装卸、存储等技术标准,从而提高国际物流水平。

2. 国际物流的发展历程

物流的观念早在 20 世纪 40 年代就在美国萌生,但国际物流概念的产生和发展却是最近十几年的事,它随着国际贸易和跨国经营的发展而发展。第二次世界大战以前,国家与国家之间虽然已经有了不少的经济往来,但无论是在数量上还是在质量上都没有将国家与国家之间物的流通放在主要地位。第二次世界大战后,国家与国家之间的经济交往越来越活跃,国际贸易量大增以及跨国公司的全球化经营战略对传统的货物运输提出了新的要求。在这种情况下,物流进入国际领域。20 世纪以来,国际物流活动的发展大致经历了萌芽、起步和发展三个阶段。

1) 萌芽阶段(20 世纪 50 年代至 80 年代初)

这一阶段物流设施和物流技术得到了极大的发展,建立了配送中心,广泛运用电子计算机进行管理,出现了立体无人仓库,一些国家建立了该国的物流标准化体系,等等。物流系统的改善促进了国际贸易的发展,物流活动已经超出了一国范围,但物流国际化的趋势还没有得到人们的重视。

2) 起步阶段(20 世纪 80 年代初至 90 年代初)

随着经济技术的发展和国际经济往来的日益频繁,物流国际化趋势开始成为世界性的共同问题。美国密歇根州立大学教授波索克斯认为,进入 20 世纪 80 年代,美国经济已经失去了兴旺发展的势头,陷入长期倒退的危机之中,因此,必须强调改善国际性物流管理,降低产品成本,并且要改善服务,扩大销售,在激烈的国际竞争中获得胜利。与此同时,日本正处于成熟的经济发展期,以贸易立国,努力实现与其对外贸易相适应的物流国际化,并采取了建立物流信息网络,加强物流全面质量管理等一系列措施,提高了物流国际化的效率。这一阶段物流国际化的趋势局限在美国、日本和欧洲一些发达国家。

3) 发展阶段(20 世纪 90 年代初至今)

这一阶段国际物流的概念和重要性已为各国政府和外贸部门所普遍接受。贸易伙伴遍布全球,必然要求物流国际化,即物流设施国际化、物流技术国际化、物流服务国际化、货物运输国际化、包装国际化和流通加工国际化,等等。世界各国对国际物流方面的理论和实践进行大胆探索。人们已经形成共识:只有广泛开展国际物流合作,才能促进世界经济繁荣,物流无国界。

四、逆向物流

逆向物流,当前理论界对逆向物流概念的表述有很多,较专业、准确地概括其特点的定义是:与传统供应链反向,为价值恢复或处置合理而对原材料、中间库存、最终产品及相关信息从消费地到起始点的有效实际流动所进行的计划、管理和控制过程。

1. 逆向物流的分类

(1) 按照回收物品的特点可分为退货逆向物流和回收逆向物流两部分。退货逆向物流是指下游顾客将不符合订单要求的产品退回给上游供应商,其流程与常规产品流向正好相反。回收逆向物流是指将最终顾客所持有的废旧物品回收到供应链上各节点企业。

(2) 按照逆向物流材料的物理属性可分为钢铁和有色金属制品逆向物流、橡胶制品逆向物流、木制品逆向物流、玻璃制品逆向物流等。

(3) 按成因、途径和处置方式及产业形态的不同可分为投诉退货、终端使用退回、商业退回、维修退回、生产报废与副品以及包装等六大类别。

2. 逆向物流的特点

逆向物流作为企业价值链中特殊的一环,与正向物流相比,既有共同点,又有各自不同的特点。二者的共同点在于都具有包装、装卸、运输、存储、加工等物流功能。但是,逆向物流与正向物流相比又具有其鲜明的特殊性。

1) 分散性

换言之,逆向物流产生的地点、时间、质量和数量是难以预见的。废旧物资可能产生于生产领域、流通领域或生活消费领域,涉及任何领域、任何部门、任何个人,在社会的每个角落都在日夜不停地发生。正是这种多元性使其具有分散性。而正向物流则不然,按量、准时和指定发货点是其基本要求。这是由于逆向物流发生的原因通常与产品的质量或数量的异常有关。

2) 缓慢性

在实际物流活动中人们发现,开始的时候逆向物流数量少,种类多,只有在不断汇集的情况下才能形成较大的流动规模。废旧物资的产生也往往不能立即满足人们的某些需要,它需要经过加工、改制等环节,甚至只能作为原料回收使用,这一系列过程的时间是较长的。同时,废旧物资的收集和整理也是一个较复杂的过程。这一切都决定了废旧物资缓慢性这一特点。

3) 混杂性

回收的产品在进入逆向物流系统时往往难以划分为产品,因为不同种类、不同状况的废旧物资常常是混杂在一起的。当回收产品经过检查、分类后,逆向物流的混杂性随着废旧物资的产生而逐渐衰退。

4) 多变性

由于逆向物流的分散性及消费者对退货、产品召回等回收政策的滥用,有的企业很难控制产品的回收时间与空间,这就导致了逆向物流的多变性。多变性主要表现在以下四个方面:逆向物流具有极大的不确定性、逆向物流的处理系统与方式复杂多样、逆向物流技术具有一定的特殊性,逆向物流需要相对高昂的成本。

项目小结

本项目首先介绍了在电子商务环境中的五种主要物流模式:电子商务营运商自建物流体系(企业自营物流)、第三方物流模式、物流企业联盟模式、第四方物流模式和综合物流代理模式。讲述了它们的发展现状和各自的特点,在此基础上讲解了企业应该如何选择合适的物流模式。

在这五种主要的物流模式中,着重阐述了第三方物流的特征、优势、劣势和管理模式。第三方物流是指由供方与需方以外的物流企业提供物流服务的业务模式,也称为合同物流、契约物流。从某种意义上来看,可以说它是物流专业化的一种形式,也是社会分工进一步细化的结果。在第三方物流蓬勃发展的基础上,探讨了物流一体化的发展。

最后,介绍了四种典型的新型物流模式:电子物流、绿色物流、国际物流和逆向物流,讲述了这四种新型物流模式各自的特点和内容。我国物流业正在蓬勃发展,探索适合我国国情的物流模式任重而道远。

案例任务分析

2013年5月28日,阿里巴巴集团、银泰集团联合复星集团、富春集团、顺丰集团、三通一达(申通、圆通、中通、韵达)、宅急送、汇通,以及相关金融机构共同宣布,"中国智能物流骨干网"

(简称CSN)项目正式启动,合作各方共同组建的"菜鸟网络科技有限公司"正式成立。

分析任务

1. "菜鸟网络"的实质是什么?
2. 试分析"菜鸟网络"发展过程中可能存在的问题。

实训考核

实训项目　第三方物流企业现状调研

1. 实训目的:通过实训,了解国内外第三方物流企业的类型和发展现状。

2. 实训内容:对国内外企业调研,理解第三方物流企业的类型以及国内外知名第三方物流企业的发展现状。

3. 实训要求:将参加实训的学生分组,在教师指导下进行调研,完成实训报告。

项目四

电子商务物流信息技术

DIANZI SHANGWU
YU WULIU GUANLI

1. 掌握物流信息技术的基本含义。
2. 了解电子商务物流信息技术的基本工作原理。
3. 理解电子商务中物流信息技术的主要应用。
4. 能够使用基本的物流信息技术解决电子商务物流工作中的实际问题。

知识链接

在世界信息化高度发展的电子商务时代,物流和信息流的融合尤为重要,电子商务的开展带动了物流配送的市场需求,但真正提高物流技术与管理水平的是现代信息技术突飞猛进的发展,物流信息技术即是现代信息技术在物流领域的具体应用,它的不断发展,进一步促进了物流信息化的进程。本章概述物流信息技术的基本概念、基本原理及在现代物流中的基本应用。

任务一 电子商务中的物流信息技术

案例引导

20世纪50年代末,当第一颗人造卫星上天的时候,全世界商业对现代通信技术还无人问津。而70年代沃尔玛就率先使用了卫星通信系统,进入21世纪,沃尔玛又投资上亿美元开始实施"互联网统一标准平台"的建设。凭借先发优势、科技实力,沃尔玛的店铺冲出阿肯色州,遍及美国,走向世界。由此可见,与其说它是零售企业,不如说它是物流企业。

沃尔玛领先于竞争对手,先行对零售信息系统进行了非常积极的投资:最早使用计算机跟踪存货(1969年),全面实现SKU单品级库存控制(1974年),最早使用条形码(1980年),最早使用CM品类管理软件(1984年),最早采用EDI(1985年),最早使用无线扫描枪(1988年),最早与宝洁公司(Procter&Gamble)等大供应商实现VMI-ECR产销合作(1989年)。

沃尔玛是全球第一个发射物流通信卫星的企业,物流通信卫星使得沃尔玛产生了跳跃性的发展,很快就超过了美国零售业的龙头——凯马特和西尔斯。沃尔玛从乡村起家,而凯马特和西尔斯在战略上以大中小城市为主。沃尔玛通过便捷的信息技术急起直追,终于获得了成功。建立全球第一个物流数据处理中心的沃尔玛在全球第一个实现集团内部24小时计算机物流网络化监控,使采购、库存、订货、配送和销售一体化。例如,顾客到沃尔玛店里购物,然后通过POS机打印发票,与此同时,负责生产计划、采购计划的人的电脑上和供应商的电脑上就会同时显示信息,各个环节就会通过信息及时完成本职工作,从而减少了很多不必要的时间浪费,加快了物流的循环。

提出问题

1. 信息技术的基本含义是什么？
2. 使用信息技术对沃尔玛公司的影响有哪些？

本任务从电子商务物流信息的概念入手，介绍物流信息的基本特征，了解物流信息技术对电子商务物流发展的影响。

一、物流信息的概念及其特征

1. 物流信息的概念

物流信息的含义可从狭义、广义两个方面来考察。从狭义范围来看，物流信息是指与物流活动有关的信息。在物流活动的管理与决策中，都需要详细和准确的物流信息，因为物流信息系统对运输管理、库存管理、订单管理、仓库作业管理等物流活动具有支持保证的功能。从广义范围看，物流信息不仅指与物流活动有关的信息，而且包含与其他流通活动有关的信息，如商品交易信息和市场信息等。商品交易信息是指与买卖双方的交易过程有关的信息，如销售和购买信息、订货和接受订货信息、发出货款和收到货款信息等。市场信息是指与市场活动有关的信息，如消费者的需求信息、竞争业者或竞争性商品的信息、促销活动信息、交通通信等基础设施信息等。在现代经营管理活动中，物流信息与商品交易信息、市场信息相互交叉、融合，有着密切的联系。物流信息在现代企业经营战略中占有越来越重要的地位。建立物流信息系统，提供迅速、准确、及时、全面的物流信息是现代企业获得竞争优势的必要条件。

2. 物流信息的特征

1) 信息量大

物流信息随着物流活动以及商品交易活动的开展而大量发生。多品种少量生产和多频度小数量配送使库存、运输等物流活动的信息大量增加。零售商广泛应用 POS 系统读取销售时点的商品品种、价格、数量等即时销售信息，并对这些销售信息加工整理，通过 EDI 向相关企业传送。同时，为了使库存补充作业合理化，许多企业采用 EOS 系统。随着企业间合作倾向的增强和信息技术的发展，物流信息的信息量在今后将会越来越大。

2) 动态性强

物流信息的更新速度快、动态性强。多品种少量生产、多频度小数量配送、利用 POS 系统的即时销售使得各种作业活动频繁发生，从而要求物流信息不断更新，而且更新的速度越来越快。

3) 来源多样化

物流信息不仅包括企业内部的物流信息（如生产信息、库存信息等），而且包括企业间的物流信息和与物流活动有关的基础设施的信息。企业竞争优势的获得需要供应链各参与企业之间相互协调合作。协调合作的手段之一是信息即时交换和共享。许多企业把物流信息标准化和格式化，利用 EDI 在相关企业间进行传送，实现信息共享。另外，物流活动往往利用道路、港湾、机场等基础设施。因此，为了高效率地完成物流活动，必须掌握与基础设施有关的信息，如在国际物流过程中必须掌握报关所需信息、港口作业信息等。

二、信息技术对现代物流发展的影响

信息技术泛指能拓展人的信息处理能力的技术。从目前来看信息技术主要包括传感技术、计算机技术、通信技术、控制技术等,它替代或辅助人们完成了对信息的检测、识别、变换、存储、传递、计算、提取、控制和利用。传统的物流活动被分散在不同的经营部门,或者是一个企业内部不同的职能部门来进行,在从生产到消费的过程中,物流活动被分解为若干个阶段和环节来进行。由于没有信息技术的支持,物流信息本身也被分散在不同的环节和不同的职能部门之中,物流信息的交流与共享变得十分困难,经常滞后于许多管理活动。

因为没有充分的信息交流与共享,对物流领域中的管理活动及其效率很难进行把握。针对这种情况,从20世纪50年代到70年代,发达国家的企业开始注重和强化对物流活动的科学管理,围绕这些环节逐步形成了相应的物流管理信息系统,使物流效率得到了提高。进入90年代以后,随着计算机软硬件技术、网络通信技术、信息采集技术等信息技术的群体性突破,信息技术开始广泛应用到企业物流管理活动中,使得物流活动发生了根本性的变化。

由于信息采集技术、网络通信技术的广泛应用,物流信息不再局限于某一个物流环节上,在整个物流活动中,所有的企业、管理者都能得到所需要的信息,根据这些信息进行有关的管理、协调和组织工作。信息的共享开始超越企业内部不同职能部门的边界,乃至企业的边界,信息资源的共享使得物流活动可以与原有的生产过程和商品销售过程分离开来,成为一种独立的经济活动。在信息技术广泛应用以后,由于有了完整的信息和信息共享,物流活动从(过去)一个局部的环节变成了整个供应链上的系统化的活动,从过去分散的活动变成了一种系统化的、全程化的活动。通过现代信息技术的应用,特别是整个供应链所有参与者的信息同享,所有的参与者都能够根据充分的信息来合理地进行分工和市场定位,来进行规范化的运作。

在供应链形成以后,特别是在第三方物流企业形成以后,这种竞争不再停留在单一的环节上,整个物流过程或者大家经常说的供应链的过程的管理效率和管理水平提高就成为竞争的主要焦点。所以到目前为止,在西方发达国家,物流企业的核心竞争力已经不是用多么好的运输设备和自动化的仓库,而是对顾客的响应能力。而这种响应能力恰恰是建立在现代信息技术广泛完善的应用上面。所以物流竞争已经从原来关注物流设施水平转向了信息管理能力的提高和信息技术水平的提高上。信息技术影响着物流领域竞争手段的变化。信息处理的能力与信息管理的能力决定了整个供应链对市场的反应能力,决定了对顾客提供高效率高水平的服务的能力。

20世纪90年代末期,出现了很多新的物流企业类型,例如,第四方物流企业。第四方物流企业是专门对物流信息资源进行管理的物流企业。信息技术在物流活动中的应用直接导致了新的物流组织的出现,使得物流组织的层次不断的提高。

现代信息技术影响物流组织逐渐升级的过程可以概括为:①20世纪80年代以前,以企业内部信息管理系统为基础的企业内部一体化物流组织;②80年代至90年代,特别是第三方物流企业出现以后,可以概括为以电子数据交换技术(EDI)为基础的专业化的物流组织;③90年代以后,以网络通信技术为基础的物流流程的一体化组织,以供应链管理为核心的物流企业。

三、物流信息技术的分类

根据物流的功能以及特点,物流信息技术主要包括条形码技术、多媒体技术、地理信息系统、全球定位系统、电子数据交换、数据库管理技术、数据挖掘技术、Web 技术等。

1. 条形码技术

条形码技术也称条码技术,是 20 世纪在计算机应用中产生和发展起来的一种自动识别技术,是集条码理论、光电技术、计算机技术、通信技术、条码印制技术于一体的综合性技术。

条码技术是物流自动跟踪的最有力工具,被广泛应用。条码技术具有制作简单、信息收集速度快、准确率高、信息量大、成本低和条码设备方便易用等优点,所以从生产到销售的流通转移过程中,条码技术起到了准确识别物品信息和快速跟踪物品历程的重要作用,它是整个物流信息管理工作的基础。条码技术在物流的数据采集、快速响应、运输的应用等方面极大地促进了物流业的发展。

2. 多媒体技术

多媒体技术通常被解释为通过计算机将文字、图像、声音和影视集成为一个具有人机交互功能和可编程环境的技术,其中图像包括图形、图像、动画、视频等,声音包括语音、音乐、音像效果等。目前,多媒体技术在各个领域发挥着引人注目的作用。

多媒体技术主要涉及图像处理、声音处理、超文本处理、多媒体数据库、多媒体通信等。

3. 地理信息系统

地理信息系统(geographic information system,GIS)是人类在生产实践活动中,为描述和处理相关地理信息而逐渐产生的软件系统。它以计算机为工具,对具有地理特征的空间数据进行处理,能以一个空间信息为主线,将其他各种与其有关的空间位置信息结合起来。它的诞生改变了传统的数据处理方式,使信息处理由数值领域步入空间领域。GIS 用途十分广泛,例如,交通、能源、农林、水利、测绘、地矿、环境、航空、国土资源综合利用等。

4. 全球定位系统

全球定位系统(slobal positioning system,GPS)的原始思维理念是将参考的定位坐标系搬到天际上去,可在任何时候、任何地方提供全球范围内三维位置、三维速度和时间信息服务。使用 GPS,可以利用卫星对物流及车辆运行情况进行实时监控。可以实现物流调度的即时接单和即时排单,以及车辆动态实时调度管理。同时,客户经授权后也可以通过互联网随时监控运送自己货物车辆的具体位置。如果货物运输需要临时变化线路,也可以随时指挥调动,大大降低货物的空载率,做到资源的最佳配置。

5. 电子数据交换

电子数据交换(electronic data interchange,EDI)是按照协议的标准结构格式,将标准的经济信息,通过电子数据通信网络,在商业伙伴的电子计算机系统之间进行交换和自动处理。

EDI 的基础是信息,这些信息可以由人工输入计算机,但更好的方法是通过扫描条码获取数据,速度快、准确性高。物流技术中的条码包含了物流过程所需的多种信息,与 EDI 相结合,方能确保物流信息的及时可得性。

6. 数据库管理技术

数据库管理技术将信息系统中大量的数据按一定的模型组织起来,提供存储、维护、检索数据的功能,使信息系统可方便地、及时地、准确地从数据库中获得所需的信息,并以此作为行为和决策的依据。现代物流信息量大而复杂,如果没有数据库技术的有效支持,物流信息系统将根本无法运作,更不用说为企业提供信息分析和决策帮助。

7. 数据挖掘技术

信息技术的迅速发展,使数据资源日益丰富。但是,"数据丰富而知识贫乏"的问题至今还很严重。数据挖掘(data mining,DM)也随之产生。DM 是一个从大型数据库浩瀚的数据中,抽取隐含的、从前未知的、潜在有用的信息或关系的过程。

8. Web 技术

Web 技术是网络社会中具有突破性变革的技术,是 Internet 上最受欢迎、最为流行的技术。采用超文本、超媒体的方式进行信息的存储与传递,能把各种信息资源有机地结合起来,具有图文并茂的信息集成能力及超文本链接能力的信息检索服务程序。Web 页面的描述由标识语言(HTML)发展为可扩展的标识语言(XML),使得 Internet 上可以方便地定义行业的语义。

现代物流活动已经从过去一个局部的环节变成了整个供应链上的系统化的活动,从过去分散的活动变成了一种系统化的、全程化的活动。物流系统信息化首先要对物流活动中的各类信息资源进行整合,并在全社会范围内对这些信息资源进行共享。信息共享将超越企业内部不同职能部门的边界、企业的边界,使得供应链上所有的参与者,都能够根据充分的信息来进行合理的分工和市场定位,进行规范化的运作。供应链上所有的企业、管理者、工作人员都能得到所需要的信息,根据这些信息进行有关的管理、协调和组织工作。

任务二　EDI 技术

案例引导

现代信息技术在物流领域中的应用使得物流业发生了结构化的变革,如:美国通用汽车公司采用 EDI 后,每生产一辆汽车的成本可减少 250 美元,以每年生产 500 万辆汽车计算,便可节省 12.5 亿美元。美国通用电气最近 5 年的统计表明,应用 EDI 使其产品零售额上升 60%,库存由 30 年降到 6 天。每年仅连锁店的文件处理费用一项就节约 60 万美元,节省运输时间 80%。美国 IBM 公司 1991 年在其所属的制造商、供应商中推行 EDI 后,当年节约 600 万美元,估计今后 5 年可节约 6000 万美元。北美零售业 1989 年应用 EDI,使其季节性商品的降价销售率减少 30%,时装降价销售率减少 40%,零售额上升 20%~30%。在美国图书出版业,EDI 技术的引入改变了以往通过中间发行人的习惯做法,出版商和零售商直接通过 EDI 网络联系,使订货时间节省 60%,并加强了出版商与书店的关系,致使书店经理们视该网络系统为"个人生活中所发生的最美好的事情"。EDI 技术也由此得到了不断推广和应用。台湾海关采用 EDI 后,清关时间从原来的 2 天降至 15 min 左右,大大缩短了贸易周期,提高了效率。

我们必须看到,采用 EDI 等物流技术的企业进行贸易的真正的有价值的目的是贸易方式变革的结果,从而产生巨大的社会效益。这也促使各个国家为了更好地适应新的变化形势开展了各种现代信息技术的研究。

提出问题

1. EDI 技术的基本含义是什么？
2. 使用 EDI 技术对电子商务物流的影响有哪些？

本任务从 EDI 的概念入手，介绍 EDI 技术的基本特征，以及 EDI 在电子商务物流中的工作原理及基本应用。

一、EDI 信息技术的概念和特点

1. EDI 信息技术的概念

电子数据交换（electronic data interchange，简称 EDI）是 20 世纪 70 年代发展起来的，融合现代计算机和远程通信技术为一体的信息交流技术。30 多年来，EDI 作为一种电子化的贸易工具和方式，被广泛应用于商业贸易伙伴之间，特别是从事国际贸易的贸易伙伴之间，它将规范化和格式化的贸易信息通过电子数据网络，在相互的计算机系统之间进行自动交换和处理，成为全球具有战略意义的贸易手段和信息交换的有效方式。EDI 的应用部门主要是与国际贸易有关的行业和部门，如外贸企业、对外运输企业、银行、海关、商品检索部门、对外经贸管理部门等。EDI 在工商业界的应用中不断得到发展和完善，在当前电子商务中占据重要地位。随着 EDI 应用于 WWW，EDI 将得到更广泛的应用。

关于 EDI 的定义，国际标准化组织（ISO）、国际标准化组织电工委员会、联合国国际贸易法委员会和国际电报电话咨询委员会都分别给出了它们各自的定义。国际标准化组织（ISO）1994 年确认了电子数据交换的技术定义：按照一个公认的标准形成的结构化事务处理或信息数据格式，实施商业或行政事务处理从计算机到计算机的电子传输。

EDI 的含义包括以下几点。

（1）EDI 的使用者是交易的双方，是企业之间的而非同一组织内不同部门间的文件传递。

（2）交易双方传递的是符合报文标准的、有特定格式的文件。目前，采用的报文标准是联合国的 UN/EDIFACT。

（3）双方有各自的计算机或计算机管理信息系统。

（4）双方的计算机或计算机系统能发送、接收并处理符合约定标准的交易电文的数据信息。

（5）双方计算机之间有网络通信系统，信息传输是通过该网络通信系统实现的。信息处理是由计算机自动进行的，无须人工干预和人为介入。这里所说的数据或信息是指交易双方相互传递的具备法律效率的文件资料，可以是各种商业单证，如订单、回执、发货通知、运单、装箱单、收据发票、保险单、进出口申报单、报税单、缴款单等，也可以是各种凭证，如进出口许可证、信用证、配额证、商检证等。

2. EDI 的特点

（1）EDI 的使用对象是不同的组织，EDI 传输的是企业间的报文，是企业间信息交流的一种方式。

（2）EDI 所传送的资料是一般业务资料，如发票、订单等，而不是指一般性的通知。

（3）EDI 传输的报文是格式化的，是符合国际标准的，这是计算机能够自动处理报文的基本前提。

(4) EDI 使用的数据通信网络一般是增值网、专用网。

(5) 数据传输由收送双方的计算机系统直接传送、交换资料,不需要人工介入操作。

(6) EDI 与传真或电子邮件的区别是:传真与电子邮件,需要人工的阅读判断处理才能进入计算机系统。人工将资料重复输入计算机系统中,既浪费人力资源,又容易发生错误,而 EDI 不需要再将有关资料人工重复输入系统。

二、EDI 的构成要素

数据标准化、EDI 软件及硬件、通信网络是构成 EDI 系统的三要素。

1. 数据标准化

EDI 标准是由各企业、各地区代表共同讨论、制定的电子数据交换共同标准,可以使各组织之间的不同文件格式,通过共同的标准,获得彼此之间文件交换的目的。

2. EDI 软件及硬件

实现 EDI,需要配备相应的 EDI 软件和硬件。EDI 软件具有将用户数据库系统中的信息,译成 EDI 的标准格式,以供传输交换的能力。虽然 EDI 标准具有足够的灵活性,可以适应不同行业的不同需求,但由于每个公司都有其自己所规定的信息格式,因此,当需要发送 EDI 电文时,必须用某些方法从公司的专有数据库中提取信息,并把它翻译成 EDI 的标准格式进行传输,这就需要 EDI 相关软件的帮助。

1) 转换软件

转换软件可以帮助用户将原有计算机系统的文件,转换成翻译软件能够理解的平面文件,或是将从翻译软件接收来的平面文件,转换成原计算机系统中的文件。

2) 翻译软件

将平面文件翻译成 EDI 标准格式,或将接收到 EDI 标准格式翻译成平面文件。

3) 通信软件

将 EDI 标准格式的文件外层加上通信信封,再送到 EDI 系统交换中心的邮箱,或由 EDI 系统交换中心,将接收到的文件取回。EDI 软件构成如图 4-1 所示。

EDI 所需的硬件设备大致有计算机、调制解调器(modem)及电话线。目前,所使用的计算机,无论是 PC、工作站、小型机、主机等,均可利用。由于使用 EDI 来进行电子数据交换,需要通过通信网络,目前,采用电话网络进行通信是很普遍的方法,因此 modem 是必备硬件设备。modem 的功能与传输速度,应根据实际需求而选择决定。一般最常用的是电话线路,如果对传输时效及资料传输量有较高要求,可以考虑租用专线。

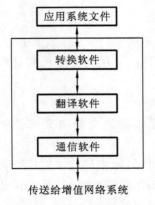

图 4-1 EDI 软件构成图

3. 通信网络

通信网络是实现 EDI 的手段。EDI 通信方式有多种,最单一的方式为点对点方式,这种方式只有在贸易伙伴数量较少的情况下使用。但随着贸易伙伴数目的增多,当多家企业直接电脑通信时,会出现由于计算机厂家不同、通信协议相异以及工作时间不易配合等问题,造成相当大的困难。为了克服这些问题,许多应用 EDI 公司逐渐采用第三方网络与贸易伙伴进行通信,即增值网络(VAN)方式。它类似于邮局,为发送者与接收者维护邮箱,并提供存储转送、记忆保管、通信协议转换、格式转换、安全管制等功能。因此,通过增值网络传送 EDI 文件,可以大幅度降低相互传送资料的复杂度和困难度,大大提高 EDI 的效率。

EDI 的工作过程如图 4-2 所示。

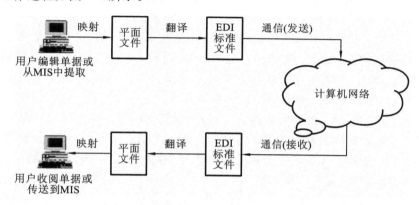

图 4-2　EDI 的工作过程

三、EDI 的主要作用

EDI 提供了一种现代化的数据交换工具和方式,参与 EDI 交换的用户按照规定的数据格式,通过 EDI 系统在不同用户的信息处理系统之间交换有关业务文件,达到快速、准确、方便、节约、规范的信息交换目的。这种工具和方式采用的技术涉及多个方面,包括计算机技术、通信技术、现代管理技术等。在 EDI 工作方式中,在传统贸易方式中所使用的各种书面的单证、票证等全部被电子化的数据所代替,书面单、票证通过邮局和传真进行数据交换的方式被电子数据传送所取代。原来由人工进行的单据和票证的核对、入账、结算、收发等事务,也全部由计算机系统自动进行。

1. 简化了工作流程和环节

在 EDI 系统中,所有用户都按照国际化的标准数据格式对询价单、报价单、订单、发票、提货单、装船单、海关申报单、进出口许可证等贸易相关的文件进行编码,形成标准的 EDI 报文,并按照 EDI 通信协议将 EDI 报文通过通信网络传送给贸易伙伴。报文接收方按 EDI 标准,对收到的 EDI 报文进行相关的业务处理,完成一次业务操作。

2. 缩短了业务处理周期

研究成果表明,使用 EDI 技术之后,事务处理的周期平均缩短 40%。这种改进所影响的事务处理功能包括订单录入、采购、制造、后勤以及财务等管理。缩短事务处理的周期,就意味着降低了库存,增加了流动资金,加快了订单任务的完成等,这对一个 EDI 用户来说是极其重要的。由于取消了多余的处理步骤,实行无纸化,没有邮费支出,极大地减少了数据录入、签名、正确性检验以及批准等方面所花的时间。

3. 降低了人事成本

采用 EDI 以后,免去了重复输入、审核、纠错的劳动,也免去了单证的邮寄、接收、存档等工作环节,可以减少或取消这方面的专职工作人员,企业可以重新安排人事,降低人事成本。另外,EDI 系统自动处理部分信息也能减轻业务人员的工作负担,提高劳动效率。

4. 减少单据差错遗漏造成的经济损失

由于信息处理是在计算机上自动完成的,无须人工干预,所以除节约时间外还可大幅度降低业务处理过程中的差错率,EDI 系统可以减少由于重新输入而导致的错误,将错误率减少 50% 以上。

EDI 用于电子技术,而不是通过传统的邮件、快递或者传真来描述机构之间传输信息的能力和实践。通俗地讲,EDI 就是一类电子钱包,按一定规则进行加密和解密,并以特殊标准和形式进行传输。一般而言,企业间往来的单证都属于 EDI 报文所能适用的范围,包括零售商、批发商、制造商、运输商、配送中心各环节中的一系列活动。

物流信息由相关物流活动的实时数据构成,包括物料供应流程、生产状态、库存控制、运输装卸以及新的订货等。在这样的系统活动过程中,不仅需要物流企业与供应商、金融机构、运输承运人和顾客交流有关订货装运和开单的大量信息沟通,还有物流企业内部正常运行所需要的有关物流计划的实施、控制等数据交换。通过 EDI,可以快速获得信息、提供更好的服务、减少纸面作业、更好地沟通和通信、提高效率、降低成本;还能改进顾客服务水平、缩短事务周期、减少订货周期中的不确定性、增强企业的竞争力等。因此,EDI 是物流系统信息集成的一种重要工具。

四、EDI 在国内的发展

EDI 在国际上已广泛应用。美国前 500 家大企业中有 65% 使用 EDI,90% 的报关业务通过 EDI 进行。在亚太地区,新加坡的 EDI 系统 Tradenet 是世界上第一个全国性贸易促进网。中国的电子商务始于 20 世纪 90 年代初。目前,一批国内信息化程度较高的单位已开始使用 EDI 方式进行商务活动。已经建成或正在建设的有中国电信的公用电子数据交换网(CHINAEDI)、首都电子商务工程、上海信息港、中国电子商务信息系统(CECIS)、中国企业信息标准化及 EDI 应用项目(EDICHINA),以及海关总署、交通部和外经贸部的 EDI 项目等。

上海邮电的 EDI 始于 1993 年,为了适应市场发展的需要,专门组建了上海依地埃(EDI)实业有限公司,研制、开发和推广 EDI 网络系统,促进上海市电子商务的发展。目前,已初步建成了基于传统 EDI、因特网和 WEBEDI 的公用电子商务平台系统。

1. 传统 EDI 的应用

EDI 作为中国电信 CHINAEDI 的上海节点和国际出口,与美国 CEIS 的 EDIEXPRESS 网络及 CHINAEDI 各节点互联,为用户提供国际与国内的全方位通信服务。同时,作为上海市国际经贸电子数据交换网络的市级 EDI 汇接交换中心,与海关、港航和外经贸分中心联网,消除了行业壁垒,实现了各中心之间的报关单、舱单、许可证等单证的试运转,用户只需上任何一个 EDI 网,即可完成所有贸易单证的交换。目前,已有几百家报关、航运和外贸单位通过上海国际经贸电子数据交换网络,实现通关运输及贸易单证传递。另外,还开发了 EDI 单证存证系统,将 EDI 交换机上用户收发文件的内容和时间保存在存证服务系统中,供用户举证和查询用,并提供 EDI 用户的计费和统计信息的查询。

同时,还完成了邮电部门与银行的联网,涉及工商银行、农业银行、中国银行、建设银行、交通银行、上海银行、浦东发展银行、招商银行、中信实业银行、深圳发展银行等。通过联网,实现了企事业单位通信费银行自动托收业务、账单的现金代收业务,以及移动电话网上支付业务,使用户可从现金支付、信用卡（储蓄卡、借记卡）自动划账、公用事业费无承付托收等多种方式中，选择适合自己的通信费支付方案。

与国内制造业的骨干企业强生有限公司合作，结合其现有覆盖全国的分销网，通过EDI网络实现供应商、经销商与发运商之间的电子数据交换，进行订单、发运单等商业单证的传送，达到减少库存量、缩短供货周期、降低生产成本、控制销售规模，以及优化供应链管理的目标。

2. WEBEDI 应用

WEBEDI是基于WEB的EDI实现方式，它使用WEB作为EDI单证的接口，一个参与者作为EDI用户，确定相应的EDI标准，在EDI上发布表单，供中小客户登录到EDI站点后选择并填写。提交填写结果后，由服务器端网关程序转换为EDI报文，并进行通常的EDI单证处理。为了保证单证从WEB站点返回参与者，单证还能转换成Email或WEB表单的形式。由于综合了WEB和EDI二者的优点，使得WEBEDI系统具有巨大的经济效益和社会效益。

例如，我们进入万维网页 http://www.shedi.net.cn 选择"宾馆客房网上订"，瑞金、华亭、和平等十多家宾馆的资料就会跃入你的眼帘，用户只需根据网页提示，在浏览器中选择所需宾馆，在线填写订单并发送，不久就可通过WEB和Email得到宾馆的订房答复。当你到达目的地时，宾馆已为你准备好客房，真正让你体会到宾至如归的感觉。通过订房确认单，用户还可对订房需求进行确认或修改。在宾馆方面，为了使其更方便和及时地处理EDI单证，还提供了寻呼提醒功能。该业务开放以来，已有不少境内外朋友发来订单，用户反响良好。

任务三　条码技术

案例引导

在自动化装配生产线和各加工过程中，使用条码为主要零部件上打上条码标签，通过条码识读器采集并译码后条码信息输入计算机服务器的数据库里，每个产品和主要部件都会有一个唯一的条码，不管产品发往何处，都会有记录。如果发生质量问题，只需读入保修卡上的条码，就可在数据库里调出该产品的相关资料，便利了产品的质量追踪和售后服务。

1. 品质追踪

通过记录和跟踪整机及主要部件的生产场地、生产日期、班组生产线、PCB板版本号、批号和序号，生产物料各个环节的数量、时间，作业员及机台号等相关资料，建立起良好的可追溯性——可从成品追溯到所使用的原材料。

2. 用料成本控制

将所有使用的生产原物料建立唯一编号，附有条形码标签，并建立严格的领料控制。通过每种类型的产品物料清单，将产品生产计划分解成为用料计划，可合理计算材料余量，控制每批产品的材料用量与标准成品的偏差。

3. 作业时间控制

通过扫描作业员编号、机台号，记录每个作业员的工作时间，经统计分析，可计算每批产品的作业时间和标准作业时间的偏差。

4. 生产统计

通过扫描成品机身号和各主要部件条码,可自动完成成品的产量统计、用料统计,同时计算出废品状况。

5. 计件统计

许多企业采用计件工资方式,计件统计是一件非常烦琐的工作,通过在每个产品上的条形码标识和生产作业单,可以很容易地统计每个工人完成的产品数量,并能追究产生残次品的责任人员。

6. 生产调度

管理在线的生产任务、订单、批次、工作令等,可以根据具体情况对调度单进行修改。

7. 产品档案

利用条码采集数据,可以建立包括产品的制造过程、部件配置、质检数据等详细信息的完整产品档案。

8. 过程资料查询

传统的生产现场信息的查询都是基于手工的操作,好一点的是把各种生产报表、单据、窗体数据输入计算机中进行汇总,进而得出各种资料。但这种做法不能保证信息的实时性、准确性及全面性,人为的资料误差多。

采用条形码技术,将各种基础信息存在ERP系统中,业务资料实时从生产线上采集而来,保证了信息的实时性,同时,由于资料是一点输入,整体共享,保证了信息的一致性;又由于信息来自整个生产现场的下料、加工、组装、质检、维修、包装、入库等所有流程,保证了信息的全面、准确性。ERP结合电子商务技术,开发出基于Web技术的生产现场门户。管理层以前想要了解生产状况,一定要亲临生产现场找一堆人来问,而且得到的信息不一定准确;或客户想了解自己的订单在制造商的生产进度,那得通过左打电话右打电话。而有了基于Web的查询接口以及先进的OLAP技术支持,不论是在企业内部还是在世界各地,一切尽在掌握之中。

提出问题

1. 条码技术的基本原理是什么?
2. 使用条码技术对生产和物流环节有哪些积极作用?

任务分析

本任务从条码的基本含义入手,介绍条码技术的基本特征,以及一维条码和二维条码在电子商务物流中的基本应用。

一、自动识别技术与条形码技术

1. 自动识别技术

自动识别技术指的是不用键盘直接将数据输入计算机系统、可编辑控制器或者其他微处理器中,包括条形码、射频标识与射频数据通信、磁条、语言和视觉系统、光学字符识别、生物识别等。广泛应用于销售信息系统(POS系统)、库存系统、分货拣货系统等现代物流活动管理中。条形码技术是最早、最成功、最常用的自动识别技术。

2. 条形码技术

条形码是最常用的自动识别技术,其将数据编码成可以用光学方式阅读的符号,印刷技术生成机读的符号,扫描器和解码器可以将采集到的符号、图像转换成计算机处理的数据并进行校验。

条形码由一组黑白相间、粗细不同的条形状符号组成,条码隐含着数字信息、标识信息、符号信息等,主要用于表示商品的名称、产地、价格、种类等,是全球通用的商品代码的表述方式。利用黑、白、宽、窄扫描光线产生不同的反射接收效果,在光电转换设备上转换成不同的电脉冲,形成可以传输的电子信息。由于光的速度极快,所以能准确无误地对运动中的条形码予与识别。

条形码技术是在计算机的应用实践中产生和发展起来的一种自动识别技术,提供了快速、精确、低成本的数据采集方法,是实现各行业自动化管理的必要条件,也是实现现代物流系统管理中重要的技术保障。

条形码符号可以通过各种方法生成:有激光蚀刻,喷墨直接印刷,或者更多的是将条形码符号印刷到单独的标签上。条形码的精确印刷极为重要,整个条形码系统的成功依赖于条形码的印刷质量,因为打印的对比度缺陷会降低扫描器对条形码的识别能力。

标准商品条码结构如图4-3所示。标准商品条码符号构成示意图如图4-4所示。

图4-3 标准商品条码结构

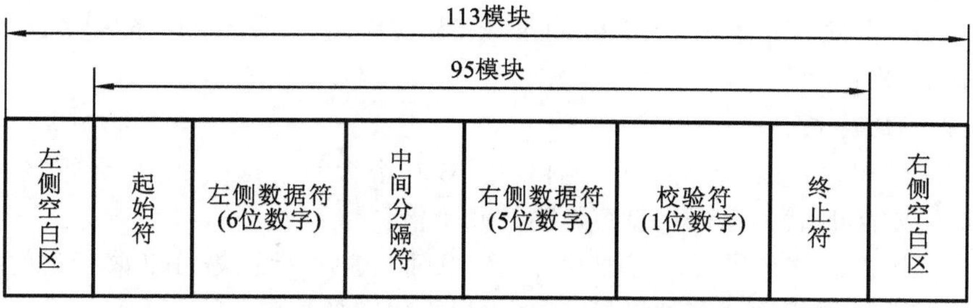

图4-4 标准商品条码符号构成示意图

二、二维条码

传统条码(即一维条码)技术自出现以来,得到了人们的普遍关注,发展十分迅速,仅仅二十年时间,已广泛应用于交通运输业、商业、医疗卫生业、制造业、仓储业等领域。传统条码的使用,极大地提高了数据采集和信息处理的速度,改善了人们的工作环境,提高了工作效率,并为管理的科学化和现代化做出了很大贡献。

二维条码是用某种特定的几何图形按一定规律在平面(二维方向上)分布的黑白相间的图形记录数据符号信息的。在代码编制上巧妙地利用构成计算机内部逻辑基础的"0""1"比特流的概念,使用若干个与二进制相对应的几何形体来表示文字数值信息,通过图像输入设备或光电扫描设备自动识读以实现信息自动处理。它具有条码技术的一些共性:每种码制有其特定的字符集;每个字符占有一定的宽度;具有一定的校验功能等。同时,还具有对不同行的信息自动识别功能及处理图形旋转变化等特点。二维条码能够在横向和纵向两个方位同时表达信息,因此,能在很小的面积内表达大量的信息。

1. 二维条码的分类

二维条码可以分为堆叠式/行排式二维条码和矩阵式二维条码。堆叠式/行排式二维条码形态上是由多行短截的一维条码堆叠而成;矩阵式二维条码以矩阵的形式组成,在矩阵相应元素位置上用"点"表示二进制"1",用"空"表示二进制"0",由"点"和"空"的排列组成代码。

1) 堆叠式/行排式二维条码

堆叠式/行排式二维条码(又称为堆积式二维条码或层排式二维条码),其编码原理是建立在一维条码基础之上,按需要堆积成两行或多行。它在编码设计、校验原理、识读方式等方面继承了一维条码的一些特点,识读设备与条码印刷与一维条码技术兼容。但由于行数的增加,需要对行进行判定,其译码算法与软件也不完全相同于一维条码。有代表性的行排式二维条码有Code16K、Code49、PDF417等。

2) 矩阵式二维码

短阵式二维条码(又称为棋盘式二维条码)它是在一个矩形空间通过黑、白像素在矩阵中的不同分布进行编码。在矩阵相应元素位置上,用点(方点、圆点或其他形状)的出现表示二进制"1",点的不出现表示二进制的"0",点的排列组合确定了矩阵式二维条码所代表的意义。矩阵式二维条码是建立在计算机图像处理技术、组合编码原理等基础上的一种新型图形符号自动识读处理码制。具有代表性的矩阵式二维条码有 Code One、Maxi Code、QR Code、Data Matrix 等。

在目前几十种二维条码中,常用的码制有 PDF417 二维条码,Datamatrix 二维条码,Maxicode 二维条码,QR Code,Code 49,Code 16K,Code one 等,除了这些常见的二维条码之外,还有 Vericode 条码、CP 条码、Codablock F 条码、田字码、Ultracode 条码、Aztec 条码。

二维条码如图 4-5 所示。

2. 二维条码的特点

(1) 高密度编码,信息容量大。可容纳多达 1850 个大写字母或 2710 个数字或 1108 个字节,或 500 多个汉字,比普通条码信息容量高约几十倍。

(2) 编码范围广。该条码可以把图片、声音、文字、签字、指纹等可以数字化的信息进行编码,用条码表示出来,可以表示多种语言文字,可以表示图像数据。

(3) 容错能力强,具有纠错功能。这使得二维条码因穿孔、污损等引起局部损坏时,照样可以正确地得到识读,损毁面积达 50% 仍可恢复信息。

(4) 译码可靠性高。它比普通条码译码错误率百万分之二要低得多,误码率不超过千万分之一。

图 4-5 二维条码

(5) 可引入加密措施。保密性、防伪性好。
(6) 成本低、易制作、持久耐用。
(7) 条码符号形状、尺寸大小比例可变。
(8) 二维条码可以使用激光或 CCD 阅读器识读。

3．二维条码目前应用

二维条码具有存储量大、保密性高、追踪性高、抗损性强、备份性大、成本便宜等特性，这些特性特别适用表单、安全保密、追踪、证照、存货盘点、资料备份等方面。

1）表单应用

公文表单、商业表单、进出口报单、舱单等资料之传送交换，减少人工重复输入表单资料，避免人为错误，降低人力成本。

2）安全保密应用

商业情报、经济情报、政治情报、军事情报、私人情报等机密资料之加密及传递。

3）追踪应用

公文自动追踪、生产线零件自动追踪、客户服务自动追踪、邮购运送自动追踪、维修记录自动追踪、危险物品自动追踪、后勤补给自动追踪、医疗体检自动追踪、生态研究（动物、鸟类等）自动追踪等。

4）证照应用

护照、身份证、挂号证、驾照、会员证、识别证、连锁店会员证等证照之资料登记及自动输入，发挥"随到随读""立即取用"的信息管理效果。

5）存货盘点应用

物流中心、仓储中心、联勤中心之货品及固定资产之自动盘点，发挥"立即盘点、立即决策"的效果。

6）资料备份应用

文件表单的资料若不愿或不能以磁碟、光碟等电子媒体存储备份时，可利用二维条码来存储备份，携带方便，不怕折叠，保存时间长，又可影印传真，做更多备份。

例如，《北京晚报》率先使用了二维条码技术。《北京晚报》用户可以通过扫描晚报上的二维条码登录《北京晚报》手机版。《北京晚报》从 2006 年 2 月 28 日起一个月内在其多个版面多次向用户介绍了二维条码技术的应用情况。"北京晚报手机报"是"北京优码工程"的一部分。只要下载优码通软件,通过手机摄像头扫描《北京晚报》报头上的优码,或者运行优码通软件输入优码号 20080001 即可登录"北京晚报手机报",进行浏览、订制信息,或者享受获取商品折扣、购买影票、查询问路等服务。

年轻受众流失是报业面临的一个严峻问题,报业读者的平均年龄迅速老化,而互联网的受众却在不断年轻化,用最先进的网络技术与手机接轨,纸质媒体、有线网络媒体,最终发展到无线网络媒体是传媒媒体发展的趋势。

"北京晚报手机报"还解决了由于版面限制,报纸登载的信息、新闻有限的问题,做到海量资讯。

北京晚报手机版使用指南扫描图如图 4-6 所示。

图 4-6　北京晚报手机版使用指南扫描图

三、商品条码与物流条码应用的区别

1. 商品条码

商业是最早应用条码技术的领域之一,在商业自动化管理过程中,商品条码的普及显得尤为关键。美国的食品零售业为了提高销售率,从 20 世纪 70 年代初,在全行业开始试用条码,1982 年,美国国防部颁布了国防部标准,要求军需品生产企业的产品上都必须标上条码符号,对条码符号转向食品零售业以外的其他领域的应用发挥了巨大的推动作用。

EAN(欧洲物品编码协会)在刚成立时,把条码的应用主要集中在具有快速流通特性的产品上,但目标是将条码的应用推广到各个领域,所以不限制在其他的领域中使用条码,1980 年,当 EAN 条码首次出现在食品以外的普通商品时,许多企业持不合作态度。然而随着条码应用的逐步普及，制造商和销售商都可以从条码数据中得到自己所需要的信息，上述问题很快得到了解决。

条码工作刚起步初期，用户的数量比较少，应用范围也较为狭窄，但随着越来越多的制造商认识到这一技术的重要性，用户的数量迅速增加，使用条码的制造商从系统中获得最新的信息，也最先受益。因此，对制造商来说，从企业发展的长远计划来看，主动把商品和条码技术结合起来，提高商品条码的普及率是一种明智的选择。

1) 商品条码中的自动销售管理系统

在商品上附加条码的目的是要实现商店管理的自动化，货物条码化是建立供应链和实现仓储自动化的基本条件，也是POS系统快速准确收集销售数据的必要手段。POS系统的建立对实现商品管理的数据化和对外作业的自动化具有重要的意义。

POS系统把现金收款机作为终端机与计算机联结，并通过光电识读设备为计算机录入商品信息。当商品通过结算台扫描时，商品条码所显示的信息被录入计算机，计算机从数据库文件中查询到该商品的名称、价格、包装、代码等，经过数据处理后，打印出数据。零售商店主机的条码数据和商品价格每天或定期更新并下载至店面微机。店面微机具有两个功能：一是管理前台POS，包括通过扫描器收集数据的POS终端；二是管理后台POS，包括分析销售数据、下电子订单、打印产品价格和条码标签。目前，较为先进的POS系统后台具有较强的功能，可以检验货物、进行存货控制、点数、账务与供应商管理。

借助条码，POS系统可以实现商品从订购、送货、内部配送、销售、盘货等零售业循环的一体化管理，使商业管理模式实现三个转变：一是从传统的依靠经验管理转变为依靠精确的数字统计分析管理；二是从事后管理（隔一段时间进行结算或盘点）转变为"实时"管理，在营业过程中可随时对销售、库存情况通过计算机进行查询；三是从商品大类管理转变为单品管理，对每一商品品种、规格、包装样式等进行细账管理。销售商可随时掌握商品的销售状况，以调整进货数量和频率，组织适销货源，从而减少脱销和滞销带来的损失，并可加速资金周转，有利于货架安排的合理化，提高销售额。

2) 商品条码中的商品信息的自动交换

采集商品信息的目的是为了使用商品信息，为决策服务，而条码作为商品信息的载体，不仅成为生产商、批发商和零售商联系的纽带，而且为电子信息交换提供了通用的"语言"。推广商品条码的目的在于实现商业信息的自动交换，通过EDI系统及时、准确地获得所需要的商业信息，从而提高生产和经营效率。

国际物品编码协会根据联合国的UN/EDIFACT标准，制定了电子通讯标准，它的主要作用是为用户提供切实可行的国内和国际的电子通信标准，包括用户信息、订单、汇款、发票等方面的标准报文格式。条码商品交换信息系统的出现，使顾客、商店、工厂可以通过计算机联网，获取各自的有用信息，实现电子数据交换。

2. 物流条码

物流条码是物流过程中用以识别具体实物的一种特殊代码，它是由一组黑白相间的条、空组成的图形，可被识读设备自动识别，自动完成数据采集。运用物流条码可使信息的传递更加方便、快捷、准确，充分发挥物流系统的功能。

商品条码在现在已有广泛应用，而物流条码刚刚起步。物流条码与通用商品条码相比，有以下一些不同之处。

1) 标志对象不同

通用商品条码的唯一标志是最终消费单元,而物流条码的唯一标志是货运单位。消费单元是指最终用户通过零售渠道得到的商品包装单元,货运单元是若干消费单元组成的集合,这种货运单元主要应用在仓储、装卸、运输、收发货等物流业务之中。

2) 应用领域不同

通用商品条码的应用主要在对零售业的现代化管理上,而物流条码则主要用于物流现代化的管理,贯穿于物流的整个过程之中,包括包装、仓储、分拣、配送等众多环节。

3) 采用码制不同

通用商品的条码采用的是 EAN/UPC 码制,而物流条码主要采用 UCC/EAN-128 条码。EAN/UCP 码制条码长度比较固定,信息容量少。而 UCC/EAN-128 条码的长度不固定,信息容量较大,易于制作和推广。

4) 标准维护复杂程度不同

通用商品的条码已经实现了国际化和标准化,不用经常更新,标准维护的难度低,而物流条码属于可变性条码,内容随着贸易伙伴的具体情况需要不断地补充、丰富。因此,对物流条码标准维护程度相对较高。

四、物流编码的特点与内容

1. 物流编码的特点

1) 商品以及货运单元的唯一标志

物流编码通常包括商品单元和货运单元的标志,商品单元的编码是消费单元的唯一标志,它常常是单个商品的唯一标志,用于零售业现代化的管理,货运单元的编码常常是多个商品的集合,也可以是多种商品的集合的标志,用于物流现代化的管理。

2) 用于供应链全过程

在供应链的全部过程中,包括了从厂家生产出产品、包装、运输、仓储、分拣、配送,一直到零售业的各个环节。在这些环节中,随时随地都要用到物流的标志,在零售业中通常是需要对商品单元进行标志,而在其他环节中则需要对货运单元进行标志。因此,物流编码涉及面很广,包括生产业、运输业、仓储业、配销以及零售业等,是多种行业共享的通用数据。

3) 信息多

物流编码所表示的信息较多,它是可变的,可表示多种含义、多种信息的编码,它可以是无含义的商品及其货运单元的唯一标志,也可以表示货物的体积、重量、生产日期、批号等信息,它是根据贸易伙伴在贸易过程中的共同需求,经过协商,共同制定的。

4) 可变性

对于供应链中单个商品的标志基本是一个国际化、通用化、标准化的唯一标志,是零售业的共同语言。而在供应链中其他环节的标志则是随着国际贸易的不断发展而变化的,贸易伙伴对各种信息的需求不断增加,物流标志的应用在不断扩大,标志内容也在不断丰富,物流编码的新增和删除时有发生。

5) 维护性

由于具有可变性的特点,物流编码的标准是需要经常维护的,因此,及时沟通用户需求和及时传达标准化机构的编码应用的变更内容是十分必要的,是确保国际贸易中物流现代化、信息化的重要保障。

2. 物流编码的内容

物流编码的内容可分为以下几个方面：项目标志、动态项目标志、日期、度量、参考项目、位置码、特殊应用和内部使用等。

1）项目标志

项目标志及对商品项目及货运单元项目的标志，相同的项目的编码是相同的，它的内容是无含义的，但其对项目的标志是唯一的。主要编码方式有13位和14位两种。13位编码由三段组成，分别为厂商识别代码、商品项目代码及校验码。14位编码通常是在13位编码的基础上，在13位编码前面加一位数字组成，具体编码方法在后面具体介绍。

2）动态项目标志

动态项目标志是对商品项目中每一个具体单元的标志，它是对系列货运包装箱的标志，其本身为系列号，每一个货运包装箱具有不同的编码，其编码为18位。

3）日期

对日期的标志为六位编码，依次表示年、月、日，主要有生产日期、包装日期、保质期、有效期等，信息会随着应用的需要不断增加。

4）度量

度量的内容比较多，不同度量的编码位数也不同，主要包括数量、重量、长、宽、高以及面积、体积等内容，相同的度量有不同的计量单位的分别。

5）参考项目

参考项目的内容也较多，包括客户购货订单代码、收货方邮政编码、卷状产品的长、宽、内径、方向、叠压层数等各种信息，其编码位数也各不相同。

6）位置码

位置码是对法律实体、功能实体、物理实体进行标志的代码。其中：法律实体是指合法存在的机构；功能实体是指法律实体内的具体部门；物理实体是指具体的地址，例如，建筑物的某个房间，仓库或仓库的某个门，交货地等。

7）特殊应用和内部使用

特殊应用是指在特殊行业（如医疗保健业）的应用，内部使用是指在公司内部使用，由于其编码不与外界发生联系，编码方式及标志内容由公司自己制定。

五、条码技术在我国物流领域的应用

20世纪70年代，我国开始条码技术的研究，学习和跟踪世界先进技术是当时的主要工作。随着计算机应用技术的推广，80年代末，条码技术在我国的仓储、邮电、生产自动化控制等领域得到了初步应用。由于我国条码工作起步较晚，人们对此还缺乏认识，在一些方面的应用还处于无序状态。有些领域还采用非标准条码，给扫描设备的配置造成困难，影响与外部的交流。

1991年4月，中国物品编码中心代表我国加入国际物品编码协会，为在我国开展条码工作创造了有利的条件，中国商品编码系统的成员数量迅速增加。1991年，我国只有600多家企业申请了厂商代码，到2002年已达到5万多家，目前，几乎所有的企业都开始使用条码技术来管理商品。

国家质量技术监督局从1998年12月1日起实施《商品条码管理办法》，这是我国第一部关于商品条码的具有法律效力的规章,明确规定了各项条码实施的要求和细则,使中国条码工作进入相对成熟、规范的阶段,条码的统一性、普及性进一步提高,目前,商品条码已纳入了强制性国家产品质量标准,提高条码质量并将条码技术普遍应用于物流管理的全过程已成为物流企业及其上下游企业业务发展的当务之急。

条码技术可使企业随时了解有关产品在供应链上的位置,并及时做出反应。当今在欧美等发达国家兴起的 ECR、QR、自动连续补货等供应链管理策略,都离不开条码技术的应用。条码是实现 POS 系统、EDI、电子商务、供应链管理的技术基础,是物流管理现代化、提高企业管理水平和竞争能力的重要技术手段。我国地域广阔,企业众多,作为迄今为止最经济、准确、方便的数据输入手段之一的条码技术,应有广阔的发展前景。

物流条码在物流过程中有如下几个方面的应用。

1. 分拣运输

铁路运输、航空运输、邮政通信等许多行业都存在货物的分拣搬运问题,大批量的货物需要在很短的时间内准确无误地装到指定的车厢或航班;一个生产厂家如果生产上百个品种的产品,并需要将其分门别类,以送到不同的目的地,那么就必须扩大场地,增加人员,还常常会出现人工错误。解决这些问题的办法就是应用物流标志技术,使包裹或产品自动分拣到不同的运输机上。我们所要做的只是将预先打印好的条码标签贴在发送的物品上,并在每个分拣点装一台条码扫描器。

为了实现物流现代化,出现了很多配送中心。这些配送中心为了提高吞吐能力,采用自动分拣技术更是十分必要的。

典型的配送中心的作业从收货开始。送货卡车到达后,叉车司机在卸车的时候用手持式扫描器识别所卸的货物,条码信息通过无线数据通信技术传给计算机,计算机向叉车司机发出作业指令,显示在叉车的移动式终端上,或者把货物送到某个库位存放,或者直接把货物送到拣货区或出库站台。在收货站台和仓库之间一般都有运输机系统,叉车把货物放到输送机上后,输送机上的固定式扫描器识别货物上的条码,计算机确定该货物的存放位置。输送机沿线的转载装置根据计算机的指令把货物转载到指定的巷道内。随即,巷道堆垛机把货物送到指定的库位。出库时,巷道堆垛机取出指定的托盘,由运输机系统送到出库台,叉车到出库台取货。首先用手持式扫描器识别货物上的条码,计算机随即向叉车司机提出作业指令,或者把货物直接送到出库站台,或者为拣货区补充货源。拣货区有多种布置形式,如普通重力式货架、水平循环式货架、垂直循环货架等。拣货员在手持式终端上输入订单号,计算机通过货架上的指示灯指出需要拣货的位置,拣货员用手持式扫描器识别货品上的条码,计算机确认无误后,在货架上显示出拣选的数量。拣出的货品放入货盘内,连同订单一起运到包装区。包装工人进行检验和包装后,将实时打印的包含发运信息的条码贴在包装箱上。包装箱在通过分拣机时,根据扫描器识别的条码信息被自动拨到相应的发运线上。

2. 仓储保管

有时,通用商品代码不能满足仓储的需要,除了商品的生产厂家和产品种类外,我们还需要产品的数量、保质期、重量、体积等很多信息,采用物流条码可以通过应用标志符分辨不同的信息,经过计算机对信息进行处理后,更有利于对商品的采购、保管和销售。

目前,我国许多城市出现了食品连锁店,对于食品,其保质期一般都很短。如果食品过期,就会损害顾客的利益,同时,给销售者带来经济上的损失。物流标志技术可以标志出该产品的生产日期和保质期,计算机管理系统可以随时提醒销售者,哪些食品接近了保质期,这时,对这些食品可以打折出售或采取其他及时的处理方式,以免带来不必要的损失。

物流标志技术给仓储现代化带来了更多的方便,它不仅使保管者提高效率、减少劳动,也为客户带来了间接的经济效益。

3. 机场通道

当机场的规模达到一个终端要在 2 小时内处理品 10 个以上的航班时,就必须实现自动化,否则,会因为来不及处理行李导致误机。当 1 小时必须处理 40 个航班时,实现自动化就是必不可少的了。

在自动化系统中,物流标志技术的优势充分体现出来,人们将条码标签按需要打印出来,系在每件行李上。条码标签是一个纸牌,系在行李的手把上。根据国际航空运输协会(IAIA)标准的要求,条码应包含航班号和目的地等信息。当运输系统把行李从登记处运到分拣系统时,一组通道式扫描器(通常由 8 个扫描器组成)包围了运输机的各个侧面:上下、前后、左右。

扫描器对准每一个可能放标签的位置,甚至是行李的底部。为了提高首读率,通常会印制两个相同的互相垂直的标签条码。当扫描器读到条码时,会将数据传输到分拣控制器中,然后根据对照表,行李被自动分拣到目的航班的传送带上。在大的机场,每小时可能要处理 80～100 个航班,这使得首读率特别重要。任何未被子扫描器读出的行李都将被分拣到人工编码点,由人工输入数据,速度是每分钟 10～20 件。对于印刷清晰、装载有序的自动分拣系统,首读率应该大于 90%。

4. 货物通道

在美国有三个最大的邮包投递公司,即联邦快递、联合包裹服务和 RPS,每天要处理大约 1700 万件包裹,其中 700 万件是要在 1～3 天内送达的快件。这些包裹的处理量之大难以置信,而且数量还在不断增长,运输机系统变得更复杂,工作速度应该比以往更快。

包裹运输公司不能像制造厂家那样决定条码位置,它可以指定一种码制,但不能规定条码的位置,因为包裹在传送带上的方向是随机的,且以 3 m/s 的速度运动。为了保证快件及时送达,不可能采用降低处理速度的办法。我们面临的问题不是如何保持包裹的方向,使条码对着扫描器,而是如何准确地阅读这些随机摆放的包裹上的条码,解决的办法就是扫描通道。

几乎和机场的通道一样,货物通道也是由一组扫描器组成。全方位扫描器能够从所有的方向上识读条码,上下、前后和左右。这些扫描器可以识读任意方向、任意面上的条码,无论包裹有多大,无认运输机的速度有多快,无论包裹间的距离有多小。所有方位的扫描器一起工作,决定当前哪些条码需要识读,然后把一个个信息传送给主计算机或控制系统。

货物扫描通道为进一步采集包裹数据提供了极好的机会。新一代的货物通道可以以很高的速度同时采集包裹上的所有条码标志符、实际的包裹尺寸和包裹的重量信息,且这个过程不需要人工干预。因为包裹投递服务是按尺寸和重量收费的,这些信息对计算营业额十分重要。现在可以准确高效地获取这些信息,以满足用户的需要。

5. 运动中称量

物流标志技术与其他自动化技术相结合,可以大大提高物流现代化水平。如在运动中称量与条码自动识别相结合。把电子秤放在输送机上可以得到包裹的重量而不需中断运输作业或人工处理。

运动中称量使系统能保持很高的通过能力,同时实时提供重量信息,计算净重,检验重量误差,验证重量范围。在高效的物料搬运系统中,运动中称量可以与其他自动化过程(如条码扫描、标签打印及粘贴、包裹分拣、码托盘、库存管理、发运和其他功能)集成在一起。

就数据采集和信息管理而言,运动中称量系统所提供的数据可用于生产总结、效率报告、质量控制、发运单的生成,以及为 UPS、联邦快递、美国邮政等发运公司制定专用单。

作为自动化物料搬运和数据采集的组成部分,运动中称量系统已广泛应用于制造业、食品加工业以及包裹配送和零售配送业中。

任务四 射频技术

案例引导

在我国物流业飞速发展的今天,射频技术以其特有的优势,克服了条码识别需要光学可视、识别距离短、信息不可更改等缺点,成为物流自动识别领域一个耀眼的亮点。射频识别系统通常由电子标签、读写器两个部分组成。电子标签是射频识别系统真正的数据载体,放置在需要识别的物品上。

信息化是物流的灵魂,作为物流信息化的重要组成部分——信息采集,更是信息化的基础和根本。物流信息化离不开标准。实现物流的标准化,就是要以物流产业为对象,在物流这个大系统中需求一致性,实行标准化。其中,数据采集的标准化在整个物流标准化工作中占据着重要的地位和作用。

目前,信息采集技术主要包括条码技术和射频识别技术。条码技术的优点在于其价格相对便宜,因此,在超市等商品零售部门获得了广泛的利用。其缺点在于,信息无法更改,存储容量相对较小。如果需要更改信息则需要重新贴上条码标签,既增加了工序,浪费了人力资源,同时又增加了物流成本。其"先天不足"与缺陷越来越难以满足人们的需求。射频技术的出现,改变了传统的数据采集方法,它信息含量大,可以根据需要实时更改,简化了物流的中间环节,缩短了物流人工操作时间,其准确性、快速性和兼容性越来越得到行业的认同和赞许。

但是,目前我国国内有关射频识别技术的应用,没有一个统一的标准规范,也没有一个适用于国内物流行业的射频识别技术规范。各个公司依据自身的判断,选择购买各自的射频识别设备,或自主开发各自的射频识别设备,造成各公司间的射频识别设备千差万别,主要表现在卡容量、信息格式、存储命令、命令代码、能量接口、天线、通信协议及通信频率等方面不一致,造成公司与公司间不能实现信息共享和传递,无法满足现代物流发展的要求,阻碍物流信息化的发展。因此,规范射频识别技术标准,制定射频识别技术相应标准,是我国物流业发展的迫切需求。

提出问题

1. 射频技术与条码技术的主要区别是什么?
2. 射频技术的优势在哪里?目前应用的难点是什么?

任务分析

本任务从射频技术的概念入手，介绍射频识别系统的基本原理和系统组成以及我国射频识别系统应用的基本现状。

一、无线射频的概念

射频技术（radio frequency，简称 RF）的基本原理是电磁理论，利用无线电波对记录媒体进行读写。射频系统的优点是不局限于视线，识别距离比光学系统远，射频识别卡可具有读写能力，可携带大量数据，难以伪造和有智能等特点。

射频识别（radio frequency identification，简称 RFID）系统的传送距离由许多因素决定，如传送频率、天线设计等，射频识别的距离可达几十厘米甚至几米，且根据读写的方式，可以输入数千字节的信息，同时，还具有极高的保密性。射频识别技术适用的领域：物料跟踪、运载工具和货架识别等要求非接触数据采集和交换的场合，要求频繁改变数据内容的场合尤为适用。例如，香港的车辆自动识别系统驾易通，采用的主要技术就是射频技术。目前，香港已经有约 8 万辆汽车装上了电子标签，装有电子标签的车辆通过装有射频扫描器的专用隧道、停车场或高速公路路口时无须停车缴费，大大提高了行车速度，提高了效率。射频技术在其他物品的识别及自动化管理方面也得到了较广泛的应用。

现在，射频识别是自动识别领域最热门的技术，尽管这种技术已经发展许多年，但它只有在从本领域众多的发明技术中总结规划出一个技术标准以后才能得到快速的切实的应用，ISO 和 AIM（auto-id manufactures，简称 AIM）正在进行这方面的工作，相信不久的将来，RFID 会得到很快的推广。

二、射频识别系统的组成

射频识别系统在具体的应用过程中，根据不同的应用目的和应用环境，系统的组成会有所不同，但从射频识别系统的工作原理来看，系统一般都由信号发射机、信号接收机、编程器、发射接收天线等几部分组成。

1. 信号发射机

在射频识别系统中，信号发射机为了不同的应用目的，会以不同的形式存在，典型的形式是标签。标签相当于条码技术中的条码符号，用来存储需要识别传输的信息，另外，与条码不同的是，标签必须能够自动或在外力的作用下，把存储的信息主动发射出去。标签一般是带有线圈、天线、存储器与控制系统的低电集成电路。

按照不同的分类标准，标签有许多不同的分类。

（1）主动式标签和被动式标签。主动式标签内部自带电池进行供电，它的电能充足，工作可靠性高，信号传送的距离远。另外，主动式标签可以通过设计电池的不同寿命对标签的使用时间或使用次数进行限制，它可以用在需要限制数据传输量或者使用数据有限制的地方，如一年内，标签只允许读写有限次。主动式标签的缺点主要是标签的使用寿命受到限制，而且随着标签内电池电力的消耗，数据传输的距离会越来越小，影响系统的正常工作。

被动式标签内部不带电池，要靠外界提供能量才能正常工作。被动式标签典型的产生电能的装置是天线与线圈，当标签进入系统的工作区域，天线接收到特定的电磁波，线圈就会产生感应电流,再经过整流电路给标签供电。

(2) 只读标签与可读可写标签。根据内部使用存储器类型的不同,标签可以分成只读标签与可读可写标签。

只读标签内部只有只读存储器(read only memory,简称 ROM)和随机存储器(random access memory,简称 RAM)。ROM 用于存储发射器操作系统说明和安全性要求较高的数据,它与内部的处理器或逻辑处理单元完成内部的操作控制功能,如响应延迟时间控制、数据流控制、电源开关控制等。另外,只读标签的 ROM 中还存储有标签的标志信息。这些信息可以在标签创造过程中由制造商写入 ROM 中,也可以在标签开始使用时由使用者根据特定的应用目的写入特殊的编码信息。这种信息可以只简单地代表二进制中的"0"或者"1",也可以像二维条码那样,包含复杂而相当丰富的信息。但这种信息只能一次写入,多次读出。只读标签中的 RAM 用于存储标签反应和数据传输过程中临时产生的数据。另外,只读标签中除了 ROM 和 RAM 外,一般还有缓冲存储器,用于暂时存储调制后等待天线发送的信息。

(3) 标志标签与便携式数据文件。根据标签中存储器数据存储能力的不同,可以把标签分成仅用于标志目的的标志标签与便携式数据文件两种。

标志标签,是指将一个数字或者多个数字、字母、字符串存储在标签中,以达到识别的目的或者作为进入信息管理系统的数据库的钥匙(KEY)。条码技术中标准码制的号码,如 EAN/UPC 码或者混合编码,或者标签使用者按照特别的方法编的号码,都可以存储在标志标签中,标志标签中存储的只是标志号码,用于对特定的标志项目,如人、物、地点进行标志,而关于被标志项目的详细的特定的信息,只能在与系统相连接的数据库中进行查找。

2. 信号接收机

在射频识别系统中,信号接收机一般叫作阅读器。根据支持的标签类型不同与完成的功能不同,阅读器的复杂程度是显著不同的。阅读器基本的功能就是提供与标签进行数据传输的途径。另外,阅读器还提供相当复杂的信号状态控制、奇偶错误校验与更正功能等。

3. 编程器

只有可读可写标签系统才需要编程器,编程器是向标签写入数据的装置。编程器写入数据一般来说是离线完成的,也就是预先在标签中写入数据,等到开始应用时直接把标签附在被标志项目上。也有一些 RFD 应用系统,写数据是在线完成的,尤其是在生产环境中作为交互式便携数据文件来处理时。

4. 天线

天线是标签与阅读器之间传输数据的发射、接收装置。在实际应用中除了系统功率,天线的形状和相对位置也会影响数据的发射和接收,需要专业人员对系统的天线进行设计。

三、射频技术的原理

阅读器将要发送的信息,经编码后加载在某一频率的载波信号上经天线向外发送,进入阅读器工作区域的电子标签接收此脉冲信号,卡内芯片中的有关电路对此信号进行调制、解码、解密,然后对命令请求、密码、权限等进行判断。若为读命令,控制逻辑电路则从存储器中读取有关信息,经加密、编码、调制后通过卡内天线再发送给阅读器,阅读器对接收到的信号进行解调、解码、解密后送至中央信息系统进行有关数据处理;若为修改信息的写命令,有关控制逻辑引起的内部电荷泵提升工作电压,提供擦写 EEPROM 中的内容进行改写,若经判断其对应的密码和权限不符,则返回出错信息。

在 RFID 系统中,阅读器必须在可阅读的距离范围内产生一个合适的能量场以激励电子标签。在当前有关的射频约束下,欧洲的大部分地区各向同性有效辐射功率限制在 500 mW,这样的辐射功率在 870 MHz,可近似达到 0.7 m。美国、加拿大以及其他一些国家,无须授权的辐射约束为各向同性辐射功率为 4 W,这样的功率将达到 2 m 的阅读距离,在获得授权的情况下,在美国发射 30 W 的功率将使阅读区增大到 5.5 m 左右。

射频识别系统原理图如图 4-7 所示。

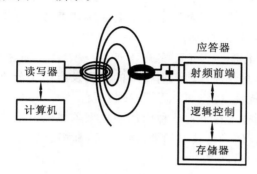

图 4-7 射频识别系统原理图

四、射频识别系统的特点与分类

根据射频系统完成的功能不同,可以粗略地把射频系统分成如下四种类型。

1. EAS 系统

EAS(electronic article surveillance,简称 EAS)是一种设置在需要控制物品出入门口的 RFID 技术。这种技术的典型应用场合是商店、图书馆、数据中心等地方,当未被授权的人从这些地方非法取走物品时,EAS 系统会发出警告。

在应用 EAS 系统时,首先在物品上黏附 EAS 标签,当物品被正常购买或者合法移出时,在结算处通过一定的装置使 EAS 标签失活,物品就可以取走。物品经过装有 EAS 系统的门口时,EAS 装置能自动检测标签的活动性,发现活动性标签 EAS 系统会发出警告。EAS 技术的应用可以特效防止物品的被盗,不管是大件的商品,还是很小的物品。

2. 便携式数据采集系统

便携式数据系统使用带有 RFID 阅读器的手持式数据采集器采集 RFID 上的数据。这种系统具有比较大的灵活性,适用于不宜安装固定式 RFID 系统的应用环境。手持式阅读器(数据输入终端)可以在读取数据的同时,通过无线电波数据传输方式(RW)实时地向主计算机系统传输数据,也可以暂时将数据存储在阅读器中,成批地向主计算机系统传输数据。

3. 物流控制系统

在物流控制系统中,RFID 阅读器分散布置在固定的区域,并且阅读器直接与数据管理信息系统相连,信号发射机是移动的,一般安装在移动的物体、人体上面。当物体、人流经阅读器时,阅读器会自动扫描标签上的信息并把数据信息输入数据管理信息系统存储、分析处理,达到控制物流的目的。

4. 定位系统

定位系统用于自动化加工系统中的定位,以及对车辆、轮船等进行运行定位支持。阅读器放置在移动的车辆、轮船上或者自动化流水线中移动的物料、半成品、成品上,信号发射机嵌入操作环境的地表下面。在信号发射机上存储有位置识别信息,阅读器一般通过无线的方式或者有线的方式连接到主信息管理系统。

五、我国射频识别技术发展应用状况

我国射频技术的应用也已经开始了,一些高速公路的收费站口,使用射频技术可以不停车收费,我国铁路系统使用射频技术记录货车车厢编号的试点已运行了一段时间,一些物流企业也正在准备将射频技术用于物流管理中。

我国政府在1993年制订的金卡工程实施计划,是一个旨在加速推动我国国民经济信息化进程的重大国家级工程,由此各种自动识别技术的发展及应用十分迅猛。现在,射频识别技术作为一种新兴的自动识别技术,也将在中国很快地普及。

目前,我国的射频识别技术在下列几种应用中发展前景较好。当然,这里仅仅罗列了射频识别技术应用的一部分。任何一种技术如果得到普及,都将会孕育一个庞大的市场。射频识别将是未来一个新的经济增长点。

1. 安全防护领域

1) 门禁保安系统

将来的门禁保安系统均可应用射频卡。一卡可以多用。比如,可以作工作证、出入证、停车卡、饭店住宿卡甚至旅游护照等,目的都是识别人员身份、安全管理、收费,等等。好处是简化出入手续、提高工作效率、安全保护。只要人员佩戴了封装成ID卡大小的射频卡、进出入口有一台读写器,在人员出入时自动识别身份,非法闯入会有报警。安全级别要求高的地方、还可以结合其他的识别方式,将指纹、掌纹或颜面特征存入射频卡。

公司还可以用射频卡保护和跟踪财产。将射频卡贴在物品上面,如计算机、传真机、文件、复印机或其他实验室用品上。该射频卡使得公司可以自动跟踪管理这些有价值的财产,可以跟踪一个物品从某一建筑离开,或是用报警的方式限制物品离开某地。结合GPS系统利用射频卡,还可以对货柜车、货舱等进行有效跟踪。

2) 汽车防盗系统

汽车防盗系统是RFID较新的应用。目前,已经开发出了足够小的、能够封装到汽车钥匙当中含有特定码字的射频卡。它需要在汽车上装有读写器,当钥匙插入点火器中时,读写器能够辨别钥匙的身份。如果读写器接收不到射频卡发送来的特定信号,汽车的引擎将不会发动。用这种电子验证的方法,汽车的中央计算机也就能容易防止短路点火。

另一种汽车防盗系统是,司机自己带有一张射频卡,其发射范围是在司机座椅 $45\sim55$ cm 以内,读写器安装在座椅的背部。当读写器读取到有效的ID号时,系统发出三声鸣叫,然后汽车引擎才能启动。该防盗系统还有另一强大功能:倘若司机离开汽车并且车门敞开引擎也没有关闭,这时读写器就需要读取另一有效ID号;假如司机将该射频卡带离汽车,这样读写器不能读到有效ID号,引擎就会自动关闭,同时触发报警装置。

3) 电子物品监视系统

电子物品监视系统(electronic article surveillance,简称EAS)的目的是防止商品被盗。整

个系统包括贴在物体上的一个内存容量仅为1比特(即开或关)的射频卡,和商店出口处的读写器。射频卡在安装时被激活。在激活状态下,射频卡接近扫描器时会被探测到,同时会报警。如果货物被购买,由销售人员用专用工具拆除射频卡(典型的是在服装店里),或者用磁场来使射频卡失效,或者直接破坏射频卡本身的电特性。EAS系统已被广泛使用。据估计每年消耗60亿套。

2. 商品生产销售领域

1) 生产线自动化

用 RFID 技术在生产流水线上实现自动控制、监视,提高生产率,改进生产方式,节约了成本。下面举个例子以说明在生产线上应用 RFID 技术的情况。

用于汽车装配流水线。德国宝马汽车公司在装配流水线上应用射频卡,以尽可能大量地生产用户定制的汽车。宝马汽车的生产是基于用户提出的要求式样而生产的。用户可以从上万种内部和外部选项中,选定自己所需要的车的颜色、引擎型号和轮胎式样等。这样一来,在汽车装配流水线上就得装配上百种式样的宝马汽车,如果没有一个高度组织的、复杂的控制系统是很难完成这样复杂的任务的。宝马公司在其装配流水线上配有 RFID 系统,使用可重复使用的射频卡。该射频卡上带有汽车所需的所有详细的要求,在每个工作点处都有读写器,这样可以保证汽车在各个流水线位置,能毫不出错地完成装配任务。

2) 仓储管理

将 RFID 系统用于智能仓库货物管理,能有效地解决与货物流动有关的信息管理,不但增加了处理货物的速度,还可监视货物的一切信息。射频卡贴在货物所通过的仓库大门边上,读写器和天线都放在叉车上,每个货物都贴有条码,所有条码信息都被存储在仓库的中央计算机里,与该货物有关的信息都能在计算机里查到。当货物出库时,由另一读写器识别并告知中央计算它被放在哪个拖车上。这样,管理中心可以实时地了解到已经生产了多少产品和发送了多少产品。

3) 产品防伪

伪造问题在世界各地都是令人头疼的问题,将射频识别技术应用在防伪领域有它自身的技术优势。防伪技术本身要求成本低,且难以伪造。射频卡的成本就相对便宜,而芯片的制造需要有昂贵的芯片工厂,使伪造者望而却步。射频卡本身有内存,可以存储、修改与产品有关的数据,利于销售商使用;体积十分小、便于产品封装。像在电脑、激光打印机、电视等产品上都可使用。

4) RFID 卡收费

国外的各种交易大多利用各种卡来完成,而我国普遍采用现金交易。现金交易不方便也不安全,还容易出现税收的漏洞。目前的收费卡多用磁卡、IC 卡,而射频卡也开始占据市场。原因是在一些恶劣的环境中,磁卡、IC 卡容易损坏,而射频卡则不易磨损,也不怕静电及其他情况;同时,射频卡用起来方便、快捷,甚至不用打开包,在读写器前摇晃一下,就完成收费。另外,还可同时识别几张卡,并行收费,如公共汽车上的电子月票。我国大城市的公共汽车异常拥挤、环境条件差,射频卡的使用有助于改善这种情况。

3. 管理与数据统计领域

1) 畜牧管理

该领域的发展起步于赛马的识别,是用小玻璃封装的射频卡植于动物皮下。射频卡大约

10 mm 长,内有一个线圈,约 1000 圈的细线绕在铁氧体上,读写距离是十几厘米。从赛马识别发展到了标志牲畜。牲畜的识别提供了现代化管理牧场的方法。

2) 运动计时

在马拉松比赛中,由于人员太多,有时第一个出发的人同最后一个出发的人能相隔 40 min。如果没有一个精确的计时装置,就会出现差错。射频卡应用于马拉松比赛中,运动员在自己的鞋带上很方便地系上射频卡,在比赛的起跑线和终点线处放置带有微型天线的小垫片。当运动员越过此垫片时,计时系统便会接收运动员所带的射频卡发出的 ID 号,并记录当时的时间。这样,每个运动员都会有自己的起始时间和结束时间,不会出现不公平竞争的可能性了。在比赛路线中,如果每隔 5 km 就设置这样一个垫片,还可以很方便地记录运动员在每个阶段所用的时间。

RFID 还可应用于汽车大奖赛上的精确计时。在跑道下面按照一定的距离间隔埋入一系列的天线,这些天线与读写器相连,而射频卡安装到赛车前方。当赛车每越过一个天线时,赛车的 ID 号和时间就被记录下来,并存储到中央计算机内。这样到比赛结束时,每个参赛选手将会有一个准确的结果。

4. 交通运输领域

1) 高速公路自动收费及交通管理

高速公路自动收费系统是射频识别技术最成功的应用之一。目前,中国的高速公路发展非常快,而高速公路收费却存在一些问题:一是在收费站口,许多车辆要停车排队,成为交通瓶颈问题;二是少数不法的收费员贪污路费,使国家损失了很多的财政收入。RFID 技术应用在高速公路自动收费上,能够充分体现它非接触识别的优势——让车辆高速通过收费站的同时自动完成收费,同时,可以解决收费员贪污路费及交通拥堵的问题。利用射频识别技术的不停车高速公路自动收费系统是将来的发展方向。人工收费,包括 IC 卡的停车收费方式,终将会被淘汰。预计在未来十年内,高速公路自动收费系统将有数十亿元的需求。

在城市交通方面,解决交通日趋拥挤的问题不能只依赖于修路。加强交通的指挥、控制、疏导,提高道路的利用率,深挖现有交通潜能也是非常重要的。而基于 RFID 技术的交通管理系统可实现自动查处违章车辆,记录违章情况。另外,公共汽车站实时跟踪指示公共汽车到站时间及自动显示乘客信息,会给乘客带来很大的方便。

2) 火车和货运集装箱的识别

在火车运营中,使用 RFID 系统很大的优势在于:火车是按既定路线运行的,因此,肯定要通过设定的读写器的地点。通过读到的数据,能够得到火车的身份、监控火车的完整性,以防止遗漏在铁轨上的车厢发生撞车事故,同时,能在车站将车厢重新编组。起初的努力是用超音波和雷达测距系统读出车厢侧的条码,现在被 RFID 系统取代。射频卡一般安在车厢顶边,读写器安在铁路沿线,就可得到火车的实时信息及车厢内装的物品信息。

目前,射频自动识别系统的安装遍布全国 14 个铁路局。2001 年 3 月 1 日,原铁道部正式联网启用车次车号自动识别系统,为自备车企业、合资铁路和地方铁路实现信息化智能运输管理提供了重要良机。

任务五 GPS 技术

案例引导

GPS 是(global positioning system,简称 GPS 中文为"全球定位系统")。它结合了卫星及无线技术的导航系统,具备全天候、全球覆盖、高精度的特征,能够实时、全天候为全球范围内的陆地、海上、空中的各类目标提供持续实时的三维定位、三维速度及精确时间信息。

1957 年由苏联发射的史波尼克人造卫星,是人类历史上的第一颗人造卫星,至第二次世界大战时,美国麻省理工学院无线电实验室成功地开发了精密导航系统,以陆地上的无线电基地台为架构,计算无线电波长及电波到达的时间并以三角定位法计算出自己所在的位置,以当时的技术来说,虽然误差达一公里以上,但在当时的运用却是相当广泛。

当苏联成功地发射第一颗人造卫星时,美国约翰霍普金斯大学展示了可以由人造卫星的无线电讯号的杜卜勒移动现象来定出个别的卫星运行轨道参数,虽然这只是逻辑上的一点小进展,但假如我们能够得到卫星运行轨道参数,那么我们就能计算出在地球上的位置。

1960 至 1970 年之间,美国和苏联开始研究利用军事卫星来做导航用途,到了 1974 年,军方对 GPS 做了整合,即是我们现在所熟知的 Navstar 系统。

20 世纪 80 年代后期开始,所有 Navstar 系统的商业运用均归美国海岸防卫队负责,现在 GPS 已和地面基地台为架构的 LORAN 和 OMEGA 无线电导航系统结合,成为美国国家导航信息服务的一环。

GPS 是美国从 20 世纪 70 年代开始研制,历时 20 年,耗资 200 亿美元,于 1994 年全面建成,具有在海、陆、空进行全方位实时三维导航与定位能力的新一代卫星导航与定位系统。经我国测绘等部门近 10 年的使用表明,GPS 以全天候、高精度、自动化、高效益等显著特点,赢得广大测绘工作者的信赖,并成功地应用于现代物流信息系统。

GPS 实施计划共分三个阶段。第一阶段为方案论证和初步设计阶段。从 1973 年到 1979 年,共发射了 4 颗试验卫星。研制了地面接收机及建立地面跟踪网。第二阶段为全面研制和试验阶段。从 1979 年到 1984 年,又陆续发射了 7 颗试验卫星,研制了各种用途接收机。实验表明,GPS 定位精度远远超过设计标准。第三阶段为实用组网阶段。1989 年 2 月 4 日第一颗 GPS 工作卫星发射成功,表明 GPS 系统进入工程建设阶段。1993 年底实用的 GPS 网即 (21+3)GPS星座已经建成,今后将根据计划更换失效的卫星。

提出问题

1. 什么是 GPS?
2. GPS 经历了怎样的发展历程?

本任务从 GPS 的概念入手,介绍了 GPS 系统的基本组成和主要应用。

一、GPS 系统组成

GPS 结合了卫星及无线技术的导航系统，具备全天候、全球覆盖、高精度的特征，能够实时、全天候地为全球范围的陆地、海上、空中的各类目标提供持续实时的三维定位、三维速度及精确时间信息。

按目前的方案，全球定位系统的空间部分使用 24 颗高度约 2.02 万千米的卫星组成卫星星座。21+3 颗卫星均为近圆形轨道，运行周期约为 11 小时 58 分，分布在六个轨道面上（每个轨道面四颗），轨道倾角为 55 度。卫星的分布使得在全球的任何地方，任何时间都可观测到四颗以上的卫星，并能保持良好定位解算精度的几何图形。这就提供了在时间上连续的全球导航能力。

GPS 全球卫星定位如图 4-8 所示。

图 4-8 GPS 全球卫星定位

全球定位系统是美国第二代卫星导航系统。它是在子午仪卫星导航系统的基础上发展起来的，采纳了子午仪系统的成功经验。与子午仪系统一样，全球定位系统由空间部分、地面监控部分和客户接收机三大部分组成。

地面监控部分包括四个监控站和一个主控站。监控站设有 GPS 客户接收机、原子钟、收集当地气象数据的传感器和进行数据初步处理的计算机。监控站的主要任务是取得卫星观测数据并将这些数据传送至主控站。主控站设在范登堡空军基地。它对地面监控部分实行全面控制。主控站主要任务是收集各监控站对 GPS 卫星的全部观测数据，利用这些数据计算每颗 GPS 卫星的轨道和卫星钟改正值。

目前，全球有五个地面卫星监控站，分布于夏威夷、亚森欣岛、迪亚哥加西亚、瓜加林岛、科罗拉多泉，这些卫星地面控制站，同时监控 GPS 卫星的运作状态及它们在太空中的精确位置，主地面控制站还负责传送卫星瞬时常数及时脉偏差的修正量，再由卫星将这些修正量提供给 GPS 接收器作为定位运用。

全球定位系统具有性能好、精度高、应用广的特点，是迄今为止最好的导航定位系统。随着全球定位系统的不断改进，硬、软件的不断完善，应用领域正在不断地开拓，目前，已遍及国民经济各种部门，并开始逐步深入人们的日常生活。

二、GPS 的产品

自 GPS 对民间开放以来,各种产品、应用层出不穷,GPS 已经深入国民生产、日常生活的方方面面。

1. 测量

GPS 技术给测绘界带来了一场革命。利用载波相位差分技术(RTK),在实时处理两个观测站的载波相位的基础上,可以达到厘米级的精度。与传统的手工测量手段相比,GPS 技术有着巨大的优势:测量精度高;操作简便,仪器体积小,便于携带;全天候操作;观测点之间无须通视;测量结果统一在 WGS84 坐标下,信息自动接收、存储,减少烦琐的中间处理环节。当前,GPS 技术已广泛应用于大地测量、资源勘查、地壳运动、地籍测量等领域。

2. 交通

出租车、租车服务、物流配送等行业利用 GPS 技术对车辆进行跟踪、调度管理,合理分布车辆,以最快的速度响应用户的乘车或配送请求,降低能源消耗,节省运行成本。GPS 在车辆导航方面发挥了重要的角色,在城市中建立数字化交通电台,实时发布城市交通信息,车载设备通过 GPS 进行精确定位,结合电子地图以及实时的交通状况,自动匹配最优路径,并实行车辆的自主导航。民航运输通过 GPS 接收设备,使驾驶员着陆时能准确对准跑道,同时,还能使飞机紧凑排列,提高机场利用率,引导飞机安全进离场。

3. 救援

利用 GPS 定位技术,可对火警、救护、警察进行应急调遣,提高紧急事件处理部门对火灾、犯罪现场、交通事故、交通堵塞等紧急事件的响应效率。特种车辆(如运钞车)等,可对突发事件进行报警、定位,将损失降到最低。有了 GPS 的帮助,救援人员就可在人迹罕至、条件恶劣的大海、山野、沙漠,对失踪人员实施有效的搜索、拯救。装有 GPS 装置的渔船,在发生险情时,可及时定位、报警,使之能更快更及时地获得救援。

4. 农业

当前,发达国家已开始把 GPS 技术引入农业生产,即所谓的"精准农业耕作"。该方法利用 GPS 进行农田信息定位获取,包括产量监测、土样采集等,计算机系统通过对数据的分析处理,决策出农田地块的管理措施,把产量和土壤状态信息装入带有 GPS 设备的喷施器中,从而精确地给农田地块施肥、喷药。通过实施精准耕作,可在尽量不减产的情况下,降低农业生产成本,有效避免资源浪费,降低因施肥除虫对环境造成的污染。

5. 娱乐消遣

随着 GPS 接收机的小型化以及价格的降低,GPS 逐渐走进了人们的日常生活,成为人们旅游、探险的好帮手。通过 GPS,人们可以在陌生的城市里迅速地找到目的地,并且可以最优的路径行驶;野营者携带 GPS 接收机,可快捷地找到合适的野营地点,不必担心迷路;甚至一些高档的电子游戏,也使用了 GPS 仿真技术。

三、GPS 产品的性能指标

1. 卫星轨迹

24 颗 GPS 卫星沿六条轨道绕地球运行(每四颗一组),一般不会有超过 12 颗卫星在地球的同一边，大多数 GPS 接收器可以追踪 8~12 颗卫星。计算 LAT/LONG（2 维）坐标至少需要 3 颗卫星。再加 1 颗就可以计算三维坐标。对于一个给定的位置，GPS 接收器知道在此时哪些卫星在附近，因为它不停地接收从卫星发来的更新信号。

2. 并行通道

一些消费类 GPS 设备有 2~5 条并行通道接收卫星信号。因为最多可能有 12 颗卫星是可见的（平均值是 8），这意味着 GPS 接收器必须按顺序访问每一颗卫星来获取每颗卫星的信息。

市面上的 GPS 接收器大多数是 12 并行通道型的，这允许它们连续追踪每一颗卫星的信息，12 通道接收器的优点包括快速冷启动和初始化卫星的信息，而且在森林地区可以有更好的接收效果。一般 12 通道接收器不需要外置天线，除非是在封闭的空间中，如船舱、车厢中。

3. 定位时间

定位时间是指重启动的 GPS 接收器时，它确定现在位置所需的时间。对于 12 通道接收器，如果在最后一次定位位置的附近，冷启动时的定位时间一般 3~5 min，热启动时为 15~30 s，而对于 2 通道接收器，冷启动时大多超过 15 min，热启动时为 2~5 min。

4. 定位精度

大多数 GPS 接收器的水平位置定位精度在 20~30 m 左右，但这只是在 SA（selective availability，选择可用性技术）没有开启的情况下，有些 GPS 接收器声称它们可以达到这个精度，但是往往有一个小小的标签附在后面："在 SA 关闭时"。

你可能会发现，大多数 GPS 生产商不怎么提及"高度"的精度，因为这是 GPS 设备中精度最没有保证的方面。但是几乎所有的 GPS 设备（除非那些专为航海定制的在海拔为 0 的海平面上使用的设备）在 4 颗卫星可见的情况下，可以定位高度，但是偏差可能达到 3 倍。

30 m 的精度意味着什么？这意味着，当 SA 关闭时，从统计的角度来讲，你的平面定位的位置距离你的实际位置在 30 m 之内的概率是 95%。GPS 接收器工作时是依靠卫星信号到达 GPS 接收器的时间来定位的（时间×光速=距离）。对于高度读数，这意味着精度在 45~100 m 之间的概率是 95%。

如果政府开启了 SA（为了安全原因，而且几乎是所有时间都开启着），水平精度在 100 m 之内的概率是 95%，高度在 300 m 之内的概率是 95%，这可能比你期望值低很多，但不影响你找到想去的街道或那条河流。

5. DGPS 功能

为了将 SA 和大气层折射带来的影响降为最低，有一种叫作 DGPS 发送机的设备。它是一个固定的 GPS 接收器，在一个勘探现场 100~200 km 的半径内设置可以接收卫星的信号，它确切地知道理论上卫星信号传送到的精确时间是多少，然后将它与实际传送时间相比较，然后计算出"差"，这十分接近于 SA 和大气层折射的影响，它将这个差值发送出去，其他 GPS 接收器就可以利用它得到一个更精确的位置读数（5~10 m 或者更小的误差）。

许多 GPS 设备提供商在一些地区设置了 DGPS 发送机，供它的客户免费使用，只要客户所购买的 GPS 接收器有 DGPS 功能。

6. 信号干扰

要给予你一个很好的定位，GPS 接收器需要至少 3~5 颗卫星是可见的。如果你在峡谷中或者在两边高楼林立的街道上,或者在茂密的丛林里,你可能不能与足够的卫星联系,从而无法定位或者只能得到二维坐标。同样,如果你在一个建筑里面,你可能无法更新你的位置,一些 GPS 接收器有单独的天线可以贴在挡风玻璃上,或者一个外置天线可以放在车顶上,这有助于你的接收器得到更多的卫星信号。

GPS 接收器的信号干扰如图 4-9 所示。

图 4-9 GPS 接收器的信号干扰

7. 物理指标

在选购 GPS 设备时,大小、重量、显示画面、防水、防震、防尘性能、耐高温、耗电等物理指标都要考虑在内。

我们的生活充斥着数字、数字经济、数字神经、数字化生存……也许我们都需要利用 GPS 技术来了解这个数字化地球,帮助我们培养数字思维,来适应这个数字时代。

四、GPS 的物流功能

1. 实时监控功能

在任意时刻通过发出指令查询运输工具所在地理位置(经度、纬度、速度等信息),并在电子地图上直观地显示出来。

2. 双向通讯功能

GPS 的客户可使用 GSM 的话音功能与司机进行通话或使用本系统安装在运输工具上的移动设备的汉字液晶显示终端进行汉字消息收发对话。

驾驶员通过按下相应的服务、动作键,将该信息反馈到网络 GPS,质量监督员方可确认(发车时间、到货时间、卸货时间、返回时间,等等)。

3. 动态高度功能

调度人员能在任意时刻通过调度中心发出文字调度指令,并得到确认信息。可进行运输工具待命计划管理,操作人员通过在途信息的反馈,运输工具未返回车队前即做好待命计划,可提前下达运输任务,减少等待时间,加快运输工具周转速度。

4. 数据存储、分析功能

实现路线规划及路线优化,事先规划车辆的运行路线、运行区域,何时应该到达什么地方等,并将该信息记录在数据库中,以备以后查询、分析使用。

五、GPS 在物流领域的应用

1. 用于汽车自动定位、跟踪调度

据丰田汽车公司的统计和预测,日本车载导航系统市场在 1995 年至 2000 年年间平均每年增长 35% 以上,全世界在车辆导航上的投资将平均每年增长 60.8%,因此,车辆导航将成为未来全球卫星定位系统应用的主要领域之一。我国已有数十家公司在开发和销售车载导航系统。

2. 用于铁路运输管理

我国铁路开发的基于 GPS 的计算机管理信息系统,可以通过 GPS 和计算机网络实时收集全路列车、机车、车辆、集装箱及所运货物的动态信息,可实现列车、货物追踪管理。只要知道货车的车种、车型、车号,就可以立即从近 10 万公里的铁路网上流动着的几十万辆货车中找到该货车,还能得知这辆货车现在何处运行或停在何处以及所有的车载货物发货信息。铁路部门运用这项技术可大大地提高其路网及其运营的透明度,为货主提供更高质量的服务。

3. 用于军事物流

全球卫星定位系统最先是因为军事目的而建立的,在军事物流中,如后勤装备的保障等方面应用相当普遍。尤其是在美国,其在世界各地驻扎的大量军队无论是在战时还是在平时都对后勤补给提出很高的要求。在战争中,如果不依赖 GPS,美军的后勤补给就会变得一团糟。美军在 2003 年初打伊拉克战争中依靠 GPS 和其他尖端技术,实时、高效的后勤保障为赢得战争的胜利做出了贡献。目前,我国军事部门也在广泛普及运用 GPS。

任务六　GIS 技术

案例引导

GIS 即地理信息系统是在 20 世纪 60 年代开始迅速发展起来的地理学研究新技术,是由地理学、计算机科学、测绘遥感学、城市科学、环境科学、空间科学、管理科学和信息科学融为一体的新兴技术。GIS 系统是多学科集成并应用于多领域的基础平台,这种集成是对信息的各种加工、处理过程的应用、融合和交叉渗透并实现各种信息的数字化的过程,具有数据采集、输入、编辑、存储、管理、空间分析、查询、输出和显示功能,为系统用户进行预测、监测、规划管理和决策提供科学依据。

在物质世界中的任何物体都被牢牢地打上了时空的烙印。人们在生产和生活中 80% 以上的信息与地理空间位置有关。地理信息系统作为获取、处理、管理和分析地理空间数据的重要工具、技术和领域,近年来得到了广泛关注和迅猛发展。

从技术和应用的角度来看,GIS 是解决空间问题的工具、方法和技术;从学科的角度来看,GIS 是在地理学、地图学、测量学和计算机科学等学科基础上发展起来的一个专业领域,具有独立的体系;从功能上来看,GIS 具有空间数据的获取、存储、显示、编辑、处理、分析、输出和应用等功能；从系统学的角度来看，GIS 具有一定结构和功能，是一个完整的系统。

GIS 系统如图 4-10 所示。

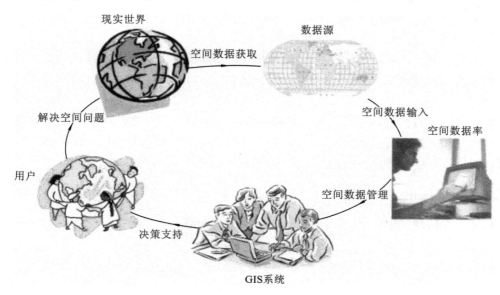

图 4-10　GIS 系统

GIS 系统以地理空间为基础，利用地理模型的分析方法及时提供多种空间、动态的地理信息，从而为有关经济决策服务。GIS 在物流领域应用，便于企业合理调配和使用各种资源，提高运营效率和经济效益。

提出问题

1. 什么是 GIS？
2. GIS 的物流应用有哪些？

本任务从 GIS 的概念入手，介绍了 GIS 系统的基本组成和主要应用。

一、GIS 的组成

从应用的角度来看，地理信息系统由硬件、软件、数据、方法和人员等五个部分组成。硬件和软件为地理信息系统建设提供环境；数据是 GIS 的重要内容；方法为 GIS 建设提供解决方案；人员是系统建设中的关键和能动性因素，直接影响和协调其他几个组成部分。

1. 硬件

硬件主要包括计算机和网络设备，存储设备，数据输入、显示和输出的外围设备，等等。

2. 软件

软件主要包括以下几类：操作系统软件，数据库管理软件，系统开发软件，GIS 软件等。GIS 软件的选择，直接影响其他软件的选择，影响系统解决方案，也影响着系统建设周期和效益。

3. 数据

数据是 GIS 的重要内容，也是 GIS 系统的灵魂和生命。数据组织和处理是 GIS 应用系统建设中的关键环节,涉及许多问题:应该选择何种(或哪些)比例尺的数据,已有数据现实性如何,数据精度是否能满足要求,数据格式是否能被已有的 GIS 软件集成,应采用何种方法进行处理和集成,采用何种方法进行数据的更新和维护,等等。

4. 方法

方法是指系统需要采用何种技术路线,采用何种解决方案来实现系统目标。方法的采用会直接影响系统性能,影响系统的可用性和可维护性。

5. 人员

人员是 GIS 系统的能动部分。人员的技术水平和组织管理能力是决定系统建设成败的重要因素。系统人员按不同分工有项目经理、项目开发人员、项目数据人员、系统文档编写人员和系统测试人员等。各个部分齐心协力、分工协作是 GIS 系统成功建设的重要保证。

二、GIS 的作用

在具体的应用领域中,GIS 可以帮助分析解决下列问题。

1. 定位

研究的对象位于何处?周围的环境如何?研究对象相互之间的地理位置关系如何?

2. 条件

有哪些地方符合某项事物(或业务)发生(或进行)所设定的特定经济地理条件?

3. 趋势

研究对象或环境从某个时间起发生了什么样的变化?今后演变的趋势是怎样的?

4. 模式

研究对象的分布存在哪些空间模式?

5. 模拟

如果发生假设条件时,研究对象会发生哪些变化?引起怎样的结果?

GIS 最明显的作用就是能够把数据以地图的方式表现出来,把空间要素和属性组合起来就可以制作出各种信息地图。专题地图的制作从原理上来讲并没有超出传统的关系数据库的功能范围,但把空间要素和属性信息联系起来后的应用功能就大大增加了,应用范围也扩大了。

各数据区域在传统的关系数据库中按照关系规范化理论分别组织起来。而在 GIS 系统中,空间信息和属性是密不可分的有机整体,它们分别描述地理实体的两面,以地理实体为主线组织起来。除此之外,空间信息还包括了空间要素之间的几何关系,因而 GIS 能够支持空间查询和空间分析,空间分析往往是制定规定和决策的重要基础。

三、GIS 的应用

凡是和空间位置有关的应用都可以采用 GIS 技术。各个行业涉及的信息都和地理空间位置有着或多或少的联系。当行业应用和地理空间位置结合时,可以采用 GIS 技术。

例如,银行系统办理的很多业务和空间位置关系不大,但当我们对一定区域范围的所有银行进行各种业务的对比分析,或者考虑新的银行点的增加选址,或者需要查询距指定地点最近的银行以及其到达路线时,则需要考虑现有各银行点的空间分布,而且选址还要分析其他相关因素的空间分布,到达指定银行还需要考虑道路的空间分布。在这种情况下,就需要采用 GIS 技术。

再比如，土地管理部门的业务办公是按一定流程进行的，和空间位置没有直接联系。但业务内容需要涉及被管理的土地的空间位置、形状、面积等空间特征，为了提高业务办理效率，可以采用 GIS 技术进行图文一体化管理。

GIS 的应用如图 4-11 所示。

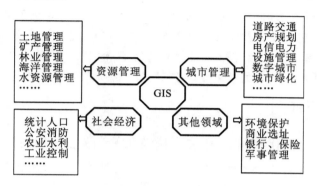

图 4-11 GIS 的应用

GIS 不仅是一种查询信息的方法，也是一种挖掘信息模式的技术。因此，越来越多的商业领域已把 GIS 作为一种信息查询和信息分析工具，GIS 技术本身也融入了这些商业领域的通用模型，因而 GIS 技术在各个商业领域无论是在深度上还是广度上都处于不断发展之中。事实上，GIS 技术可以应用在任何涉及地理分布的领域，其在经济管理方面的应用潜力巨大，现在还远未完全挖掘出来。

GIS 在物流领域中的应用主要是指利用 GIS 强大的地理数据功能来完善物流分析技术，合理调整物流路线和流量，合理设置仓储设施，科学调配运力，提高物流业的效率。目前，已开发出了专门的物流分析软件用于物流分析。完整的 GIS 物流软件集成了车辆路线模型、最短路径模型、网络物流模型、分配集合模型和设施定位模型等。

1. 车辆路线模型

车辆路线模型用于研究解决在一个起始点、多个终点的货物运输中，如何降低物流作业费用，并保证服务质量的问题，包括决定使用多少辆车，每辆车的行驶路线等。

2. 网络物流模型

网络物流模型用于解决寻求最有效的分配货物路径问题，也就是物流网点布局问题，如将货物从 n 个仓库运到 m 个商店，每个商店都有固定的需求量，因此，需要确定由哪个仓库发货给哪个商店，使得运输代价最小。

3. 分配集合模型

分配集合模型可以根据各个要素的相似点把同一层上所有或部分要素分为几个组，用于解决确定服务范围和销售市场等问题，如某一公司要设立 x 个分销点，要求这些分销点覆盖某一地区，而且要使每个分销点的顾客数量大致相等。

4. 设施定位模型

设施定位模型用于确定一个或多个设施的位置。在物流系统中，仓库和运输线共同组成了物流网络，仓库处于网络的结点上，结点决定着线路，如何根据供求的实际需要并结合经济效益等原则，在既定区域内设立多少仓库，每个仓库的位置，每个仓库的规模，以及仓库之间的物流关系等,运用此模型均能很容易地得到解决。

项目小结

在世界信息化高度发展的电子商务时代,物流和信息流的融合尤为重要,电子商务的开展带动了物流配送的市场需求,但真正提高物流技术与管理水平的是现代信息技术突飞猛进的发展,物流信息技术即是现代信息技术在物流领域的具体应用,它的不断发展,进一步促进了物流信息化的进程。本项目概述了物流信息技术的基本概念、基本原理及在现代物流中的基本应用,为大家今后的工作打下良好的基础。

案例任务分析

现代物流信息技术构筑 UPS 核心竞争力

成立于1907年的美国联合包裹服务公司(UPS)是世界上最大的快递公司。2000年,UPS年收入接近300亿美元,其中包裹和单证流量大约35亿件,平均每天向遍布全球的顾客递送1320万件包裹,公司向制造商、批发商、零售商、服务公司、个人提供各种范围的陆路和空运的包裹和单证的递送服务,以及大量的增值服务。

表面上UPS的核心竞争优势来源于其由15.25万辆卡车和560架飞机组成的运输队伍,而实际上UPS今天的成功并非仅仅如此。

20世纪80年代初,UPS以其大型的棕色卡车车队和及时的递送服务,控制了美国陆路的包裹速递市场。然而,到了80年代后期,随着竞争对手利用不同的定价策略以及跟踪和开单的创新技术对UPS的市场进行蚕食,UPS的收入开始下滑。许多大型托运人希望通过单一服务来源提供全程的配送服务,进一步的是,顾客们希望通过拿到更多的物流信息,以利于自身控制成本和提高效率。随着竞争的白热化,这种服务需求变得越来越迫切。正是基于这种服务需求,UPS从20世纪90年代初开始了致力于物流信息技术的广泛利用和不断升级。今天,提供全面物流信息服务已经成为包裹速递业务中的一个至关重要的核心竞争要素。

UPS通过应用三项以物流信息技术为基础的服务提高了竞争能力。

第一,条形码和扫描仪使UPS能够有选择地每周7天、每天24小时地跟踪和报告装运状况,顾客只需要拨个免费电话号码,即可获得"地面跟踪"和航空递送这样的增值服务。

第二,UPS的递送驾驶员现在携带着以数控技术为基础的笔记本电脑,到排好顺序的线路上收集递送信息。这种笔记本电脑使驾驶员能够用数字记录装运接受者的签字,以提供收货核实。通过电脑协调驾驶员信息,减少了差错,加快了递送速度。

第三,UPS最先进的信息技术应用,是创建于1993年的一个全美无线通信网络,该网络使用了55个蜂窝状载波电话。蜂窝状载波电话技术使驾驶员能够把适时跟踪的信息从卡车上传送到UPS的中央电脑。无线移动技术和系统能够提供电子数据存储,并能恢复跟踪公司在全球范围内的数百万笔递送业务。通过安装卫星地面站和扩大系统,到1997年适时包裹跟踪成为现实。

以UPS为代表的企业应用和推广的物流信息技术是现代物流的核心,是物流现代化的标志。尤其是飞速发展的计算机网络技术的应用使物流信息技术达到新的水平,物流信息技术也是物流技术中发展最快的领域,从数据采集的条形码系统,到办公自动化系统中的微机、互联网，各种终端设备等硬件以及计算机软件等都在日新月异地发展。同时，随着物流信息技术的不断发展，产生了一系列新的物流理念和新的物流经营方式，推进了物流的变革。今天来看，物流信息技术主要由通信、软件、面向行业的业务管理系统等三大部分组成，包括基于各种通信方式基础上的移动通信手段、全球卫星定位技术、地理信息技术、计算机网络技术、自动化仓库管理技术、智能标签技术、条形码及射频技术、信息交换技术等现代尖端科技。在这些尖端技术的支撑下，形成了以移动通信、资源管理、监控调度管理、自动化仓储管理、业务管理、客户服务管理、财务管理等多种信息技术集成的一体化现代物流管理体系。譬如，运用卫星定位技术，用户可以随时"看到"自己的货物状态，包括运输货物车辆所处的位置（某座城市的某条道路上）、货物名称、数量、重量等，不仅大大提高了监控的"透明度"，降低货物的空载率以实现资源的最佳配置，而且有利于顾客通过掌握更多的物流信息，以控制成本和提高效率。

分析任务

1. UPS主要利用了哪些物流信息技术为其服务？
2. UPS的物流信息系统建设对你有哪些启示？

实训考核

实训项目　电子商务物流信息技术中的条码技术和射频技术的了解与应用

1. 实训目的：通过实训掌握物流信息技术在电子商务中的应用和处理流程。
2. 实训内容：
(1) 熟悉条码设备的使用方式。
(2) 熟练使用设备完成条码在仓储管理中的各种应用。
(3) 熟悉射频卡的读写方法。
(4) 使用射频卡完成商品在仓储中的管理应用。
3. 实训要求：
(1) 仔细听指导老师讲解系统的使用方法、系统的结构功能和业务流程，尽快熟悉系统。
(2) 根据指导老师的分工进入各自的功能模块。
(3) 按照业务流程进行模拟操作。
(4) 记载操作过程、相关数据及结果。

完成教师安排的实训报告。

项目五

电子商务环境中的物流配送

DIANZI SHANGWU YU WULIU GUANLI

1. 掌握配送中心的含义与功能。
2. 熟悉物流配送的流程。
3. 了解物流配送最优化的措施。
4. 理解电子商务物流配送的特点。
5. 学会物流配送中心的规划与设计。

本项目主要介绍了在电子商务环境中物流配送的基本概念与分类，电子商务物流配送的新特点，不同水平、不同企业、不同流通环境下配送的分类，并阐述了配送的作用，介绍了物流配送的作业流程，以及电子商务对物流配送的影响，详尽地介绍了配送中心的相关知识，包括类别、运作程序、配送中心的规划设计。

任务一　电子商务中的物流配送

案例引导

京东商城是中国 B2C 市场最大的 3C 网购专业平台，是中国电子商务领域最受消费者欢迎和最具有影响力的电子商务网站之一。京东商城目前拥有遍及全国各地 2500 万注册用户，近 6000 家供应商，在线销售家电、数码通信、电脑、家居百货、服装服饰、母婴用品、图书、食品等 11 大类数万个品牌百万种优质商品，日订单处理量超过 30 万单，网站日均 PV 超过 5000 万。巨大的市场和激烈的竞争，对京东商城的物流配送管理提出了更高的要求。

传统物流配送管理一般采取纸张记录、人工电脑录入、远程人工连线的方式，无法实时精准地记录数据以及跟踪货物，难以实现高效的物流配送管理。如何提高收货、分拣、发货效率，保障货物准确率，提高市场调度能力，加大跟踪监督力度，更加快速有效地得到客户反馈信息，成为京东商城所面临的主要难题，并纳入其非常重要且紧迫的工作范畴之中。

京东专业的物联网领域移动终端整体解决方案，利用工业级移动数据采集终端及无线网络，搭建先进的信息化管理平台，来实现电子商务物流配送的现代化管理。

该套物流配送移动信息化解决方案主要是基于无线网络及 RFID 技术，利用工业级移动数据采集终端，实现电子商务物流的移动信息化管理。在物流配送过程中，相关人员配置手持终端设备，对货物上粘贴的 RFID 标签进行扫描，通过无线接收点，不需要任何数据线即可与主机通信，轻松实现现场数据的及时采集、处理及通信。

该方案经客户使用后反馈数据保存完整准确，配送人员工作效率大幅度提高，大大避免了人工失误造成的损失;管理层可实时对货物进行跟踪查询,了解货物状态及所在位置,客户的满意度也大大提升。京东商城通过无线网络及手持终端,有效地提高了京东商城的物流配送能力和市场调度能力,配送过程更透明,管理更轻松,调度更快捷准确,轻松实现了京东商城物流配送全过程的移动信息化管理。

针对京城商场运营特色及其物流配送的具体要求,将具有数据采集、数据处理及数据通信功能的手持终端和特定软件集合在一起,实现了数据及时上传、配送过程实时追踪、管理透明、客户能全程查询货物情况等功效。为电子商务的物流配送提供了强大的技术支持。

提出问题
1. 试比较京东商城物流配送方式与传统物流的异同。
2. 京东商城的电子商务物流配送有哪些优势?

本任务从物流配送和电子商务物流配送的内涵、特点等基本知识入手,介绍了物流配送的优势、发展和分类。

一、物流配送的概念与特点

1. 物流配送的概念

物流配送是现代流通业的一种经营方式。物流是指物品从供应地向接收地实体流动的过程。在物品的流动过程中,根据实际需要,它包括运输、存储、装卸、包装、流通加工、配送、信息处理等基本功能活动。配送指在经济合理区域范围内,根据客户要求,对物品进行拣选、加工、包装、分割、组配等作用,并按时送达指定地点的物流活动。物流与配送关系紧密,在具体活动中往往交织在一起,为此人们习常把物流配送连在一起表述。

2. 物流配送的特点

1) 和送货概念的区别

物流配送和送货概念的区别在于:不是一般概念的送货,也不是生产企业在推销产品时直接从事的销售性送货,而是从物流据点至用户的一种特殊送货形式。从送货功能来看,其特殊性表现为:①从事送货的是专职流通企业,而不是生产企业;②配送是"中转"型送货,而一般送货尤其从工厂至用户的送货往往是直达型;③一般送货是生产什么、有什么就送什么,配送则是需要什么送什么。

2) 和输送、运输概念的区别

物流配送和输送、运输概念的区别在于:配送不是单纯的运输或输送,而是运输与其他活动共同构成的有机体。配送中所包含的那一部分运输活动在整个输送过程中是处于"二次输送""支线输送""末端输送"的位置,其起止点是物流据点至用户,这也是不同于一般输送的特点。

3) 和一般概念的供应或供给的区别

物流配送和一般概念的供应或供给的区别在于:不是广义概念的组织物资订货、签约、结算、进货及对物资处理分配的供应,而是以供给者进货到户式的腔镜像做应。从服务方式来讲,是一种"门到门"的服务,可以将货物从物流据点一直送到用户的仓库、营业所、车间乃至生产线的起点。

4) 和运送、发放、投送概念的区别

物流配送和运送、发放、投送概念的区别在于：这是在全面配货基础上，充分按照要求，包括种类、种类措施、数量、时间等方面的要求所进行的运送。因此，除了各种"运""送"活动外，还要从事大量分货、配货、配装等工作，是"配"和"送"的有机结合形式。

二、电子商务物流配送的概念与特点

1. 电子商务物流配送的概念

在电子商务环境中的物流配送，是信息化、现代化、社会化的物流和配送，是指物流配送企业采用网络化的计算机技术和现代化的硬件设备、软件系统及先进的管理手段，针对社会需求，严格地、守信用地按用户的订货要求，进行一系列的分类、编配、整理、分工、配货等理货工作，定时、定点、定量地交给没有范围限度的各类用户，满足其对商品的需求，也可以说是一种新型的物流配送。

2. 电子商务物流配送的特点

在传统的物流配送企业中，大量的人从事简单的重复劳动，人是机器、数字和报表的奴隶，劳动的辛苦是普遍存在的。在网络化管理的新型物流配送企业，这些机械性的工作都交给了计算机和网络，既减少生产企业库存、加速资金周转、提高物流效率、降低物流成本，又刺激了社会需求。有利于整个社会的宏观调控，也提高了整个社会的经济效益，促进市场经济的健康发展。这种新型物流配送除具备传统物流配送的特征外，还具备以下基本特征。

1) 信息化

通过网络使物流配送信息化。实行信息化管理是新型物流配送的基本特征，也是实现现代化和社会化的前提保证。

2) 网络化

物流网络化有两层含义。一是物流实体网络化，指物流企业、物流设施、交通工具、交通枢纽在地理位置上的合理布局而形成的网络。电子商务的物流配送要根据市场情况和现有的运输条件，确定各种物流设施和配送中心的数量及地点，形成覆盖全国的物流配送网络体系。二是物流信息网络化，指物流企业、制造业、商业企业、客户等通过Internet等现代信息技术连接而成的信息网。

3) 现代化

电子商务的物流配送必须使用先进的技术设备为销售提供服务，这些技术包括条码、语音、射频自动识别系统、自动分拣系统、自动存取系统、自动导向、货物自动跟踪系统等，只有采用现代化的配送设施才能提高配送的反应速度、缩短配送的时间。而且随着生产、销售规模的扩大，物流配送对技术、设备的现代化的要求也就随之越来越高。

4) 社会化

社会化程度的高低是区别新型物流配送和传统物流配送的一个重要特征。很多传统的物流配送中心往往是某一企业为给本企业或本系统提供物流配送服务而建立起来的，有些配送中心虽然也有为社会服务的，但同电子商务下的新型物流配送所具备的真正社会性相比，具有很大的局限性。

三、电子商务物流配送的优势

相对于传统的物流配送模式而言,电子商务物流配送模式具有以下优势。

1. 能够实现货物的高效配送

在传统的物流配送企业内,为了实现对众多客户大量资源的合理配送,需要大面积的仓库来用于存货,并且由于空间的限制,存货的数量和种类受到了很大的限制。而在电子商务系统中,配送体系的信息化集成可以使虚拟企业将散置在各地、分属不同所有者的仓库通过网络系统联结起来,使之成为"集成仓库",在统一调配和协调管理之下,服务半径和货物集散空间都放大了。在这种情况下,货物配置的速度、规模和效率都大大提高,使得货物的高效配送得以实现。

2. 能够实现配送的适时控制

传统的物流配送过程是由多个业务流程组成的,各个业务流程之间依靠人来衔接和协调,这就难免受到人为因素的影响,问题的发现和故障的处理都会存在时滞现象。而电子商务物流配送模式借助于网络系统可以实现配送过程的适时监控和适时决策,配送信息的处理、货物流转的状态、问题环节的查找、指令下达的速度等都是传统的物流配送无法比拟的,配送系统的自动化、程序化处理、配送过程的动态化控制、指令的瞬间到达都使得配送的适时控制得以实现。

3. 物流配送过程得到了简化

传统物流配送的整个环节由于涉及主体的众多及关系处理的人工化,所以极为烦琐。而在电子商务物流配送模式下,物流配送中心可以使这些过程借助网络实现简单化和智能化。比如:计算机系统管理可以使整个物流配送管理过程变得简单和易于操作;网络平台上的营业推广可以使用户购物和交易过程变得效率更高、费用更低;物流信息的易得性和有效传播使得用户找寻和决策的速度加快、过程简化。很多过去需要较多人工处理、耗费较多时间的活动都因为网络系统的智能化而得以简化,这种简化使得物流配送工作的效率大大提高。

四、我国电子商务物流配送发展的现状

从总体上来看,我国的电子商务还处于初期发展阶段,其功能主要局限于信息的交流,电子商务与物流之间的相互依赖、相互促进的关系还没有得到企业的普遍认可。因此,人们在重视电子商务的同时,却对面向电子商务的物流配送系统重视不够,从而出现物流配送系统建设落后,与电子商务结合不够紧密,这在很大程度上限制了电子商务高效、快速、便捷优势的发挥。具体说来,主要有以下几个方面的制约因素。

1. 与电子商务相协调的物流配送基础落后

虽然基于电子商务的物流配送模式受到了越来越多的关注,但由于观念、制度和技术水平的制约,我国电子商务物流配送的发展仍然比较缓慢,与社会需求差距仍然较大。目前,高速公路网络的建设与完善、物流配送中心的规划与管理、现代化物流配送工具与技术的使用、与电子商务物流配送相适应的管理模式和经营方式的优化等都无法适应我国电子商务物流配送的要求。基础设施和管理手段的落后、必要的公共信息交流平台的缺乏,都制约着我国电子商务物流配送的发展。

2. 电子商务物流配送的相关政策法规不完善

目前,我国物流管理体制还处于区域、部门分割管理的状态下,区域之间缺乏协调统一的发

展规划和协调有序的协同运作,归口管理不一致,都制约了电子商务物流配送的效率。由于缺乏一体化的物流系统,电子商务很难发挥其应有的突破空间、快捷交易的功能。此外,与电子商务物流配送相适应的财税制度、社会安全保障制度、市场准入与退出制度、纠纷解决程序等还不够完善,制度和法规的缺陷阻碍了电子商务物流配送的发展。

3. 物流配送的电子化、集成化管理程度不高

电子商务物流配送之所以受到越来越多企业的青睐,在于电子商务迎合了现代顾客多样化的需求,在网络上的大量定制化越来越多地出现,电子商务企业只有通过电子化、集成化物流管理把供应链上各个环节整合起来,才能对顾客的个性化需求做出快速反应。但从我国的实际来看,企业的集成化供应链管理还处于较初级阶段,表现在运输网络的合理化有待提升、物流信息的速效性不高等方面。这与我国物流业起步较晚,先进的物流技术设备(如全球卫星定位系统、地理识别系统、电子数据交换技术、射频识别技术、自动跟踪技术等)还较少应用有关。没有先进的技术设备做基础,电子商务物流配送企业的集成化管理就难以实现;而集成化管理程度不高,电子商务物流配送企业的效率就会大打折扣。

4. 熟悉电子商务的物流配送人才匮乏

由于电子商务物流配送在我国的发展时间较短,大多数从传统物流企业转型而来的企业在人才的储备和培育方面显然还不能满足电子商务时代的要求,有关电子商务方面的知识和操作经验不足,这直接影响到了企业的生存和发展。与国外形成规模的物流教育系统相比较,我国在物流和配送方面的教育还相当落后,尤其在电子商务物流配送方面的教育。由于在实践中运行成功案例的缺乏,熟悉电子商务的物流配送人才匮乏,制约了电子商务物流配送模式的推广,也影响了电子商务物流配送的成功运营。

五、物流配送的分类

配送按不同形式分为以下几类。

1. 按实施配送的结点不同进行分类

1) 配送中心配送

配送中心配送的组织者是专职配送中心,规模比较大;其中有的配送中心由于需要存储各种商品,存储量也比较大;也有的配送中心专职组织配送,因此存储量较小,主要靠附近的仓库来补充货源。

由于配送中心专业性比较强,与用户之间存在固定的配送关系。因此,一般情况下都实行计划配送,需要配送的商品有一定的库存量,但是一般情况很少超越自己的经营范围。

配送中心是专门从事货物配送活动的流通企业,经营规模较大,其设施和工艺结构是根据配送活动的特点和要求专门设计和设置的,故专业化、现代化程度高,设施和设备比较齐全,货物配送能力强,不仅可以远距离配送,还可以进行多品种货物配送,不仅可以配送工业企业的原材料,还可以承担向批发商进行补充性货物配送。

配送中心配送是配送的重要形式。从较为普遍实施配送的国家来看,作为配送主体形式的配送中心配送不但在数量上占主要部分,而且也作为某些小配送单位的总据点,因而发展较快。作为大规模配送形式的配送中心配送,其覆盖面较宽,必须有一套配套的大规模实施配送的设施,比如,配送中心建筑、车辆、路线、其他配送活动中需要的设备等。其一旦建成便很难改变,

灵活机动性较差,投资较高,这就导致了在实施配送初期很难大量建立配送中心。因此,这种配送形式有一定局限性。

2) 仓库配送

仓库配送是以一般仓库为据点来进行配送。它可以是把仓库完全改造成配送中心,也可以是在保持仓库原功能前提下,以仓库原功能为主,再增加一部分配送职能。

3) 商店配送

商店配送形式的组织者是商业或物资的门市网点,这些网点主要承担商品的零售,一般来讲,规模不大,但经营品种却比较齐全。除日常经营的零售业务外,这种配送方式还可根据用户的要求,将商店经营的品种配齐,或代用户外订外购一部分本商店平时不经营的商品,与商店经营的品种一起配齐运送给用户。

在这种配送组织者实力有限,往往只是零星商品的小量配送,所配送的商品种类繁多,但是用户需用量不大,甚至于有些商品只是偶尔需要,很难与大配送中心建立计划配送关系,所以常常利用小零售网点从事此项工作。

由于商业及物资零售网点数量较多、配送半径较小,所以比较灵活机动,可承担生产企业非主要生产物资的配送以及对消费者个人的配送。可以说,这种配送是配送中心配送的辅助及补充的形式。

4) 生产企业配送

这类配送的主体是生产企业,尤其是进行多品种产品生产的企业。这些企业可以直接从本企业开始进行配送,而不需要将产品发运到配送中心进行配送,具有直接、避免中转的特点,所以在节省成本方面具有一定的优势。但这种配送方式多适用于大批量、单一产品的配送,不适用于多种产品"凑零为整"的配送方式,所以具有一定的局限性。

2. 按配送商品的种类和数量的多少进行分类

1) 单(少)品种大批量配送

一般来讲,对于工业企业需要量较大的商品,由于单独一个品种或几个品种就可达到较大输送量,可以实行整车运输,在这种情况下就可以由专业性很强的配送中心实行配送,往往不需要再与其他商品进行搭配。由于配送量大,可使车辆满载并使用大吨位车辆。在这种情况下,由于配送中心的内部设置、组织、计划等工作也较为简单,因此配送成本较低。

2) 多品种少批量配送

多品种少批量配送是根据用户的要求,将所需的各种物品(每种物品的需要量不大)配备齐全,凑整装车后由配送据点送达用户。

3) 配套成套配送

这种配送方式是指根据企业的生产需要,尤其是装配型企业的生产需要,把生产每一件产品所需要的全部零部件配齐,按照生产节奏定时送达生产企业,生产企业随即可将此成套零部件送入生产线以装配产品。

在这种配送方式中,配送企业承担了生产企业大部分的供应工作,使生产企业可以专注于生产,与多品种、少批量的配送效果相同。

3. 按配送时间和数量的多少进行分类

1) 定时配送

按规定时间和时间间隔进行配送,这一类配送形式称为定时配送。定时配送的时间,由配送的供给与需求双方通过协议确认。每次配送的品种及数量可预先在协议中确定,实行计划配送;也可以在配送之前以商定的联络方式(如电话、传真、计算机网络等)通知配送品种及数量。

定时配送这种服务方式,由于时间确定,对用户而言,易于根据自己的经营情况,按照最理想时间进货,也易于安排接货力量(如人员、设备等)。对于配送供给企业而言,这种服务方式易于安排工作计划,有利于对多个用户实行共同配送以减少成本的投入,易于计划使用车辆和规划路线。这种配送服务方式,如果配送物品种类、数量有比较大的变化,配货及车辆配装的难度则较大,会使配送运力的安排出现困难。

2)定量配送

定量配送是指按规定的批量进行配送,但不确定严格的时间,只是规定在一个指定的时间范围内配送。

3)定时定量配送

定时定量配送是指按照规定的配送时间和配送数量进行配送,兼有定时、定量两种方式的优点,是一种精密的配送服务方式。

这种方式要求有较高的服务质量水平,组织工作难度很大,通常针对固定客户进行这项服务。由于适合采用的对象不多,很难实行共同配送等配送方式,因而成本较高,在用户有特殊要求时采用,不是一种普遍适用的方式。

4)定时定路线配送

定时定路线配送在确定的运行路线上制定到达时间表,按运行时间表进行配送,用户可在规定地点和时间接货,可按规定路线及时间提出配送要求。

5)即时配送

即时配送是指完全按照用户突然提出的时间、数量方面的配送要求,随即进行配送的方式。采用这种方式,客户可以将安全储备降低为零,以即时配送代替安全储备,实现零库存经营。

4. 按经营形式不同进行分类

1)销售配送

销售配送是指配送企业是销售性企业,或销售企业作为销售战略一环,进行的促销型配送,或者是和电子商务网站配套的销售型配送。这种配送的配送对象往往是不固定的,用户也往往是不固定的,配送对象和用户依据对市场的占有的情况而定,配送的经营状况也取决于市场状况,配送随机性较强而计划性较差。各种类型的商店配送、电子商务网站配送一般都属于销售配送。用配送方式进行销售是扩大销售数量、扩大市场占有率、更多获得销售收益的重要方式。由于是在送货服务前提下进行的活动,所以也受到用户欢迎。

2)供应配送

供应配送往往是针对特定的用户,用配送方式满足特定用户的供应需求的配送方式。这种方式配送的对象是确定的,用户的需求是确定的,用户的服务要求也是确定的,所以,这种配送可以形成较强的计划性、较为稳定的渠道,有利于提高配送的科学性和强化管理。

3)销售-供应一体化配送

销售-供应一体化配送是指对于基本固定的用户和基本确定的配送产品,销售企业可以在自己销售的同时,承担用户有计划供应者的职能,既是销售者同时又成为用户的供应代理人,起到用户供应代理人的作用。

任务二　电子商务中的物流配送流程及合理化

案例引导

又快又准 1 号店物流配送的领先之道

摘要：据某国际知名调研机构的调研数据统计，1 号店在订单的准确性、物流的服务保证、配送的及时性和网站的售后保证等调研项目的得分，均位列电子商务第一名。

物流是电子商务竞争的决胜因素之一。国家邮政局监测显示，2013 年 11 月 11 日至 16 日"双 11"期间，全国快递业务总量为 3.46 亿件，比 2012 年"双 11"同期增长 73%。物流高峰既印证了现在电子商务超高速的发展现状，同时可见，能否在"最后一公里"保证顾客满意度，成为电子商务企业亟须应对的挑战。据今年年初某国际知名调研机构的调研数据统计，1 号店在订单的准确性、物流的服务保证、配送的及时性和网站的售后保证等调研项目的得分，均位列电子商务第一名。"1 号店的配送文化就是，超出顾客的期望值"，1 号店物流负责人表示，"电子商务行业的竞争就是顾客体验的竞争，物流对于提升顾客体验非常关键。而在 1 号店，物流已成为我们的核心竞争力之一。"

"准点达"创新服务，让顾客自由"定制"收货时间

在电子商务行业中，1 号店对顾客体验的洞察总是"更准一点"。随着在"快"上面布局的逐渐完成，1 号店敏锐捕捉到了消费者关于配送的真实需求："除了快，能不能让到货时间更准确一些？"

基于此，1 号店 2013 年 5 月在上海试水了"准时达"服务，陆续推广至北京、广州等核心城市，迈出"定制"收货时间的第一步：由消费者自由选择收货时间段。今年 11 月，"准时达"升级成"准点达"，消费者的收货时间最短可以精准到 1 个小时的时间段之内。"我们根据人们工作和生活场景的切换时点具体圈定了'1 小时准点达'的时间范围，在顾客因为上下班、午餐、会议、外出访客等因素存在变更收货地点的可能性时，我们提供了准确到 1 小时的送货服务"，1 号店相关负责人介绍说。目前，"准点达"服务已经在上海中环以内部分地区推出，后续将根据运行情况进一步拓展"准点达"服务区域。

"快速"满足顾客体验，让订单配送更及时

目前，1 号店已经拥有北京、上海、广州、成都、武汉、泉州、济南等七大运营中心，在全国主要的一、二线 40 个城市设立了 200 个自配送站点，超过 70% 的订单由自建配送团队完成。在 1 号店全国 100 多个城市实现了"次日达"。"快速"正在成为 1 号店物流配送体系的标志之一。

"满意度"第一，做业界第一的顾客体验

"1 号店也在加速自己的物流配送体系建设"，1 号店相关负责人表示，"我们陆续推出了'准点达'等创新服务，这将进一步夯实 1 号店的顾客体验，强化我们的竞争优势。"

提出问题
1. 1号店"准点达"创新服务对物流配送有哪些要求？
2. 1号店的"快速"与"满意度"优势如何得以体现？

本任务从"1号店"配送创新服务出发，描述了物流配送的功能要素；重点讲述了电子商务物流配送的流程和合理化，对比物流配送的不合理表现形式，分析了物流配送合理化的措施。

一、电子商务物流配送的功能要素

1. 备货

备货是配送的准备工作或基础工作，备货工作包括筹集货源、订货或购货、集货、进货及有关的质量检查、结算、交接等。配送的优势之一，就是可以集中用户的需求进行一定规模的备货。备货是决定配送成败的初期工作，如果备货成本太高，会大大降低配送的效益。

2. 存储

配送中的存储有储备及暂存两种形态。配送储备是按一定时期的配送经营要求，形成的对配送的资源保证。这种类型的储备数量较大，储备结构也较完善，视货源及到货情况，可以有计划地确定周转储备及保险储备结构及数量。配送的储备保证有时在配送中心附近单独设库解决。另一种存储形态是暂存，是在具体执行配送时，按分拣配货要求，在理货场地所做的少量存储准备。由于总体存储效益取决于存储总量，所以，这部分暂存数量只会对工作方便与否造成影响，而不会影响存储的总效益，因而在数量上控制并不严格。还有另一种形式的暂存，即是分拣、配货之后，形成的发送货载的暂存，这个暂存主要是调节配货与送货的节奏，暂存时间不长。

3. 分拣及配货

分拣及配货是配送不同于其他物流形式的有特点的功能要素，也是配送成败的一项重要支持性工作。分拣及配货是完善送货、支持送货准备性工作，是不同配送企业在送货时进行竞争和提高自身经济效益的必然延伸，所以，也可以说是送货向高级形式发展的必然要求。有了分拣及配货就会大大提高送货服务水平，所以，分拣及配货是决定整个配送系统水平的关键要素。

4. 配装

在单个用户配送数量上不能达到车辆的有效载运负荷时，就存在如何集中不同用户的配送货物，进行搭配装载以充分利用运能、运力的问题，这就需要配装；和一般送货不同之处在于，通过配装送货可以大大提高送货水平及降低送货成本，所以，配装也是配送系统中有现代特点的功能要素，也是现代配送不同于以往送货的重要区别之处。

5. 配送运输

配送运输属于运输中的末端运输、支线运输，和一般运输形态主要区别在于：配送运输是较短距离、较小规模、额度较高的运输形式，一般使用汽车做运输工具。与干线运输的另一个区别是：配送运输的路线选择问题是一般干线运输所没有的，干线运输的干线是唯一的运输线，而配送运输由于配送用户多，一般城市交通路线又较复杂，如何组合成最佳路线，如何使配装和路线有效搭配等，是配送运输的特点，也是难度较大的工作。

6. 送达服务

配好的货运输到用户还不算配送工作的完结，这是因为送达货和用户接货往往还会出现不协调,使配送前功尽弃。因此,要圆满地实现运到之货的移交,并有效地、方便地处理相关手续并完成结算,还应讲究卸货地点、卸货方式等。送达服务也是配送独具的特殊性。

7. 配送加工

在配送中,配送加工这一功能要素不具有普遍性,但是往往是有重要作用的功能要素。主要原因是通过配送加工,可以大大提高用户的满意程度。配送加工是流通加工的一种,但配送加工有它不同于一般流通加工的特点,即配送加工一般只取决于用户要求,其加工的目的较为单一。

二、电子商务物流配送的流程

1. 配送作业的概念

配送作业是按照客户需求,将货物进行分拣、重新包装、贴标签、配货、配装等物流活动,按时按量发送到指定地点的过程。

配送作业是配送中心运作的核心内容,其作业流程的合理性、作业效率的高低都会直接影响整个物流系统的正常运行。

2. 配送作业的具体内容

配送作业的具体内容包括:订单处理、进货、搬运装卸、存储、加工、拣选、包装、配装、送货、送达服务等作业项目,它们之间衔接紧密,环环相扣,整个过程既包括实体物流,又包括信息流,同时还包括有资金流。

3. 配送作业流程图

配送中心的主要活动是订货、进货、发货、仓储、订单拣货和配送作业。首先确定配送中心主要活动及其程序之后,才能规划设计。有的配送中心还要进行流通加工、贴标签和包装等作业。当有退货作业时,还要进行退货品的分类、保管和退回等作业。配送中心作业流程图如图 5-1 所示。

4. 配送中心业务流程内容

1) 进货

进货是配送中心根据客户的需要,为配送业务的顺利实施,而从事的组织商品货源和进行商品存储的一系列活动。

进货是配送的准备工作或基础工作,它是配送的基础环节,又是决定配送成败与否、规模大小的最基础环节。同时,也是决定配送效益高低的关键环节。

2) 订单处理

从接到客户订单开始到着手准备拣货之间的作业阶段,称之为订单处理。订单处理是与客户直接沟通的作业阶段,对后续的拣选作业、调度和配送产生直接的影响,是其他各项作业的基础。

订单是配送中心开展配送业务的依据,配送中心接到客户订单以后需要对订单加以处理,据以安排分拣、补货、配货、送货等作业环节。

订单处理方式:人工处理和计算机处理。目前主要采用计算机处理方式。

3) 拣货

拣货作业是依据顾客的订货要求或配送中心的送货计划,迅速、准确地将商品向从其储位

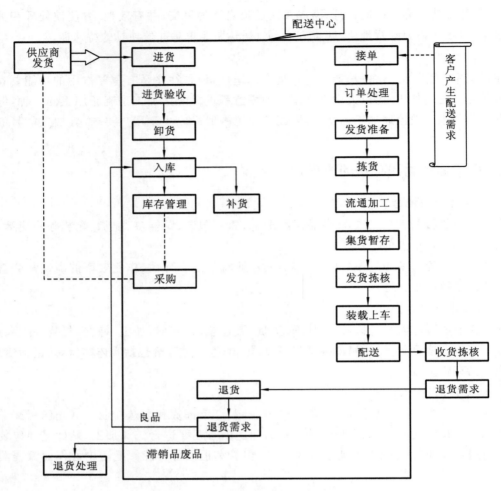

图 5-1 配送中心作业流程图

或其他区域拣取出来,并按一定的方式进行分类、集中,等待配装送货的作业过程。

拣货过程是配送不同于一般形式的送货以及其他物流形式的重要的功能要素,是整个配送中心作业系统的核心工序。

拣货作业按分拣的手段不同可分为人工分拣、机械分拣和自动分拣三大类。

4) 补货

补货是库存管理中的一项重要的内容,根据以往的经验,或者相关的统计技术方法,或者计算机系统的帮助确定的最优库存水平和最优订购量,并根据所确定的最优库存水平和最优订购量,在库存低于最优库存水平时发出存货再订购指令,以确保存货中的每一种产品都在目标服务水平下达到最优库存水平。

补货作业的目的是保证拣货区有货可拣,是保证充足货源的基础。补货通常是以托盘为单位,从货物保管区将货品移到拣货区的作业过程。

5) 配货

配货是配送中心为了顺利、有序、方便地向客户发送商品,对组织来的各种货物进行整理,并依据订单要求进行组合的过程。配货也就是指使用各种拣选设备和传输装置,将存放的货物,按客户的要求分拣出来,配备齐全,送入指定发货区。

配货作业与拣货作业不可分割,二者一起构成了一项完整的作业。通过分拣配货可达到按客户要求进行高水平送货的目的。

6) 送货

配送业务中的送货作业包含将货物装车并实际配送,而达到这些作业则需要事先规划配送区域的划分或配送线路的安排,由配送路线选用的先后次序来决定商品装车顺序,并在商品配送途中进行商品跟踪、控制,制定配送途中意外状况及送货后文件的处理办法。

送货通常是一种短距离、小批量、高频率的运输形式。它以服务为目标,以尽可能满足客户需求为宗旨。

7) 流通加工

流通加工是配送的前沿,它是衔接存储与末端运输的关键环节。流通加工是指物品在从生产领域向消费领域流动的过程中,流通主体(即流通当事人)为了完善流通服务功能,为了促进销售、维护产品质量和提高物流效率而开展的一项活动。不同的货物,流通加工的内容是不一样的。

8) 退货

退货或换货在经营物流业中不可避免,但尽量减少,因为退货或换货的处理,只会大幅增加物流成本,减少利润。发生退货或换货的主要原因包括:瑕疵品回收、搬运中的损坏、商品送错退回、商品过期退回等。

三、电子商务物流配送的合理化

配送合理化是指在经济合理区域范围内,根据客户要求,用最经济的手段和方法对物品进行拣选、加工、包装、分割、组配、运输等作业,并按时送达指定地点。

1. 配送不合理的表现形式

1) 配送规模的不合理

配送是通过筹措物资规模经济效益来降低物资筹措成本,使配送物资筹措成本低于客户已筹措成本,从而取得在配送价格上低于客户自己进货时产品购买价格上自己提货、运输、进货之成本总和的优势。如果不是集中多个客户需要进行批量筹措,而仅仅是为某两个用户代办代筹,对用户来讲,不仅没有降低成本,反而增加了一笔配送企业的代购代筹费,损伤了客户的利益,显然不合理。

2) 库存决策的不合理

配送应实现集中库存总量低于各客户分散库存总量,从而实现节约社会财富,同时,降低客户实际平均分摊库存负担,降低存储费用和运输费用及提高供应保障能力。因此,配送企业必须依靠科学管理来实现一个总量低的库存,否则,就会出现只是库存的转移,而未解决库存降低的不合理。库存决策的不合理还表现在存储量不足,不能保证随机需求。

3) 配送与直达的决策的不合理

在考虑设置配送中心时,关于配送区域的确定是把需要地的全地区作为对象,比较直达方式与经过配送中心方式的经济性。但总是有一部分需要地无论在成本上还是时间上都趋向使用直送方式有利。到底采用直达方式还是采用配送中心方式,它们在区域划分上存在一个分歧点,必须坚持配送有利于物流合理化的原则。从经济效果出发,如果在直达区域范围内经过配送中心方式和在配送区域范围内通过直达方式显然是不合理的。

4）配送中的不合理运输

企业根据销售情形以及市场与库存的平衡关系,决定企业的在库政策。而运输工具的选择取决于采用什么样的在库政策,因为在库政策决定了配送时运输的量、运输的在途时间以及运输的距离。如果需要配送的物资的量不大,但要求在较短的时间内送到,要是采用船舶运输的话,显然不合理。同样,商品的附加值以及其他特殊要求,如保护的必要性,也是决定运输工具的重要原因之一。配送过程中的运输方式、配送范围、运输路径的选择也是配送合理化必须要考虑的问题。无论是线路配送还是范围配送,都需要灵活设置,因为需要配送的客户及配送量具有不确定性。配送管理者应该根据实际状况,调整每天的配送作业。如果采用一旦决定就教条执行的方法,就会造成配送中运输不合理,导致配送效率的恶化。

5）资本经营不合理

在实施配送之后,应有利于资金占用的降低及资金运用的科学化。如果用于资源筹措所占用的流动资金总量没有很大降低,资金周转速度并没有明显加快,资金调控能力并没有加强,即为资本经营不合理的表现形式。

6）配送中不合理的供应保证能力

配送不但要考虑经济效益因素,还应该强调客户的服务质量。配送的合理性应包括提高对客户的供应保证能力。即在实行配送后,配送缺货次数必须有显著的下降。在客户出现特殊情况时,对客户的配送能力及反应速度能力必须高于未实行配送前客户紧急进货能力和速度。否则,即为不合理。

7）社会运能运力使用不合理

由于社会运力缺乏系统的规划,运输系统之间缺乏合理的衔接,整个配送系统流程可能存在着不合理,而导致社会运输车辆总数与承运总量两者之间不协调,如承运量有限,而车辆过多,表现为多数车辆存在运输业务不饱和的不合理。

8）配送企业经营观念的不合理

在配送实施中,有许多是经营观念不合理,使配送优势无从发挥,相反却损坏了配送的形象。这是开展配送时尤其需要注意克服的不合理现象。如配送企业利用配送手段,向客户转嫁资金和库存困难,在库存过大时,强迫客户接货,在资金紧张时,长期占用客户资金,在资源紧张时,将客户委托资源挪作他用等。

2. 配送合理化的措施

1）联合配送

几个企业联合起来,共同制订计划,共同对某一地区用户进行共同配送可以以最近的路程、最低的配送成本完成配送,从而追求合理化。

2）推行即时配送

即时配送是最终解决用户企业断供之忧,大幅度提高供应保证能力的重要手段。即时配送是配送企业快速反应能力的具体化,是配送企业能力的体现。

3）推行一定综合程度的专业化配送

通过采用专业设备、设施及操作程序,取得较好的配送效果并降低配送过分综合化的复杂程度及难度,从而追求配送合理化。

4）推行加工配送

通过加工和配送结合,充分利用本来应有的这次中转,而不增加新的中转求得配送合理化。

同时,加工借助于配送,加工目的更明确和用户联系更紧密,更避免了盲目性。这两者有机结合,投入不增加太多却可追求两个优势、两个效益,是配送合理化的重要经验。

5) 推行准时配送系统

准时配送是配送合理化的重要内容。配送做到了准时,用户才有资源把握,可以放心地实施低库存或零库存,可以有效地安排接货的人力、物力,以追求最高效率的工作。另外,保证供应能力,也取决于准时供应。从国外的经验来看,准时供应配送系统是现在许多配送企业追求配送合理化的重要手段。

6) 实行送取结合

配送企业与用户建立稳定、密切的协作关系。配送企业不仅成了用户的供应代理人,而且成了用户的存储据点,甚至成为产品代销人,在配送时,将用户所需的物资送到,再将该用户生产的产品用同一车运回,这种产品也成了配送中心的配送产品之一,或者作为代存代储,免去了生产企业库存包袱。这种送取结合,使运力充分利用,也使配送企业功能有更大的发挥,从而追求合理化。

7) 进行商流、物流的合理化分离

根据商品周转、销售对象的不同,将保管场所和配送方式差别化;对作业、订货标准化以及物流计划化等方式,都是同一种合理化物流的具体模式。采用这种方法最重要的是必须用帕雷特方法进行顾客服务调查,区别不同的顾客提供适当的物流政策。

8) 采用先进的技术设备进行管理

例如,采用 ERP 技术进行仓库管理,这样可以提高仓库利用率,使得配送更加合理。

任务三　电子商务中的物流配送中心

案例引导

沃尔玛:神奇的配送中心

沃尔玛是全球第一个发射物流通信卫星的企业,很快就超过了美国零售业的龙头凯玛特和西尔斯,成为全球零售业的巨无霸。而这些奇迹的取得,有赖于高速运转的全球物流配送中心。

在美国,沃尔玛有 1800 家商店,13 个地区分销中心,7 个配送中心,2003 年在物流方面的投资是 1600 亿。在中国,建有深圳和天津两大配送中心,1 万平方米。在这些配送中心,每个月的产品价值超过两亿美元。

在中国:去年(2013 年)沃尔玛重金打造的 RFID 推广计划反应平平,与他们预期的目标相去甚远。沃尔玛看到了 RFID 的优势,却无视它的不足,超前的这一步虽也积累了宝贵的经验,但"失败"是无法回避的。RFID 计划的难产自然减缓了沃尔玛的扩张步伐,但零售业同行们大可没必要弹冠相庆,相比之下(尤其是中国同行),沃尔玛的扩张本来就慎之又慎。在中国,沃尔玛暂无 RFID 计划,科技应用难题绝不是阻碍发展的理由。今年年初沃尔玛就宣布在深圳建造中国最大的物流配送中心,还计划在中国开设10到15家商场,这一计划与往年基本持平。

在美国本土,物流是沃尔玛自营业务。目前,沃尔玛已在中国21个城市开设了45家商场,与美国的1800家自然不可同日而语,考虑成本问题,在中国大多数业务还是外包给物流公司。如果成本节省,以住三星级酒店为荣的李·斯科特是不会选择度假胜地和总统套房的,继续投资是义无反顾的决定。在中国进一步节省成本的灵丹已不是科技,而是人才——也是沃尔玛的重要投资项目之一。

人才本地化是沃尔玛中国人力资源策略的一个重点。近9年来,沃尔玛在中国培养了2.3万多名本地人才。与其他在中国的跨国零售商有很大的不同,现在沃尔玛在中国的45家商店的总经理都是本地员工,绝大部分中高层管理人员都是中国人,80%的经理都是从基层做起的,这是沃尔玛的传统,也是令沃尔玛人引以为豪的。但现实是人才的匮乏已制约了沃尔玛的发展,培养速度远远跟不上扩张速度。这不仅是沃尔玛的问题,也是任何一个在中国的零售商的问题。不同的是,缺少人才,沃尔玛可以放缓扩张速度,而别人却做不到。

中国的多数零售商的物流系统刚刚起步,沃尔玛却早以视物流为企业之生命。全球第一的沃尔玛虽在2004年中国零售百强中暂居22位,且与2003年相比略有下降(2003年排名18),但这只能说明它的谨慎。零售商成本的节省绝不是"大规模"或"超大规模"所能解决的,它是全面因素的综合体现。沃尔玛在中国种种举措说明它还处在准备期,当它度过准备期之后,那时排名绝不是今天的样子。每一个零售商都在向供应商疯狂压价,沃尔玛的成功不仅仅是缘于此,要知道,现任总裁李·斯科特之前就是一名物流经理。

提出问题
1. 沃尔玛成为零售业龙头的关键性因素是什么?
2. 沃尔玛物流配送中心的优势及人才储备规划是什么?

任务分析

本任务以沃尔玛为例,引出配送中心如何成为传统零售业制胜法宝;结合案例介绍了配送中心的概念、配送中心的定位、配送中心的分类;再以配送中心的规划为本任务重点内容,指引学生对配送中心系统分析与规划设计。

一、配送中心概述

1. 配送中心的概念

1)标准的定义

"接受并处理末端用户的订货信息,对上游运来的多品种货物进行分拣,根据用户订货要求进行拣选、加工、组配等作业,并进行送货的设施和机构。"物流企业操作指南在对此进行科学完善的基础上,权威性地指出了配送中心的设计、流程、模式等。

2)《物流手册》对配送中心的定义

配送中心是从供应者手中接受多种大量的货物,进行倒装、分类、保管、流通加工和情报处理等作业,然后按照众多需要者的订货要求备齐货物,以令人满意的服务水平进行配送的设施。

3)《现代物流学》对配送中心的定义

配送中心是从事货物配备(集货、加工、分货、拣选、配货)和组织对用户的送货,以高水平实现销售或供应的现代流通设施。

4）日本《市场用语词典》对配送中心的解释

配送中心是一种物流结点，它不以贮藏仓库的这种单一的形式出现，而是发挥配送职能的流通仓库，也称作基地、据点或流通中心。配送中心的目的是降低运输成本、减少销售机会的损失，为此建立设施、设备并开展经营、管理工作。

5）《货运物流实用手册》对配送中心的解释

配送中心（DC, distribution center）是实现配送业务的现代化流通设施。配送中的"货物配备"是配送中心主要的业务，是全部由它完成的；而送货既可以完全由它承担，又可以利用社会货运企业来完成。

中华人民共和国国家标准物流术语中规定，从事配送业务的物流场所和组织，应符合下列条件：

（1）主要为特定的用户服务；
（2）配送功能健全；
（3）完善的信息网络；
（4）辐射范围小；
（5）多品种，小批量；
（6）以配送为主，存储为辅。

2．配送中心的定位

1）层次定位

在整个物流系统中，流通中心定位于商流、物流、信息流、资金流的综合汇集地，具有非常完善的功能；物流中心定位于物流、信息流、资金流的综合设施，其涵盖面较流通中心为低，属于第二个层次的中心；配送中心如果具有商流职能，则属于流通中心的一种类型，如果只有物流职能则属于物流中心的一个类型，可以被流通中心或物流中心所覆盖，属于第三个层次的中心。

2）横向定位

从横向来看，和配送中心作用大体相当的物流设施有仓库、货栈、货运站等。这些设施都可以处于末端物流的位置，实现资源的最终配置。不同的是，配送中心是实行配送的专门设施，而其他设施可以实行取货、一般送货，而不是按照配送要求有完善组织和设备的专业化流通设施。

3）纵向定位

配送中心在物流系统中纵向的位置应该是：如果将物流过程按纵向顺序划分为物流准备过程、首端物流过程、干线物流过程、末端物流过程，配送中心是处于末端物流过程的起点。他所处的位置是直接面向用户的位置，因此，它不仅承担直接对用户服务的功能，而且根据用户的要求，起着指导全物流过程的作用。

4）系统定位

在整个物流系统中，配送中心在系统中的位置，是提高整个系统的运行水平。尤其是现代物流出现了利用集装方式在很多领域中实现了"门到门"的物流，将可以利用集装方式提高整个物流系统效率的物流对象做了很大的分流，所剩下的主要是多品种、小批量、多批次的货物，这种类型的货物是传统物流系统难以提高物流效率的对象。在包含着配送中心的物流系统中，配送中心对整个系统的效率提高起着决定性的作用。所以，在包含了配送系统的大物流系统中，配送中心处于重要的位置。

5) 功能定位

配送中心的功能,是通过配货和送货完成资源的最终配置。配送中心的主要功能是围绕配货和送货而确定的,例如,有关的信息活动、交易活动、结算活动等虽然也是配送中心不可缺的功能,但是它们必然服务和服从于配货和送货这两项主要的功能。

因此,配送中心是一种末端物流的结点设施,通过有效地组织配货和送货,使资源的最终端配置得以完成。

3. 配送中心的分类

1) 按内部特性划分

(1) 存储型配送中心。有很强存储功能的配送中心,一般来讲,在买方市场下,企业成品销售需要有较大库存支持,其配送中心可能有较强存储功能,在卖方市场下,企业原材料、零部件供应需要有较大库存支持,这种供应配送中心也有较强的存储功能。大范围配送的配送中心,需要有较大库存,也可能是存储型配送中心。

我国现今拟建的一些配送中心,都采用集中库存形式,库存量较大,多为存储型。

瑞士 GIBA-GEIGY 公司的配送中心拥有世界上规模居于前列的存储库,可存储4万个托盘;美国赫马克配送中心拥有一个有163000个货位的存储区,可见存储能力之大。

(2) 流通型配送中心。基本上没有长期存储功能,仅以暂存或随进随出方式进行配货、送货的配送中心。这种配送中心的典型方式是,大量货物整进并按一定批量零出,采用大型分货机,进货时直接进入分货机传送带,分送到各用户货位或直接分送到配送汽车上,货物在配送中心里仅做少许停滞。日本的阪神配送中心,中心内只有暂存,大量存储则依靠一个大型补给仓库。

(3) 加工配送中心。配送中心具有加工职能,根据用户的需要或者市场竞争的需要,对配送物进行加工之后进行配送的配送中心。在这种配送中心内,有分装、包装、初级加工、集中下料、组装产品等加工活动。许多材料都可利用配送中心的加工职能,但是加工配送中心的实例,如今见到不多。我国上海市和其他城市已开展的配煤配送,配送点中进行了配煤加工,上海六家船厂联建的船板处理配送中心,原物资部北京剪板厂都属于这一类型的中心。

世界著名连锁服务店肯德基和麦当劳的配送中心,就是属于这种类型的配送中心。在工业、建筑领域,混凝土搅拌的配送中心也是属于这种类型的配送中心。

2) 按职能划分

(1) 供应配送中心。配送中心执行供应的职能,专门为某个或某些用户(例如,连锁店、联合公司)组织供应的配送中心。例如,为大型连锁超级市场组织供应的配送中心;代替零件加工厂送货的零件配送中心,使零件加工厂对装配厂的供应合理化。供应配送中心的主要特点是:配送的用户有限并且稳定,用户的配送要求范围也比较确定,属于企业型用户。因此,配送中心集中库存的品种比较固定,配送中心的进货渠道也比较稳固,同时,可以采用效率比较高的分货式工艺。

(2) 销售配送中心。配送中心执行销售的职能,以销售经营为目的,以配送为手段的配送中心。销售配送中心大体有三种类型:一是生产企业为本身产品直接销售给消费者的配送中心,在国外,这种类型的配送中心很多;二是流通企业作为本身经营的一种方式,建立配送中心以扩大销售,我国现今拟建的配送中心大多属于这种类型,国外的例证也很多;三是流通企业和生产企业联合的协作性配送中心。比较起来看,国外和我国的发展趋向,都向以销售配送中心为主的方向发展。

销售配送中心的用户一般是不确定的,而且用户的数量很大,每一个用户购买的数量又较少,属于消费者型用户。这种配送中心很难像供应配送中心一样,实行计划配送,计划性较差。

销售配送中心集中库存的库存结构也比较复杂,一般采用拣选式配送工艺,销售配送中心往往采用共同配送方法才能够取得比较好的经营效果。

3) 按配送范围划分

(1) 城市配送中心。以城市范围为配送范围的配送中心,由于城市范围一般处于汽车运输的经济里程,这种配送中心可直接配送到最终用户,且采用汽车进行配送。所以,这种配送中心往往和零售经营相结合,由于运输距离短,反应能力强,因而从事多品种、少批量、多用户的配送较有优势。《物流手册》中介绍的"仙台批发商共同配送中心"便是属于这种类型。我国已建的"北京食品配送中心"也属于这种类型。

(2) 区域配送中心。以较强的辐射能力和库存准备,向省(州)际、全国乃至国际范围的用户配送的配送中心。这种配送中心配送规模较大,一般而言,用户也较大,配送批量也较大,而且,往往是配送给下一级的城市配送中心,也配送给营业所、商店、批发商和企业用户,虽然也从事零星的配送,但不是主体形式。这种类型的配送中心在国外十分普遍,如《国外物资管理》杂志曾介绍过的阪神配送中心,美国马特公司的配送中心,蒙克斯帕配送中心等。

4) 按配送物种划分

根据配送货物的属性,可以分为食品配送中心、日用品配送中心、医药品配送中心、化妆品配送中心、家用电器配送中心、电子(3C)产品配送中心、书籍产品配送中心、服饰产品配送中心、汽车零件配送中心以及生鲜处理中心等。

(1) 经营散装货物的配送中心。这种配送中心主要为加工厂提供原料、食油、石油、汽油等,大多建造在铁路沿线或港口。

(2) 经营原材料的配送中心。这里指的原材料,多是以集装箱为装载单元的货物。

(3) 经营件货的配送中心。这些货物通常是指用集装箱和托盘来运输的商品,其中主要是制成品,如食品。

(4) 经营冷冻食品的配送中心。这种配送中心具有冷冻功能。

(5) 经营特种商品的配送中心。此类配送中心主要经营特种商品,如有毒货物、易燃易爆货物、药品等。

二、配送中心规划

1. 配送中心系统规划的内容

配送中心是以组织配送式销售和供应,执行实物配送为主要机能的流通型物流结点。配送中心的建设是基于物流合理化和发展市场两个需要而发展的。所以配送中心就是从事货物配备(集货、加工、分货、拣选、配货)和组织对用户的送货,以高水平实现销售和供应服务的现代流通设施。

配送中心是一个系统工程,其系统规划包括许多方面的内容。应从物流系统规划、信息系统规划、运营系统规划等三个方面进行规划。物流系统规划包括设施布置设计、物流设备规划设计和作业方法设计;信息系统规划也就是对配送中心信息管理与决策支持系统的规划;运营系统规划包括组织机构、人员配备、作业标准和规范等的设计。通过系统规划,实现配送中心的高效化、信息化、标准化和制度化。

2. 配送中心选址规划

由于物流配送中心选址的规划决策不仅直接关系到日后配送中心自身的运营成本和服务水平,而且还关系到整个社会物流系统的合理化,因此,物流配送中心选址规划是配送中心建设规划中至关重要的问题。配送中心选址决策属于物流系统的长期规划项目,建设地点一旦选定则很难改变,因此,在进行选址规划决策中通常要全面考虑众多影响因素。在已有的客观条件下,如何设置物流配送中心,使得整个系统的物流费用最低,客户服务效果最好,是物流配送中心选址规划决策的中心问题。

随着计算机技术的发展,对于规划问题可由相应的系统来辅助决策者进行方案的制订。但传统的规划系统都建立在优化阶段,存在着效率低,适应性差,实用性差的不足。鉴于传统的规划系统存在的缺陷,考虑建立更智能化的系统来进行管理。将知识融入系统中,运用知识推理对规划问题所涉及的内容进行整合分析,最终得出决策方案,可以有效地节约成本提高效率。这种对知识进行管理的系统,称为知识系统。

3. 配送中心的规模设计

物流中心建设规划的确定是物流中心规划中一项十分重要的内容,合理确定物流中心建设规模对于物流中心日后的市场定位、运作与管理具有十分重要的影响,关系该建设项目的成功与否。

4. 物流中心的设施规划与设计

据资料介绍,在制造企业的总成本中用于物料搬运的占20%～50%,如果合理地进行设施规划可以降低10%～30%。物流中心是大批物资集散的场所,物料搬运是最中心的作业活动,合理设施规划的经济效果将更为显著。

设施规划与设计的原则主要有以下几点。

(1) 根据系统的概念、运用系统分析的方法求得整体优化,同时,也要把定性分析、定量分析和个人经验结合起来。

(2) 以流动的观点作为设施规划的出发点,并贯穿在设施规划的始终,因为企业的有效运行依赖于人流、物流、信息流的合理化。

(3) 从宏观(总体方案)到微观(每个部门、库房、车间),又从微观到宏观的过程。例如,布置设计,要先进行总体布置,再进行详细布置。而详细布置方案又要反馈到总体布置方案中去评价,再加以修正甚至从头做起。

(4) 减少或消除不必要的作业流程,这是提高企业生产率和减少消耗最有效的方法之一。只有在时间上缩短作业周期,在空间上少占有面积,在物料上减少停留、搬运和库存,才能保证投入的资金最少、生产成本最低。

(5) 重视人的因素。作业地点的设计,实际是人—机—环境的综合设计。要考虑创造一个良好、舒适的工作环境。

物流中心的主要活动是物资的集散和进出,在进行设施规划设计时,环境条件非常重要。相邻的道路交通、站点设置、港口和机场的位置等因素,如何与中心内的道路、物流路线相衔接,形成内外一体、圆滑通畅的物流通道,这一点至关重要。

5. 软硬件设备系统的规划与设计

这是一个专业性很强、涉及面很广的问题,难以具体论述。一般来说,软硬件设备系统的水平常常被看成是物流中心先进性的标志,因而为了追求先进性就要配备高度机械化、自动化的设备,在投资方面带来很大的负担。但是,以欧洲物流界为代表,对先进性定义的理解有不同的侧重。

根据我国的实际状况,对于物流中心的建设,比较一致的共识是贯彻软件先行、硬件适度的原则。也就是说,计算机管理信息系统、管理与控制软件的开发,要瞄准国际先进水平;而机械设备等硬件设施则要根据我国资金不足、人工费用便宜、空间利用要求不严格等特点,在满足作业要求的前提下,更多选用一般机械化、半机械化的装备。例如,仓库机械化,可以使用叉车或者与货架相配合的高位叉车;在作业面积受到限制,一般仓库不能满足使用要求的情况下,也可以考虑建设高架自动仓库。

6. 组织管理体制

我们所要规划的是 21 世纪的大型物流企业,在组织管理体制的规划方面必须考虑到信息时代的特点。当前关于"流程重组"(企业重组)的研究在我国已经进入探讨阶段,充分利用信息技术,把企业组织传统的金字塔结构改变为扁平结构,从而提高企业的整体效率,适应未来市场多变的要求。

7. 人才培训

现代化企业的正常运营,需要有一批训练有素的专业人员。在我国物流行业中,这种专业人员应该说是非常缺乏的。必须下大力气引进人才,组织培训,以保证物流中心能正常运转。

三、配送中心未来发展趋势

1. 配送反应速度快

新型物流配送中心对上、下游物流配送需求的反应速度越来越快,前置时间越来越短。在物流信息化时代,速度就是金钱,速度就是效益,速度就是竞争力。

2. 配送功能集成化

配送功能集成化主要是指将物流与供应链的其他环节进行集成,如物流渠道与商流渠道集成、物流功能集成、物流环节与制造环节集成、物流渠道之间的集成。

3. 配送作业规范化

配送作业规范化主要是指强调物流配送作业流程和运作的标准化、程式化和规范化,使复杂的作业简单化,从而大规模地提高物流作业的效率和效益。

4. 配送服务系列化

配送服务系列化主要是指强调物流配送服务的正确定位与完善化、系列化,除传统的配送服务外,在外延上扩展物流的市场调查与预测、物流订单处理、物流配送咨询、物流配送方案、物流库存控制策略建议、物流货款回收、物流教育培训等系列的服务。

5. 配送目标系统化

从系统的角度统筹规划的一个整体物流配送活动,不求单个物流最佳化,而求整体物流活动最优化,使整个物流配送达到最优化。

6. 配送手段现代化

使用先进的物流技术、物流设备与管理为物流配送提供支撑,生产、流通和配送规模越大,物流配送技术、物流设备与管理就越需要现代化。

7. 配送组织网路化

有完善、健全的物流配送网路体系，物流配送中心、物流结点等网路设施星罗棋布，并运转正常。

8. 配送经营市场化

物流配送经营采用市场机制，无论是企业自己组织物流配送还是社会物流配送，都实行市场化。只有利用市场化这只看不见的手指挥调节物流配送，才能取得好的经济效益和社会效益。

9. 物流配送流程自动化

物流配送流程自动化是指运送规格标准、仓储货、货箱排列装卸、搬运等按照自动化标准作业、商品按照最佳配送路线等。

10. 物流配送管理法制化

在宏观上，要有健全的法规、制度和规则；在微观上，新型物流配送企业要依法办事，按章行事。

项目小结

物流配送是电子商务的重要组成部分，是实施电子商务的根本保证。电子商务以物流管理为基础，它是一场商务大革命，它打破了区域和国界限制，开辟了巨大的网上商业市场。

随着网络技术的发展和普及，电子商务将不可避免地成为21世纪商务发展的主流，发展电子商务物流是我国企业参与国际竞争的需要，是缩短与发达国家物流业差距的一次机遇，而作为保证电子商务运作的物流配送将迎来新的商机与挑战，具有良好的前景。随着外国物流企业涌入中国市场，这将给我国的物流业带来很大的竞争压力。能否形成完善的社会电子化物流体系将直接关系到我国物流业在国际竞争中的成败，为此，我们必须认真学习和研究，结合我国国情，制定可行措施和有力对策，大胆探索，加快我国物流业的发展，使其有一个广阔的发展空间。

案例任务分析

至真至诚、苏宁服务
——物流配送服务

"服务是苏宁的唯一产品，也是苏宁差异化竞争能力的重要一环。"

——苏宁总裁孙为民。

服务是苏宁的唯一产品，提供最优质的服务，赢得顾客、员工、社会满意是苏宁前进的动力源泉。

苏宁电器致力于为消费者提供多品种、高品质、合理价格的产品和良好的售前、售中与售后服务，强调"品牌、价格、服务一步到位"。苏宁电器目前经营的商品包括空调、冰洗、彩电、音像、生活电器、通信、电脑、数码等8个品类，近千个品牌，20多万个规格型号。苏宁电器一直坚持"专业自营"的服务方针。以连锁店服务为基石，苏宁都配套建设了物流配送中心、售后服务中心和客户服务中心，为消费者提供方便快捷的零售配送服务、全面专业的电器安装维修保养服务和热情周到的咨询受理回访服务。苏宁电器竭诚为消费者提供全程专业化的阳光服务。

苏宁将朝着"打造中国最优秀的连锁服务品牌"的目标而不懈努力。在销售活动中的一个主要环节就是货品的流动。货品的流动不仅是单向的,也是多向的。既有上游企业对下游客户的流动(进货和补货),又有下游客户对上游企业的流动(退货和换货),乃至客户之间的横向流动(调货等)。如何有效地协调相关物流工作,已经成为许多生产企业考虑的重点所在。

分析任务

1. 苏宁如何运作物流配送服务?

2. 在与国美等其他大型家电零售企业的竞争中,苏宁如何改进物流配送服务,赢得顾客、员工、社会满意?

实训考核

实训项目　物流配送中心调研与规划设计

1. 实训目的:通过实地调查,学会分析电子商务行业物流配送中心的现状。

2. 实训内容:在所属区域物流配送中心进行调研,规划设计一个小型物流配送中心。

3. 实训要求:分组参加实训,完成实训报告。

项目六
电子商务与供应链管理

DIANZI SHANGWU
YU WULIU GUANLI

1. 掌握供应链及供应链管理的含义。
2. 熟悉供应链管理的策略。
3. 了解供应链管理的方法。
4. 理解供应链管理在物流管理中的重要作用。
5. 学会使用 ERP 的思想来管理工作流程。

本项目主要介绍了供应链与供应链管理的基本概念,阐述了供应链管理的主要内容,在此基础上介绍了供应链管理的基本方法。

任务一　供应链与供应链管理

任务引入

案例引导

位于俄亥俄州的本田美国公司,强调与供应商之间的长期战略合作伙伴关系。本田公司总成本的大约 80% 都是用在向供应商的采购上,这在全球范围是最高的。因为它选择离制造厂近的供应源,所以与供应商能建立更加紧密的合作关系,能更好地保证 JIT 供货。制造厂库存的平均周转周期不到 3 小时。1982 年,27 个美国供应商为本田美国公司提供价值 1400 万美元的零部件,而到了 1990 年,有 175 个美国的供应商为它提供超过 22 亿美元的零部件。大多数供应商与它的总装厂距离不超过 150 英里(1 英里=1.61 千米)。在俄亥俄州生产的汽车的零部件本地率达到 90%(1997 年),只有少数的零部件来自日本。强有力的本地化供应商的支持是本田公司成功的原因之一。

在本田公司与供应商之间是一种长期相互信赖的合作关系。如果供应商达到本田公司的业绩标准就可以成为它的终身供应商。本田公司也在以下几个方面提供支持和帮助,使供应商成为世界一流的供应商:

(1) 2 名员工协助供应商改善员工管理;
(2) 40 名工程师在采购部门协助供应商提高生产率和质量;
(3) 质量控制部门配备 120 名工程师解决进厂产品和供应商的质量问题;
(4) 在塑造技术、焊接、模铸等领域为供应商提供技术支持;
(5) 成立特殊小组帮助供应商解决特定的难题;
(6) 直接与供应商上层进行沟通,确保供应商的高质量;
(7) 定期检查供应商的运作情况,包括财务和商业计划等;

（8）外派高层领导人到供应商所在地工作，以加深本田公司与供应商相互之间的了解及沟通。

本田公司与 Donnelly 公司的合作关系就是一个很好的例子。本田美国公司从 1986 年开始选择 Donnelly 为它生产全部的内玻璃，当时 Donnelly 的核心能力就是生产车内玻璃，随着合作的加深，相互的关系越来越密切（部分原因是相同的企业文化和价值观），本田公司开始建议 Donnelly 生产外玻璃（这不是 Donnelly 的强项）。在本田公司的帮助下，Donnelly 建立了一个新厂生产本田的外玻璃。他们之间的交易额在第一年为 500 万美元，到 1997 年就达到 6000 万美元。

在俄亥俄州生产的汽车是本田公司在美国销量最好、品牌忠诚度最高的汽车。事实上，它在美国生产的汽车已经部分返销日本。本田公司与供应商之间的合作关系无疑是它成功的关键因素之一。

提出问题

1. 本田公司与 Donnelly 公司的合作关系主要体现在哪几个方面？
2. 本田公司与供应商之间的良好合作给它带来了哪些好处？

本任务从供应链和供应链管理的概念出发，介绍了传统管理方法和供应链管理方法的区别，突出了供应链管理方法的优势。

一、供应链

供应链的概念是 20 世纪 80 年代初提出的，但其真正发展却是在 90 年代后期。供应链译自于英文的"supply chain"，供应链管理则译自英文的"supply chain management"（SCM）。

1. 供应链的含义

所谓供应链，是指产品生产和流通过程中所涉及的原材料供应商、生产商、批发商、零售商以及最终消费者组成的供需网络，即由物料获取、物料加工，并将成品送到用户手中这一过程所涉及的企业和企业部门组成的一个网络。

供应链是社会化大生产的产物，是重要的流通组织形式和市场营销方式。它以市场组织化程度高、规模化经营的优势，有机地联结生产和消费，对生产和流通有着直接的导向作用。电子商务将供应链的各个参与方连结为一个整体，实现了供应链的电子化管理，这也正是要讨论供应链及其管理的必要所在。

2. 供应链的类型

（1）根据供应链的研究对象及其范围，供应链可分为企业供应链、产品供应链和基于供应链合作伙伴关系（供应链契约）的供应链等类型。

（2）以网状结构划分，供应链可分为发散型的供应链网（Y 型供应链网）、会聚型的供应链网（A 型供应链网）和介于上述两种模式之间的供应链网（T 型供应链）等类型。

（3）以分布范围划分，供应链可分为公司内部供应链、集团供应链、扩展供应链和全球网络供应链等四种类型。

（4）根据供应链的稳定性，还可以将供应链分为稳定的供应链和动态的供应链。

(5) 根据供应链的功能模式,可以把供应链分为市场反应性供应链和物理有效性供应链。
(6) 根据生产决策的驱动力,可以把供应链分为推动型的供应链和拉动型的供应链。

二、供应链管理

1. 供应链管理的含义

供应链管理是在现代科技条件下,在产品极其丰富的条件下发展起来的管理理念,它涉及各种企业及企业管理的方方面面,是一种跨行业的管理,并且企业之间作为贸易伙伴,为追求共同经济利益的最大化而共同合作。所以开展电子商务必须加强对供应链的管理。

所谓供应链管理是指利用计算机网络技术全面规划供应链中的商流、物流、信息流、资金流等,并进行计划、组织、协调与控制。

2. 供应链管理的原则与目标

1) 供应链管理的原则

(1) 对供应链中的核心能力和资源进行集成。
(2) 及时掌握市场的需求信息。
(3) 根据客户所需的服务特性来划分客户群。
(4) 与供应商建立双赢合作策略。
(5) 在这个供应链领域建立信息系统。
(6) 建立整个供应链的绩效考核指标。

2) 供应链管理的目标

(1) 持续不断地提高企业在市场上的领先地位。
(2) 不断对供应链中的资源及各种活动进行集成。
(3) 根据市场需求的扩大,不断地满足顾客价值。
(4) 根据市场的不断变化,缩短产品从生产到消费者手中的时间。
(5) 根据市场的不确定性,缩短供应与需求的距离。
(6) 根据物流在整个供应链中的重要性,企业要消除各种损耗,从而降低整个物流成本和物流费用,使物、货在供应链中的库存下降。
(7) 提高整个供应链中所有活动的运作效率,降低供应链的总成本,并赋予经营者更大的能力以适应市场变化并做出及时反应,从而做到人尽其才、物尽其用、货畅其流。

3. 供应链管理的载体

供应链管理的载体是计算机管理信息系统,它分为两个部分:其一是企业内部网,即企业内部财务、营销、库存等所有的业务环节全部由计算机管理,目的是使企业内部管理明细化;其二是有严格的计算机管理的物流配送中心,制定适应供应链的配送原则和管理原则。

4. 供应链管理与传统管理模式的区别

(1) 供应链管理把供应链中所有节点企业看作是一个整体,供应链管理涵盖整个物流从供应商到最终用户的采购、制造、分销、零售等职能管理领域和过程。
(2) 供应链管理最关键的是需要采用集成的思想和方法来统筹管理整个供应链的各个功能,而不仅仅是对传统管理节点企业、技术方法等资源简单的连接。
(3) 供应链管理强调和依赖战略管理,最终是对整个供应链进行战略决策。

(4)供应链管理具有更高的目标,通过管理库存和合作关系去达到高水平的服务,而不是仅仅像传统管理一样完成一定的市场目标。

(5)传统管理把市场基于企业自己的状况如行业、产品、分销渠道等进行划分,然后对同一区域的客户提供相同水平的服务;供应链管理则强调根据客户的状况和需求,决定服务方式和水平。

5. 供应链管理模式分析

1)市场供应链模式

(1)推式市场的供应链模式。推式市场的供应链系统对市场变化做出反应需要更长的时间,这可能会导致两种后果,一是该系统可能没有能力满足变化的需求方式;二是当市场对某些产品的需求消失时,该供应链系统的库存将出现过时的"牛鞭效应",即随着往供应链上游前进,需求被不断放大的现象。

(2)拉式市场的供应链系统。在拉式市场的供应链系统中是由需求驱动的,因此,生产是根据实际顾客需求而不是预测需求进行协调的。

2)推式管理与拉式管理的区别

(1)供应链管理推式管理要求企业按计划来配置资源,即企业是被推动运作的,企业要根据顾客的偏好与消费者的需求,设计新产品,并由供应商提供部分原料、中间产品和相关服务,产品在内部制造出来后通过零售商上市销售到顾客手中。整个过程是由内而外,应付需求高度多样化,大量的备用存货,各个环节都会付出由于库存、拖延与过长的交货时间所导致的高昂代价。

(2)拉式管理是指根据市场需求由外而内决定生产什么、何时生产、生产多少。在这种管理下,顾客的需求、顾客的购买行为、顾客的潜在消费偏好、顾客的意见等都是企业谋求竞争优势所必须争夺的重要资源,是顾客而不是产品主导企业的生产和销售活动,顾客是核心和主要的市场驱动力。

3)企业经营战略调整使供应链管理由推式向拉式转变

最初基于 ERP 管理的供应链管理是一种"推式"的供应链管理,管理的出发点是原材料推到产成品、市场,一直推至客户端,随着市场竞争的加剧,生产出的产品必须要转化成利润,企业才能得以生存和发展,为了赢得客户、赢得市场,企业管理进入了以客户及客户满意度为中心的管理,因而,企业的供应链运营规则随即由推式转变为以客户需求为原动力的拉式供应链管理,这是一种企业经营战略的调整。

任务二 供应链管理内容

案例引导

龙岩卷烟厂是全国大型企业和全国烟草行业 20 家重点发展企业之一。为了适应环境的变化,不断提高企业技术和管理水平,龙岩卷烟厂很早就开发了适应本企业特色的信息系统,优化了企业内部资源,提高了烟厂的整体竞争力,但这些信息管理只限于企业内部资源的管理和控制。在这种情况下,龙岩卷烟厂便将眼光放在外部资源上,借助其他企业的资源,达到快速响应客户需求的目的。因此,龙岩卷烟厂决定实施供应链管理系统。

龙岩卷烟厂的供应链如下:

原料供应商—龙岩卷烟厂—卷烟分销商—零售商—最终用户。供应商包括烟叶供应商、辅料供应商和设备供应商等。在烟草专卖体制下,烟厂和分销商是捆绑在一起的,为了从供应链管理模式中获得巨大的经济效益,只有从供应链的上游找出突破口。在香烟成本中,备件、辅料在香烟成本中占的比重大,并且市场完全开放,因此,首先应在备件、辅料供应商中选择战略合作伙伴。

龙岩卷烟厂供应链管理系统以烟厂为核心,在烟厂内部建立局域网。对于供应商,根据规模大小可以对其系统进行进一步改造,对小规模的供应商,只需浏览器访问烟厂的网络服务器,维护本企业在烟厂服务器存储的信息,由烟厂的网络服务器统一进行数据管理。对于大规模的供应商,可以在企业内部建立供应链管理系统,这样烟厂和供应商之间通过浏览器相互访问,传递信息。

提出问题

1. 供应链管理系统对于龙岩卷烟厂的作用有哪些?
2. 供应链管理系统的建立应该以什么为核心?

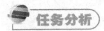

本任务从供应链管理的实践内容出发,分析了供应链管理改进的模型,介绍了供应链管理改进策略和应用方案。

一、供应链管理实践内容

供应链管理定义的最终目的是用于指导各行业供应链管理的实践,而从供应链管理实践的角度而言,供应链管理则必然包括以下几个方面。

1. 供应链管理要求采用合适的管理策略

不同行业、不同产品类型要求采用不同的供应链管理策略,供应链管理的首要目标是建立与自身行业及产品特征适合的供应链类型。

2. 供应链管理是对供应链上各协同业务的管理

协同是供应链思想的核心,是供应链管理的最终目的,供应链协同表现为供应链的组织成员间互相配合来完成价值创造的某种工作,甚至供应链成员一起实现共同的战略构想。供应链协同按其层次分,有操作和业务流程协同、管理和业务标准协同、战略协同,业务流程和业务标准的协同要求往往是同步的,供应链企业协同一致实现共同战略,是协同的最高级层次;供应链协同按内容分,有订单协同、财务资金协同、需求预测协同、需求计划协同等,订单协同是各协同工作开展的基础。

3. 供应链管理以订单协同为核心,实现订单的快速响应

订单记载和传达了从最终客户到零售商、经销商、产品商和制造商、部分供应商的需求信息,订单的下达、响应和满足是供应链业务流程开始和结束的标志,订单协同是各协同工作开展

的基础和最终目的,因而必然是供应链各协同业务的核心,要求对订单快速响应。

4. 供应链管理是对供应链渠道组织、非渠道组织进行的管理

供应链管理基于最终客户需求,重点关注以核心企业为中心的渠道的商业流程优化,也就是以渠道为核心管理范围,条件成熟时适当扩展到金融服务提供商、物流服务提供商、制造外包商和研发服务提供商等。

5. 供应链管理的一个目标是实现整条供应链的成本最低

供应链管理的一个目标是实现整条供应链的成本最低,以增强供应链上各企业的竞争能力,给最终客户创造最大的让渡价值。

6. 供应链管理的实现要应用信息技术

供应链的直接处理内容是供应链上相关企业的信息资源,信息资源的处理依赖于信息技术的应用。

二、供应链管理改进的模型

1. 供应链管理体系结构

供应链管理体系内的四个组成部分分别是供应链组织、业务流程、供应链绩效和供应链战略能力,这四个部分具有一定的层次关系,组织是基础,供应链具体运作体现为组织内、组织间流程,供应链上组织的参与程度、流程的运转情况决定了供应链绩效水平,并最终决定了供应链作为一个整体的战略能力。

2. 供应链管理改进

对应于供应链管理的体系结构,供应链管理开展和改进必然表现为以下这几个过程。

1) 组织参与

面向外部管理的供应链管理首先需要各单个企业作为供应链组织参与,供应链上的组织成员众多,不必要也不可能把这些组织成员一次性纳入供应链管理的框架内,供应链管理的重点和核心应该是渠道成员,供应链管理展开的过程首先也应该对这些渠道成员进行管理;在供应链管理改进的过程中,要逐渐实现对各级渠道成员、非渠道成员,直至所有的供应链成员的协同管理。

2) 订单驱动,流程改进

基于订单流在供应链流程中的基础性地位,供应链的流程在改进必然是由订单的流程改进开始,换句话说是由订单驱动的。供应链的订单流程在改进后,高效率的订单业务流要求物流、资金流相匹配,必然引至需求预测、计划、配送、仓储、财务、库存等业务流程的提升,最终达到整个供应链业务流程改进的目的。

3) 协同、高效率,供应链绩效提升

组织的共同参与、组织内和组织间业务流程改进的结果是供应链绩效的提升,供应链绩效提升直接表现为供应链在业务、信息、内外部管理方面协同能力的增强,对企业来说,是构建出与产品相对应的效率型供应链。

值得一提的是,尽管按供应链管理体系结构可以将供应链管理改进概况为这些过程,但各过程之间并不是独立的,而是互相联系和彼此渗透的。例如,流程改进必然要求流程涉及的组织的参与,这一过程本身也必然伴随着供应链绩效提升。

3. 竞争能力提升

和其他所有的管理思想和管理工具一样,供应链管理的目的在于提高行业内企业的战略能力,进而增强整个行业的竞争能力,由于行业竞争能力增强是一个延续性的、永不结束的过程,这决定了供应链管理的改进也必然是一个延续性的、永不结束的工作。可能从一段时间看,供应链管理改进是取得了一定效果,供应链上企业战略能力得到了增强,但不能就此止步,还可以采取纳入更多的供应链组织、继续优化现有和更多流程、提升供应链各项业务绩效等方式进一步推进供应链管理改进和行业竞争能力增强。

4. 供应链管理模型的特点

1) 层次性

如上所言,供应链管理包含了组织、流程、绩效和战略能力等四个层次,这四个层次管理的核心和侧重不同,但又是互相支撑、互为一体的。

2) 过程性

如上所言,供应链管理改进包含和体现为组织参与、流程改进、供应链绩效提升这几个过程,供应链管理改进本身也是行业竞争能力提升的一个过程,这些过程是互相关联、互为一体、互相促进的。

3) 延续性

竞争能力增强和行业供应链管理改进是延续性的工作,这也决定了组织参与、流程改进、绩效提升等工作将是延续、永不结束的。

三、供应链管理改进策略及应用方案

1. 在战略的高度上进行全程供应链管理

改善的供应链,要求站在战略的高度,进行全程供应链管理。供应链管理已经是关系企业生死存亡的竞争战略。当前的市场环境是具有极度竞争性的,有些产品的技术含量低,相同产品之间的差异几乎为零,各品牌企业都试图保持其综合成本领先。但从企业内部生产而言,生产技术并不复杂,改进也不困难,各个企业生产成本基本相同。在多年的竞争中,几乎没有任何的调整空间,要想在竞争中生存取胜,必须联合上下游的供应商、分销商、零售商,在供应链各环节降低产品成本,在终端市场降低产品最终价格,从而取得市场优势地位。

战略高度的供应链管理是全程供应链管理。全程供应链管理包括以下几个方面。

1) 全程供应链管理是涵盖供应链规划、执行和评估改进的整个过程

供应链规划阶段完成产址选择、产能设计、销售网络规划、物流规划、战略采购规划等全局性工作;供应链执行以对需求的预测与计划为起点,以贯通全程的订单流为核心,以物流、资金流、商流、信息流的流转为实现方式,以产成品到达消费者手中消费为最终结果;供应链评估改进要求利用绩效评估体系对既有的供应链运作进行评估,根据评估的结果确定供应链的改进方向和举措。

2) 全程供应链管理是贯通供应链供应、产销、销售各环节的管理

全程供应链不仅要实现这几个环节,还要实现各环节之间业务流程的畅通。

3) 全程供应链管理是对供应链体系内各组成成员的管理

管理的主体和对象不仅包括核心企业、供应商、经销商、零售商等渠道内成员,还要进一步

扩展到物流服务商、金融服务商、研发服务提供商和供应链管理平台提供商。

只有在战略高度确定全程供应链管理思想,才能按供应链管理模型改进供应链管理、增强行业竞争能力,最优化解决供应链管理各主要问题。

2. 渠道,尤其是销售渠道的管理是关键突破点

供应链上的组成成员除了制造商、供应商、代理商、零售商等渠道成员之外,还包括金融服务提供商、物流服务商、研发服务提供商等,供应链各个环节对最终客户价值最大化的贡献各不相同,贡献最大的是各渠道内成员,因此,渠道管理是供应链管理的核心范围。

以销售为中心的行业,销售渠道承担了向最终消费者传递产品、收回生产和投资收益的重任,因此销售渠道管理是渠道管理的核心内容。

基于以上对供应链渠道管理的分析,销售渠道管理重心应该放在以下几个方面。

1) 渠道组织管理

对渠道体系内众多代理商、分销商、零售商的存货能力、服务能力、销售能力、财务能力等基本信息建档,对经销商的信用情况进行管理,根据销售及市场情况对渠道体系内成员的数量、位置进行合理规划。

2) 渠道产品管理

有多个细分行业,每个细分行业又有多个产品线的多种产品,需要对产品分类、产品信息、产品价格等方面进行管理,针对不同的渠道成员提供不同的价格的不同产品。

3) 渠道订单管理

渠道订单管理是渠道管理最重要的方面,包括产品订购、产品询报价、销售退货等在内的订单流程管理,也包括市场需求计划的管理。

4) 渠道库存管理

管理销售渠道中的产品、促销品、备品备件、回收包装物的库存,实现基于订单的收发货管理、自动补货管理和渠道库存调配管理,全面掌握产品、促销品、回收包装物在整个渠道中的分布情况。

5) 渠道事件管理

渠道内冲货、压货现象严重,对这类渠道事件进行管理,使企业能够全面监控渠道成员的行为,实现渠道成员间的良好协同。

渠道尤其是销售渠道管理作为供应链管理核心范围的确立,对于最优化解决食品供应链协同、供应链订单响应、供应链渠道管理、供应链成本控制等主要问题是非常必要的。

3. 供应链管理水平渐进与持续提升

以中国食品行业为例,本质上是一个传统行业,尽管市场竞争已经非常激烈,行业内也有很多管理出色的优秀企业甚至跨国公司,但总体而言中国食品企业管理水平还不是太高。而供应链管理是企业内部管理到外部管理的衍生,代表了很高的企业管理水平,即便是在国外也是较先进的管理方式,这种管理方式从被接受到最终实现,都需要时间和实践,这就决定了中国的供应链管理水平提升只能采用循序渐进的方式,绝不能一蹴而就。

当前在供应链上企业的管理、经营水平有很大的差距。一个企业的经营管理水平也许可以在短期内有很大提升,但在一条供应链上众多企业想要在同时达到一个同一的高水平则几乎是不可能的,这就决定了中国的供应链管理要采用渐进的方式进行,做到持续提升。

4. 制定与细分行业特征相对应的供应链管理策略

有众多细分行业,这些细分行业的供应链管理既有共性,又有个性。在进行供应链管理时,既要遵循一些共同的原则,又要针对所属细分行业的特征制定相对应的供应链管理策略。以下对几个典型食品细分行业供应链管理的特殊方面做简单概述。

1) 卷烟行业

卷烟行业供应链管理最大的特点体现在销售环节。卷烟的销售方式一般采用访销和连锁专卖的方式,因此,在其供应链管理中,应侧重对访销业务和连锁专卖零售业务的管理。

2) 饮料、啤酒行业

饮料、啤酒等行业为拓宽市场、增加最终客户接触点,采用多级宽渠道销售模式,但同时为了不丧失对市场的灵敏响应,多采用在销售区域设厂的方式,以便按需求将产品快速推向市场,保持供应链的高效率。

3) 生鲜、冷冻食品、液体乳行业

生鲜、冷冻食品、液体乳行业的供应链可称为"冷链",这些食品在储运、流通、销售各环节需要采取特别的冷藏措施;另一方面,因为它们对产品新鲜、质量的特别要求,多采用直接渠道形式,由产地直接进入终端卖场;很多乳业公司有专门工作人员直接将产品送到最终消费者手中。

4) 休闲食品行业

果冻、薯片等休闲食品是食品中的新兴行业,其产品比较接近创新性产品,要求有对市场灵敏反应的供应链,因此,可能需要维护相对过剩的产能和仓储库存。

任务三 供应链管理方法

案例引导

Wal-Mart 把零售店商品的进货和库存管理的职能转移给供应方(生产厂家),由生产厂家的流通库存进行管理和控制。即采用生产厂家管理的库存方式(vendor-managed inventories 简称为 VMI)。Wal-Mart 让供应方与之共同管理营运 Wal-Mart 的流通中心。在流通中心保管的商品所有权属于供应方。供应方对 POS 信息和 ASN 信息进行分析,把握商品的销售和 Wal-Mart 的库存方向。在此基础上,决定什么时间,把什么类型商品,以什么方式向什么店铺发货。发货的信息预先以 ASN 形式传送给 Wal-Mart,以多频度小数量进行连续库存补充,即采用连续补充库存方式(continuous replenishment program 简称为 CRP)。由于采用 VMI 和 CRP,供应方不仅能减少本企业的库存,还能减少 Wal-Mart 的库存,实现整个供应链的库存水平最小化。另外,对 Wal-Mart 来说,省去了商品进货的业务,节约了成本,同时能集中精力在销售活动上。并且,事先能得知供应方的商品促销计划和商品生产计划,能够以较低的价格进货。这些为 Wal-Mart 进行价格竞争提供了条件。

提出问题

1. 试分析 Wal-Mart 采用的是哪种企业供应链管理方法,并说明它的作用。
2. 目前企业主要采用的供应链管理方法有哪些?

本任务主要介绍了快速反应、有效客户反应、协同规划、预测和连续补货(CPFR)、电子订货系统、企业资源计划、分销需求计划、物流资源计划(LRP)等供应链管理方法,重点介绍了各种供应链管理方法的概念和基本思想。

一、快速反应

1. QR 的含义

QR(quick response),即快速反应,是美国纺织服装业发展起来的一种供应链管理方法。它是美国零售商、服装制造商以及纺织品供应商开发的整体业务概念,目的是减少原材料到销售点的时间和整个供应链上的库存,最大限度地提高供应链管理的运作效率。

QR 要求零售商和供应商一起工作,通过共享 POS 信息来预测商品的未来补货需求,以及不断地预测未来发展趋势以探索新产品的机会,以便对消费者的需求能更快地做出反应。在运作方面,双方利用 EDI 来加速信息流,并通过共同组织活动来使得前置时间和费用最小。

QR 的着重点是对消费者需求做出快速反应。QR 的具体策略有待上架商品准备服务、自动物料搬运等。实施 QR 可分为三个阶段:

1)第一阶段

对所有的商品单元条码化,即对商品消费单元用 EAN/UPC 条码标志,对商品贸易单元用 ITF—14 条码标志,而对物流单元则用 UCC/EAN—128 条码标志。利用 EDI 传输订购单报文和发票报文。

2)第二阶段

在第一阶段的基础上增加与内部业务处理有关的策略。如自动补库与商品即时出售等,并采用 EDI 传输更多的报文,如发货通知报文、收货通知报文等。

3)第三阶段

与贸易伙伴密切合作,采用更高级的 QR 策略,以对客户的需求做出快速反应。一般来讲,企业内部业务的优化相对来说较为容易,但在贸易伙伴间进行合作时,往往会遇到诸多障碍,在 QR 实施的第三阶段,每个企业必须把自己当成集成供应链系统的一个组成部分,以保证整个供应链的整体效益。例如,Varity Fair 与 Federated Stores 是北美地区的先导零售商,在与它们的贸易伙伴采用联合补库系统后,它们的采购人员和财务经理就可以省出更多的时间来进行选货、订货和评估新产品。

2. QR 产生的背景

20 世纪六七十年代,美国的杂货行业面临着国外进口商品的激烈竞争。80 年代早期,美国国产的鞋、玩具以及家用电器的市场占有率下降到 20%,而国外进口的服装也占据了美国市场的 40%。面对与国外商品的激烈竞争,纺织与服装行业在 70 年代和 80 年代采取的主要对策是在寻找法律保护的同时,加大现代化设备的投资。尽管上述措施取得了巨大的成功,但服装行业进口商品的渗透却在继续增加。一些行业的先驱认识到,保护主义措施无法保护美国服装制造业的领先地位,他们必须寻找其他方法。

1984年,美国服装、纺织以及化纤行业的先驱们成立了一个用国货为荣委员会(Crafted with Pride in USA Council),该委员会的任务是为购买美国生产的纺织品和服装的消费者提供更大的利益。1985年该委员会开始做广告,提高了美国消费者对本国生产服装的信誉度。该委员会也拿出一部分经费,研究如何长期保持美国的纺织与服装行业的竞争力。1985—1986年,Kurt Salmon协会进行了供应链分析,结果发现,尽管系统的各个部分具有高运作效率,但整个系统的效率却十分低。于是纤维、纺织、服装以及零售业开始寻找那些在供应链上导致高成本的原因。结果发现,供应链的长度是影响其高效运作的主要因素。例如,整个服装业供应链,从原材料到消费者购买,时间为66周,其中11周在制造车间,40周在仓库或转运,15周在商店。这样长的供应链不仅各种费用大,更重要的是,建立在不精确需求预测上的生产和分销,因数量过多或过少造成的损失非常大。整个服装业供应链系统的总损失每年可达25亿美元,其中2/3的损失来自于零售或制造商对服装的降价处理以及在零售时的缺货。进一步调查发现,消费者离开商店而不购买的主要原因是找不到合适尺寸和颜色的商品。

这项研究导致了快速反应策略的应用和发展。快速反应是零售商及其供应商密切合作的策略,零售商和供应商通过共享POS系统信息联合预测未来需求,发现新产品营销机会等,对消费者的需求做出快速的反应。从运作的角度来讲,贸易伙伴需要用EDI加快信息的流动,并共同重组它们的业务活动,以将订货前导时间和成本极小化。在补货中,应用QR可以将交货前导时间降低75%。

3. 实施QR的成功条件

成功实施QR有以下5项条件。

1) 改变传统的经营方式、经营意识和组织结构

①企业不能局限于依靠本企业独自的力量来提高经营效率的传统经营意识,要树立通过与供应链各方建立合作伙伴关系,努力利用各方资源来提高经营效率的现代经营意识。

②零售商在垂直型QR系统中起主导作用,零售店铺是垂直型QR系统的起始点。

③在垂直型QR系统内部,通过POS数据等销售信息和成本信息的相互公开和交换,来提高各个企业的经营效率。

④明确垂直型QR系统内各个企业之间的分工协作范围和形式,消除重复作业,建立有效的分工协作框架。

⑤必须改变传统的事务作业的方式,通过利用信息技术实现事务作业的无纸化和自动化。

2) 开发和应用现代信息处理技术

这些信息技术有条码技术、电子订货系统、POS系统、EDI技术、电子资金转账(EFT)、卖方管理库存(VMI)、连续补货(CRP)等。

3) 与供应链各方建立战略伙伴关系

与供应链各方建立战略伙伴关系具体内容包括以下两个方面:一是积极寻找和发现战略合作伙伴;二是在合作伙伴之间建立分工和协作关系。合作的目标定为削减库存,避免缺货现象的发生,降低商品风险,避免大幅度降价现象发生,减少作业人员和简化事务性作业等。

4) 改变传统的对企业商业信息保密的做法

将销售信息、库存信息、生产信息、成本信息等与合作伙伴交流共享,并在此基础上,要求各方在一起发现问题、分析问题和解决问题。

5）缩短生产周期和降低商品库存

具体来说，供应方应努力做到：缩短商品的生产周期；进行多品种少批量生产和多频度少数量配送，降低零售商的库存水平，提高顾客服务水平；在商品实际需要将要发生时采用 JIT 方式组织生产，减少供应商自身的库存水平。

二、有效客户反应

1. ECR 的含义

ECR(efficient consumer response)，即有效客户反应，它是在食品杂货业分销系统中，分销商和供应商为消除系统中不必要的成本和费用，给客户带来更大效益而进行密切合作的一种供应链管理方法。

ECR 的最终目标是建立一个具有高效反应能力和以客户需求为基础的系统，使零售商及供应商以业务伙伴方式合作，提高整个食品杂货业供应链的效率，而不是单个环节的效率，从而大大降低整个系统的成本、库存和物资储备，同时为客户提供更好的服务。

要实施 ECR，首先应联合整个供应链所涉及的供应商、分销商以及零售商，改善供应链中的业务流程，使其最合理有效；然后，再以较低的成本，使这些业务流程自动化，以进一步降低供应链的成本和时间。具体地说，实施 ECR 需要将条码、扫描技术、POS 系统和 EDI 集成起来，在供应链（由生产线直至付款柜台）之间建立一个无纸系统，以确保产品能不间断地由供应商流向最终客户，同时，信息流能够在开放的供应链中循环流动。这样，才能满足客户对产品和信息的需求，即给客户提供最优质的产品和适时准确的信息。

ECR 是一种运用于工商业的策略，供应商和零售商通过共同合作（如建立供应商、分销商、零售商联盟），改善其在货物补充过程中的全球性效率，而不是以单方面不协调的行动来提高生产力，这样能节省由生产到最后销售的贸易周期的成本。

通过 ECR，如计算机辅助订货技术，零售商无须签发订购单，即可实现订货；供应商则可利用 ECR 的连续补货技术，随时满足客户的补货需求，使零售商的存货保持在最优水平，从而提供高水平的客户服务，并进一步加强与客户的关系。同时，供应商也可从商店的销售数据中获得新的市场信息，改变销售策略；对部分销商来说，ECR 可使其快速分拣运输包装，加快订购货物的流动速度，进而使消费者享用更新鲜的物品，增加购物的便利和选择，并加强消费者对特定物品的偏好。

2. ECR 产生的背景

20 世纪 60 年代和 70 年代，美国日杂百货业的竞争主要是在生产厂商之间展开。竞争的重心是品牌、商品、经销渠道和大量的广告和促销，在零售商和生产厂家的交易关系中生产厂家占据支配地位。进入 80 年代，特别是到了 90 年代以后，在零售商和生产厂家的交易关系中，零售商开始占据主导地位，竞争的重心转向流通中心、商家自有品牌、供应链效率和 POS 系统。同时，在供应链内部，零售商和生产厂家之间为取得供应链主导权的控制，同时为商家品牌和厂家品牌占据零售店铺货架空间的份额展开着激烈的竞争，这种竞争使得在供应链的各个环节间的成本不断转移，导致供应链整体的成本上升，而且容易牺牲力量较弱一方的利益。

在这期间，从零售商的角度来看，随着新的零售业态如仓储商店、折扣店的大量涌现，使得它们能以相当低的价格销售商品，从而使日杂百货业的竞争更趋激烈。在这种状况下，许多传统超市业者开始寻找适应这种竞争方式的新管理方法。从生产厂家的角度来看，由于日杂百货商品的技术含量不高，大量无实质性差别的新商品被投入市场，使生产厂家之间的竞争趋同化。生产厂家为了获得销售渠道，通常采用直接或间接的降价方式作为向零售商促销的主要手段，这种方式往往会大量牺牲厂家自身的利益。所以，如果生产商能与供应链中的零售商结成更为紧密的联盟，将不仅有利于零售业的发展，同时也符合生产厂家自身的利益。

另外，从消费者的角度来看，过度竞争往往会使企业在竞争时忽视消费者的需求。通常消费者要求的是商品的高质量、新鲜、服务好和在合理价格基础上的多种选择。然而，许多企业往往不是通过提高商品质量、服务好和在合理价格基础上的多种选择来满足消费者，而是通过大量的诱导型广告和广泛的促销活动来吸引消费者转换品牌，同时，通过提供大量非实质性变化的商品供消费者选择。这样，消费者不能得到他们需要的商品和服务，他们得到的往往是高价、不甚满意的商品。对于这种状况，客观上要求企业从消费者的需求出发，提供能满足消费者需求的商品和服务。

在上述背景下，美国食品市场营销协会（UC Food Marketing Institute，FMI）联合包括COCA-COLA，P&G，Safeway Store 等六家企业与流通咨询企业 Kurt Salmon Associates 公司一起组成研究小组，对食品业的供应链进行调查、总结、分析，于 1993 年 1 月提出了改进该行业供应链管理的详细报告。在该报告中系统地提出有效客户响应的概念体系。经过美国食品市场营销协会的大力宣传，ECR 概念被零售商和制造商所接纳并被广泛地应用于实践。

3. 实施 ECR 的原则与要素

1）实施 ECR 的原则

（1）以较少的成本，不断致力于向食品杂货供应链客户提供更优的产品。更高的质量、更好的分类、更好的库存服务以及更多的便利服务。

（2）ECR 必须由相关的商业带头人启动。该商业带头人应决定通过代表共同利益的商业联盟取代旧式的贸易关系，而达到获利之目的。

（3）必须利用准确、适时的信息以支持有效的市场、生产及后勤决策。这些信息将以 EDI 的方式在贸易伙伴间自由流动，它将影响以计算机信息为基础的系统信息的有效利用。

（4）产品必须随其不断增值的过程，从生产至包装，直至流动至最终客户的购物篮中，以确保客户能随时获得所需产品。

（5）必须采用通用一致的工作措施和回报系统。该系统注重整个系统的有效性（即通过降低成本与库存以及更好的资产利用，实现更优价值），清晰地标识出潜在的回报（即增加的总值和利润），促进对回报的公平分享。

2）实施 ECR 的四大要素

实施 ECR 的四大要素是：高效产品引进、高效商店品种、高效促销以及高效补货。

（1）高效产品引进。通过采集和分享供应链伙伴间时效性强的更加准确的购买数据，提高新产品销售的成功率。

（2）高效商店品种。通过有效的利用店铺的空间和店内布局来最大限度地提高商品的获利能力，如建立空间管理系统等。

（3）高效促销。通过简化分销商和供应商的贸易关系，使贸易和促销的系统效率最高，如消费者广告（优惠券、货架上标明促销）、贸易促销（远期购买、转移购买）。

（4）高效补货。从生产线到收款台，通过 EDI，以需求为导向的自动连续补货和计算机辅助订货等技术手段，使补货系统的时间和成本最优化，从而降低商品的售价。

4. 实施 ECR 的效益

根据欧洲供应链管理委员会的调查报告,接受调查的三家公司,其中制造商实施 ECR 后,预期销售额增加 5.3%,制造费用减少 2.3%,销售费用减少 1.1%,货仓费用减少 1.3%及总盈利增加 5.5%。而批发商及零售商也有相似的获益:销售额增加 5.4%,毛利增加 3.4%,货仓费用减少 5.9%,货仓存货量减少 13.1%及每平方米的销售额增加 5.3%。由于在流通环节中缩减了不必要的成本,零售商和批发商之间的价格差异也随之降低,这些节约了的成本最终将使消费者受益,各贸易商也将在激烈的市场竞争中赢得一定的市场份额。

对客户、分销商和供应商来说,除这些有形的利益以外,ECR 还有着重要的不可量化的无形利益。

(1) 客户。增加选择和购物便利,减少无库存货品,货品更新鲜。

(2) 分销商。提高信誉,更加了解客户情况,改善与供应商的关系。

(3) 供应商。减少缺货现象,加强品牌的完整性,改善与分销商的关系。

5. ECR 的实施方法

1) 为变革创造氛围

对大多数组织来说,改变对供应商或客户的内部认知过程,即从敌对态度转变为将其视为同盟的过程,将比实施 ECR 的其他相关步骤更困难,时间花费更长。创造 ECR 的最佳氛围首先需要进行内部教育以及通信技术和设施的改善,同时,也需要采取新的工作措施和回报系统。但企业或组织必须首先具备一贯言行一致的强有力的高层组织领导。

2) 选择初期 ECR 同盟伙伴

对于大多数刚刚实施 ECR 的企业来说,建议成立 2~4 个初期同盟。每个同盟都应首先召开一次会议,来自各个职能区域的高级同盟代表将对 ECR 及怎样启动 ECR 进行讨论。成立 2~3 个联合任务组,专门致力于已证明可取得巨大效益的项目,如提高货车的装卸效率、减少损毁、由卖方控制的连续补库等。

以上计划的成功将增强企业实施 ECR 的信誉和信心。经验证明:往往要花上 9~12 个月的努力,才能赢得足够的信任和信心,才能在开放的非敌对的环境中探讨许多重要问题。

3) 开发信息技术投资项目

虽然在信息技术投资不大的情况下就可获得 ECR 的许多利益,但是具有很强的信息技术能力的企业要比其他企业更具竞争优势。

那些作为 ECR 先导的企业预测:在五年内,连接它们及其业务伙伴之间的将是一个无纸的、完全整合的商业信息系统。该系统将具有许多补充功能,既可降低成本,又可使人们专注于其他管理以及产品、服务和系统的创造性开发。这种信息系统的投资开发对于支持 ECR 的成功实施具有重要意义。

6. ECR 与 QR 的比较

ECR 主要以食品行业为对象,其主要目标是降低供应链各环节的成本,提高效率。而 QR 主要集中在一般商品和纺织行业,其主要目标是对客户的需求做出快速反应,并快速补货。这是因为食品杂货业与纺织服装行业经营的产品的特点不同:杂货业经营的产品多数是一些功能型产品,每一种产品的寿命相对较长(生鲜食品除外),因此,订购数量的过多(或过少)的损失相对较小。纺织服装业经营的产品多属创新型产品,每一种产品的寿命相对较短,因此,订购数量过多(或过少)造成的损失相对较大。二者共同特征表现为超越企业之间的界限,通过合作追求物流效率化。具体表现在如下三个方面。

1) 贸易伙伴间商业信息的共享

零售商将原来不公开的 POS 系统产品管理数据提供给制造商或分销商,制造商或分销商通过对这些数据的分析来实现高精度的商品进货、调整计划,降低产品库存,防止出现次品,进一步使制造商能制订、实施所需对应型的生产计划。

2) 商品供应方涉足零售业并提供高质量的物流服务

作为商品供应方的分销商或制造商比以前更接近位于流通最后环节的零售商,特别是零售业的店铺,从而保障物流的高效运作。当然,这一点与零售商销售、库存等信息的公开是紧密相连的,即分销商或制造商所从事的零售补货机能是在对零售店铺销售、在库情况迅速了解的基础上开展的。

3) 企业间订货、发货业务通过 EDI 实现订货数据或出货数据的传送无纸化

企业间通过积极、灵活运用这种信息通信系统来促进相互间订货、发货业务的高效化。计算机辅助订货(CAO)、卖方管理库存(VMI)、连续补货(CRP),以及建立产品与促销数据库等策略,打破了传统的各自为政的信息管理、库存管理模式,体现了供应链的集成化管理思想,适应市场变化的要求。

从具体实施情况来看,建立世界通用的唯一的标识系统,以及用计算机连接的能够反映物流、信息流的综合系统,是供应链管理必不可少的条件,即在 POS 信息系统基础上确立各种计划和进货流程。也正因为如此,EDI 的导入,从而达到最终顾客全过程的货物追踪系统和贸易伙伴间的沟通系统的建立,成为供应链管理的重要因素。

三、协同规划、预测和连续补货

1. CPFR 出现的背景

随着经济环境的变迁、信息技术的进一步发展以及供应链管理逐渐为全球所认同和推广,供应链管理开始更进一步地向无缝连接转化,促使供应链的整合程度进一步提高。

高度供应链整合的项目就是沃尔玛所推动的 CFAR 和 CPFR,这种新型系统不仅对企业本身或合作企业的经营管理情况给予指导和监控,还通过信息共享实现联动的经营管理决策。

CFAR 是利用 Internet,通过零售企业与生产企业的合作,共同做出商品预测,并在此基础上实行连续补货的系统。CPFR(collaborative planning forecasting and replenishment)是在 CFAR 共同预测和补货的基础上,进一步推动共同计划的制订,即不仅合作企业实行共同预测和补货,同时将原来属于各企业内部事务的计划工作(如生产计划、库存计划、配送计划、销售规划等)也由供应链各企业共同参与。

2. CPFR 的特点

1) 协同

CPFR 要求双方长期承诺公开沟通、信息分享,从而确立其协同性的经营战略。协同的第一步就是保密协议的签署、纠纷机制的建立、供应链计分卡的确立以及共同激励目标的形成。在确立协同性目标时,不仅要建立起双方的效益目标,更要确立协同的盈利驱动性目标,只有这样,才能使协同性能体现在流程控制和价值创造的基础之上。

2）规划

CPFR 要求有合作规划（品类、品牌、分类、关键品种等）以及合作财务（销量、订单满足率、定价、库存、安全库存、毛利等）。此外，为了实现共同的目标还需要双方协同制订促销计划、库存政策变化计划、产品导入和中止计划以及仓储分类计划。

3）预测

CPFR 强调买卖双方必须做出最终的协同预测。CPFR 所推动的协同预测不仅关注供应链双方共同做出最终预测，同时，也强调双方都应参与预测反馈信息的处理和预测模型的制定和修正，特别是如何处理预测数据的波动等问题。最终实现协同促销计划是实现预测精度提高的关键。

4）补货

销售预测必须利用时间序列预测和需求规划系统转化为订单预测，并且供应方约束条件，如订单处理周期、前置时间、订单最小量、商品单元以及零售方长期形成的购买习惯等都需要供应链双方加以协商解决。协同运输计划也被认为是补货的主要因素。例外状况出现的比率、需要转化为存货的百分比、预测精度、安全库存水准、订单实现的比例、前置时间以及订单批准的比例，这些都需要在双方公认的计分卡基础上定期协同审核。

3. CPFR 供应链的体系结构

1）决策层

决策层主要负责管理合作企业领导层，包括企业联盟的目标和战略的制定、跨企业的业务流程的建立、企业联盟的信息交换和共同决策。

2）运作层

运作层主要负责合作业务的运作，包括制订联合业务计划、建立单一共享需求信息、共担风险和平衡合作企业能力。

3）内部管理层

内部管理层主要负责企业内部的运作和管理，包括商品或分类管理、库存管理、商店运营、物流、顾客服务、市场营销、制造、销售和分销等。

4）系统管理层

系统管理层主要负责供应链运营的支撑系统和环境管理及维护。

4. CPFR 实施过程中应当关注的因素

（1）以"双赢"的态度看待合作伙伴和供应链相互作用。

（2）为供应链成功运作提供持续保证和共同承担责任。

（3）抵御转向机会。

（4）实现跨企业、面向团队的供应链。

（5）制定和维护行业标准。

四、电子订货系统

EOS 即电子订货系统，是指将批发、零售商场所发生的订货数据输入计算机，通过计算机通信网络连接的方式即刻将资料传送至总公司、批发商、商品供货商或制造商处。因此，EOS 能处理从新商品资料的说明直到会计结算等所有商品交易过程中的作业，可以说 EOS 涵盖了整个商流。在寸土寸金的情况下，零售业已没有许多空间用于存放货物，在要求供货商及时补足售出商品的数量且不能有缺货的前提下,更必须采用 EOS 系统。EOS 内涵了许多先进的管理手段,因此,在国际上使用非常广泛,并且越来越受到商业界的青睐。

1. EOS 流程

EOS 系统不是单个的零售店与批发商组成的系统,而是许多零售店和批发商组成的大系统的整体运作方式。EOS 系统基本上是在零售店的终端利用条码阅读器获取准备采购的商品条码,并在终端机上输入订货材料;利用电话线通过调制解调器传到批发商的计算机中;批发商开出提货传票,并根据传票,同时开出拣货车,实施拣货,然后依据送货传票进行商品发货;送货传票上的资料便成为零售商的应付账款资料及批发商的应收账款资料,并接到应收账款的系统中去;零售商对送到的货物进行检验后,便可以陈列与销售了。

2. EOS 的构成要素

从商流的角度来看电子订货系统,我们不难得到批发和零售商、商业增值网络中心、供货商在商流中的角色和作用。

1) 批发、零售商

采购人员根据 MIS 系统提供的功能,收集并汇总各机构要货的商品名称、要货数量,根据供货商的可供商品货源、供货价格、交货期限、供货商的信誉等资料,向指定的供货商下达采购指令。采购指令按照商业增值网络中心的标准格式进行填写,经商业增值网络中心提供的 EDI 格式转换系统转换成为标准的 EDI 单证,经由通信界将订货资料发送至商业增值网络中心,然后等待供货商发回的有关信息。

2) 商业增值网络中心

商业增值网络中心(VAN)不参与交易双方的交易活动,只提供用户连接界面,每当接收到用户发来的 EDI 单证时,自动进行 EOS 交易伙伴关系的核查,只有互有伙伴关系的双方才能进行交易,否则视为无效交易;确定有效交易关系后还必须进行 EDI 单证格式检查,只有交易双方均认可的单证格式,才能进行单证传递;并对每一笔交易进行长期保存,供用户今后的查询或在交易双方发生贸易纠纷时,可以根据商业增值网络中心所存储的单证内容作为司法证据。

商业增值网络中心是共同的情报中心,它是透过通信网络让不同机种的计算机或各种连线终端相通,促进情报的收发更加便利的一种共同情报中心。实际上在这个流通网络中,VAN 也发挥了巨大的功能。VAN 不单单是负责资料或情报的转换工作,也可与国内外其他地域的 VAN 相连并交换情报,从而扩大了客户资料交换的范围。

3) 供货商

根据商业增值网络中心转来的 EDI 单证,经商业增值网络中心提供的通信界面和 EDI 格式转换系统转换而成的一张标准的商品订单,根据订单中的内容和供货商的 MIS 系统提供的相关信息,供货商可及时安排出货,并将出货信息透过 EDI 传递给相应的批发、零售商,从而完成一次基本的订货作业。

当然,交易双方交换的信息不仅仅是订单和交货通知,还包括订单更改、订单回复、变价通知、提单、对账通知、发票、退换货等许多信息。

3. EOS 系统给零售业带来的好处

1) 压低库存量

零售业可以通过 EOS 系统将商店所陈列的商品数量缩小到最小的限度,以便使有限的空间能陈列更多种类的商品,即使是销量较大的商品也无须很大库房存放,可压低库存量,甚至做到无库存。商店工作人员在固定时间去巡视陈列架,将需补足的商品以最小的数量订购,在当天或隔天即可到货,不必一次订购很多。

2) 减少交货失误

EOS 系统订货是根据通用商品条码来订货的,可做到准确无误。批发商将详细的订购资料用计算机处理,可以减少交货失误,迅速补充库存,若能避免交错商品或数量不足,那么,对商品的检验由交货者来完成是十分可取的,零售商店只作抽样检验即可。

3) 改善订货业务

由于实施 EOS 系统,操作十分方便,无论任何人都可正确迅速地完成订货业务,并根据 EOS 系统可获得大量的有用信息,如订购的控制、批发订购的趋势、紧俏商品的趋势和其他信息,等等。若能将订货业务管理规范化,再根据 EOS 系统就可更加迅速准确地完成订货业务。

4) 建立商店综合管理系统

以 EOS 系统为中心确立商店的商品文件。商品货架系统管理、商品架位置管理、进货价格管理,等等,便可实施商店综合管理系统。如将所订购的商品资料存入计算机,再依据交货传票,修正订购与实际交货的出入部分,进行进货管理分析,可确定应付账款的管理系统等。

4. EOS 系统给批发业带来的好处

1) 提高服务质量

EOS 系统满足了顾客对某种商品少量、多次的要求,缩短交货时间,能迅速、准确和廉价的出货、交货。EOS 系统提供准确无误的订货,因此,减少了交错商品,减少了退货。计算机的库存管理系统可以正确及时地将订单输入,并因出货资料的输入而达到正确的管理,从而减少了缺货现象的出现,增加商品品种,为顾客提供商品咨询,共同使用 EOS 系统,使得零售业和批发业建立了良好的关系,做到业务上相互支持,相辅相成。

2) 建立高效的物流体系

EOS 系统的责任制避免了退货、缺货现象,缩短了交货时检验时间,可大幅度提高送货派车的效率,降低物流的成本。同时,可使批发业内部的各种管理系统化、规范化,大幅度降低批发业的成本。

3) 提高工作效率

实施 EOS 系统可以减轻体力劳动,减少事务性工作,减少以前专门派人去收订购单和登记、汇总等繁杂的手工劳动,以前 3 小时至半天的手工工作量,现在实施 EOS 系统后,几分钟即可完成。通常退货处理要比一般订货处理多花 5 倍的工时,实施 EOS 系统后,避免了退货,减少了繁杂的事务性工作。

4) 销售管理系统化

将销售系统与商店的综合管理系统一体化管理时,使销售信息的处理更加快捷,及时补货到位,保证了销售市场的稳定,大大提高了企业的经济效益。

五、企业资源计划

1. ERP 的含义

ERP(enterprise resource planning),即企业资源计划是在 MRP Ⅱ 和 JIT 的基础上,通过前馈的物流和反馈的物流和资金流,把客户需求和企业内部的生产活动,以及供应商的制造资源结合在一起,体现完全按用户需求制造的一种供应链管理思想的功能网链结构模式。

ERP 的产生可追溯到材料需求计划(ERP)和 JIT。1970 年年初 Joseph A. Orlicky,George W. Plossl 和 Olivers W. Wight 三人在 APICS 的学术年会上,首先提出了材料需求计划的概念和基本框架,得到该协会的大力支持和推广。材料需求计划是根据市场需求预测和顾客订单制订产品的生产计划,然后基于产品生成进度计划,组成产品的材料结构表和库存状况,通过计算机计算所需材料的需求量和需求时间,从而确定材料的加工进度和订货日程的一种实用技术。

在实施 MRP(制造资源计划,manufacturing resource planning)时,与市场需求相适应的销售计划是 MRP 成功的最基本的要素。如果销售领域能准确、及时提供每个时间段的最终产品需求的数量和时间,则企业就能充分发挥 MRP 的功能,有效地实现 MRP 的目标。从这一思路出发,人们把 MRP 的原理应用到流通领域,发展出营销渠道需求计划 DRP(distribution requirement planning)。1981 年 Oliver W. Wight 在材料需求计划的基础上,将 MRP 的领域由生产、材料和库存管理扩大到营销、财务和人事管理等方面,提出了 MRPⅡ。

JIT 方式最早由日本丰田汽车以"看板"管理的名称开发出来,并应用于生产制造系统,其后 JIT 方式的"及时"思想被广泛地接受并大力推广。近年来,在供应链管理中,特别是由制造业和零售企业组成的生产销售联盟中,极其重视 JIT 哲学。及时生产、及时管理、及时采购等概念都是在 JIT 哲学的影响下产生的。

应该指出的是,及时管理方式与材料需求计划在经营目标、生产要求方面是一致的,但在管理思想上是不同的。MRP 讲求推动概念和计划性,而 JIT 讲求拉动概念和及时性;ERP 认为库存必要,而 JIT 认为一切库存都是浪费。

随着全球化经济的形成,社会消费水平和消费结构的深刻变革,产品呈多样性、个性化、系统化和国际化的特征,以面向企业内部信息集成为主,单纯强调离散制造环境和流程环境的 MKPⅡ 系统已不能满足全球化经营管理的要求。因为随着网络通信技术的迅速发展和广泛应用,为了实现柔性制造,迅速占领市场,取得高回报率,生产企业必须转换经营管理模式,改变传统的"面向生产经营"的管理方式,转向"面向市场和顾客生产",注重产品的研究开发、质量控制、市场营销和售后服务等环节,把经营过程的所有参与者,如供应商、客户、制造工厂、分销商网络纳入一个紧密的供应链中。

作为一项重要的供应链管理的运作技术,ERP 在整个供应链的管理过程中,更注重对信息流和资金流的控制,同时,通过企业员工的工作和业务流程,促进资金、材料的流动和价值的增值,并决定了各种流的流量和流速。ERP 已打破了 MRPⅡ 只局限在传统制造业的格局,并把它的触角伸向各行各业,如金融业、高科技产业、通信业、零售业等,从而使 ERP 的应用范围大大扩展。为给企业提供更好的管理模式和管理工具,ERP 还在不断地吸收先进的管理技术和 IT 技术,如人工智能、精益生产、并行工程、Internet/Intranet、数据库等。未来的 ERP 将在动态性、集成性、优化性和广泛性方面得到发展。若将 ERP 与卖方管理库存技术(VMI)结合,可以开发出下一代的 ERP 产品,即供应链规划(supply chain planning,SCP)。它可以将企业所在的供应链中的所有职能都集成到一个单一的框架中,使得整个供应链就像一个扩展了的企业一样运作。

2. MRP 是 ERP 的核心功能

只要是制造业,就必然要从供应方买来原材料,经过加工或装配,制造出产品,销售给需求方,这也是制造业区别于金融业、商业、采掘业(如石油业、矿产业)、服务业的主要特点。任何制造业的经营生产活动都是围绕其产品开展的,制造业的信息系统也不例外,ERP 就是从产品的结构或物料清单(对食品、医药、化工行业则为"配方")出发,实现了物料信息的集成,形成一个上小下宽的锥状产品结构,即其顶层是出厂产品,是属于企业市场销售部门的业务,底层是采购的原材料或配套件,是企业物资供应部门的业务,介乎其间的是制造件,是生产部门的业务。如果要根据需求的优先顺序,在统一的计划指导下,把企业的"销产供"信息集成起来,就离不开产品结构(或物料清单)。在产品结构上,反映了各个物料之间的从属关系和数量关系,它们之间的连线反映了工艺流程和时间周期;换句话说,通过一个产品结构就能够说明制造业生产管理常用的"期量标准"。MRP 主要用于生产"组装"型产品的制造业,如果把工艺流程(工序、设备或装置)同产品结构集成在一起,就可以把流程工业的特点融合进来。

通俗地说,MRP 是一种保证既不出现短缺,又不积压库存的计划方法,解决了制造业所关心的缺件与超储的矛盾。所有 ERP 软件都把 MRP 作为其生产计划与控制模块,MRP 是 ERP 系统不可缺少的核心功能。

3. MRP Ⅱ 是 ERP 的重要组成

MRP 解决了企业物料供需信息集成,但是还没有说明企业的经营效益。MRP Ⅱ 同 MRP 的主要区别就是它运用管理会计的概念,用货币形式说明了执行企业"物料计划"带来的效益,实现物料信息同资金信息集成。衡量企业经营效益首先要计算产品成本,产品成本的实际发生过程,还要以 MRP 系统的产品结构为基础,从最底层采购件的材料费开始,逐层向上将每一件物料的材料费、人工费和制造费(间接成本)累积,得出每一层零部件直至最终产品的成本。再进一步结合市场营销,分析各类产品的获利性。MRP Ⅱ 把传统的账务处理同发生账务的事务结合起来,不仅说明账务的资金现状,而且追溯资金的来龙去脉,例如,将体现债务债权关系的应付账、应收账同采购业务和销售业务集成起来、同供应商或客户的业绩或信誉集成起来、同销售和生产计划集成起来等,按照物料位置、数量或价值变化,定义"事务处理",使与生产相关的财务信息直接由生产活动生成。在定义事务处理相关的会计科目之间,按设定的借贷关系,自动转账登录,保证了"资金流(财务账)"同"物流(实物账)"的同步和一致,改变了资金信息滞后于物料信息的状况,便于实时做出决策。

ERP 是一个高度集成的信息系统,它必然体现物流信息同资金流信息的集成。传统的 MRP Ⅱ 系统主要包括的制造、供销和财务三大部分依然是 EEP 系统不可跨越的重要组成。所以,MRP Ⅱ 的信息集成内容既然已经包括在 ERP 系统之中,就没有必要再突出 MRP Ⅱ。形象地说,MRP Ⅱ 已经"融化"在 ERP 之中,而不是"不再存在"。总之,从管理信息集成的角度来看,从 MRP 到 MRP Ⅱ 再到 ERP,是制造业管理信息集成的不断扩展和深化,每一次进展都是一次重大质的飞跃,然而,又是一脉相承的。

4. ERP 同 MRP Ⅱ 的区别

ERP 是由美国加特纳公司在 20 世纪 90 年代初首先提出的,那时关于 ERP 概念的报告,还只是根据计算机技术的发展和供应链管理,推论各类制造业在信息时代管理信息系统的发展趋势和变革;当时,Internet 的应用还没有广泛普及。随着实践的发展,ERP 至今已有了更深的内涵,概括起来主要有三个方面特点,也是 ERP 同 MRP Ⅱ 的主要区别。

1)两者在资源管理方面的差别

MRP Ⅱ 系统主要侧重对企业内部人、财、物等资源的管理;ERP 系统则提出了供应链的概念,即把客户需求和企业内部的制造活动以及供应商的制造资源整合在一起,并对供应链上的所有环节进行有效管理,这些环节包括订单、采购、库存、计划、生产制造、质量控制、运输、分销、服务与维护、财务管理、人事管理、项目管理、实验室管理等。

2) 两者在生产管理方面的差别

MRPⅡ系统把企业归类为几种典型的生产方式来进行管理,如重复制造、批量生产、接订单生产、按订单装配、按库存生产等,针对每一种类型都有一套管理标准。而在 20 世纪 80 年代末 90 年代初,企业为了紧跟市场的变化,多品种、小批量生产以及"看板"生产成为企业主要采用的生产方式,而 ERP 系统则能很好地支持和管理这种混合型制造环境,满足了企业多元化的经营需求。

3) 两者在管理功能方面的差别

ERP 系统除 MRPⅡ系统的制造、分销、财务管理功能外,还增加了支持整个供应链上物料流通体系中供、产、需各个环节之间的运输管理和仓库管理;支持生产保障体系的质量管理、实验室管理、设备维修和备品备件管理;支持对工作流(业务处理流程随着时代的进步和发展,人们在不断的实践中发现在供应链上除了大家熟悉的"回流"以外,还存在着为客户不断创造增值价值的"工作流",目前被广泛称为"第五流"。)的管理。

4) 两者在事务处理方面的差别

MRPⅡ系统是通过计划的及时滚动来控制整个生产过程,它的实时性较差,一般只能实现事中控制。而 ERP 系统支持在线分析处理 OLAP(on-line analytical processing)、售后服务及质量反馈,强调企业的事前控制能力,它可以将设计、制造、销售、运输等通过集成进行各种相关的作业,为企业提供了对质量、适应变化、客户满意、绩效等关键问题的实时分析能力。

此外,MRPⅡ系统中,财务系统只是一个信息的归结者,它的功能是将供、产、销中的数量信息转变为价值信息,是物流的价值反映。而 ERP 系统则将财务功能和价值控制功能集成到整个供应链上,如在生产计划系统中,除了保留原有的主生产计划、物料需求计划和能力计划外,还扩展了销售执行计划和利润计划。

5) 两者在跨国或跨地区经营事务处理方面的差别

电子商务的发展使得企业内部各个组织单元之间、企业与外部的业务伙伴之间的协调变得越来越多和越来越重要,ERP 系统运用完善的组织架构,从而可以支持跨国经营的多国家、多地区、多工厂、多语种、多币制应用需求。

6) 两者在计算机信息处理技术方面的差别

随着 IT 技术的飞速发展,网络通信技术的应用,使得 ERP 系统得以实现对整个供应链信息进行集成管理。ERP 系统除了已经普遍采用的诸如图形用户界面技术(GUI)、SQL 结构化查询语言、关系数据库管理系统(RDBMS)、面向对象技术(OOT)、第四代语言/计算机辅助软件工程、客户机/服务器和分布式数据处理系统等技术之外,还要实现更为开放的不同平台相互操作,采用适用于网络技术的编程软件,加强了用户自定义的灵活性和可配置性功能,以适应不同行业用户的需要。网络通信技术的应用,使 ERP 系统得以实现供应链管理的信息集成。

此外,ERP 系统同企业业务流程重组是密切相关的。信息技术的发展加快了信息传递速度和实时性,扩大了业务的覆盖面和信息的交换量,为企业进行信息的实时处理、做出相应的决策提供了极其有利的条件。为了使企业的业务流程能够预见并响应环境的变化,企业的内外业务流程必须保持信息的敏捷通畅。正如局限于企业内部的信息系统是不可能实时掌握瞬息万变的全球市场动态一样,多层次臃肿的组织机构也必然无法迅速实时地对市场动态变化做出有效的反应。因此,为了提高企业供应链管理的竞争优势,必然会带来企业业务流程、信息流程和组织机构的改革。这种改革,已不限于企业内部,而是把供应链上的供需双方合作伙伴包罗进来,系统考虑整个供应链的业务流程。ERP系统应用程序使用的技术和操作必须能够随着企业业务流程的变化而相应地调整。只有这样,才能把传统MRPⅡ系统对环境变化的"应变性"上升为ERP系统通过网络信息对内外环境变化的"能动性"。ERP的概念和应用已经从企业内部扩展到企业与需求市场和供应市场整个供应链的业务流程和组织机构的重组。

5. ERP的核心管理思想

ERP的核心管理思想是供应链管理。供应链按原文supply chain直译是"供应链",但实质上链上的每一个环节都含有"供"与"需"两个方面的含义,供与需总是相对而言、相伴而生的;国外也称demand/supply chain。在市场经济下,供应总是因为有了需求才发生的,没有需求,也就无须谈供应。因此,有学者译为"供需链",本书仍沿用供应链的提法。作为供应系统,通常是指后勤体系的内容,后勤体系是"从采购到销售",而供应链是"从需求市场到供应市场"。

以集成管理技术和信息技术著称的美国生产与库存管理协会从1997年起,在生产与库存管理资格考试中增加了供应链管理的内容,并在七个主题中列为第一(其余主题:库存管理、JIT、主计划、物料需求计划、生产作业控制、系统与技术),这里足以说明其重要性。供应链管理的考试内容有四个方面。

第一,经营范围的概念,包括供应链的要素、运作环境、财务基础、制造资源计划、准时制生产、全面质量管理,以及MRPⅡ、JIT及TQM之间的关系。

第二,需求计划,包括市场驱动、客户期望与价值的定义、客户关系、需求管理。

第三,需求与供应的转换,包括设计、能力管理、计划、执行与控制、业绩评价。

第四,供应,包括库存、采购、物资分销配送系统。

从以上考试内容可以看出供应链管理思想的重点,它兼顾"供"与"需"两个方面的环境。

ERP系统的核心管理思想就是实现对整个供应链的有效管理,主要体现在以下三个方面。

1) 体现对整个供应链资源进行管理的思想

在电子商务时代仅靠企业自身的资源不可能有效地参与市场的竞争,还必须把经营过程中的有关各方如供应商、制造工厂、分销网络、客户等纳入一个紧密的供应链中,才能有效地安排企业的产、供、销活动,满足企业利用全社会一切资源快速高效地进行生产经营的需求,以期进一步提高效率和在市场上获得竞争的优势。换句话说,现代企业竞争不是一个企业与单一企业的竞争,而是一个企业的供应链与另一个企业供应链之间的竞争。ERP系统实现了对整个企业供应链的管理,适应了企业在电子商务时代市场竞争的需要。

2) 体现精益生产、同步工程和敏捷制造的思想

ERP系统支持对混合型生产方式的管理,其管理思想表现在两个方面。一是"精益生产"思想,它是由美国麻省理工学院提出的一种企业经营战略体系,即企业按照大批量生产方式组织生产时,把客户、销售代理商、供应商、协作单位纳入生产体系,企业同其销售代理、客户和供应商的关系,已不再是简单的业务往来关系,而是利益共享的合作伙伴关系,这种合作伙伴关系组成了企业的一个供应链,这是"精益生产"的核心思想。二是"敏捷制造"思想。当市场发生变化,企业遇有特定的市场和产品需求时,企业的基本合作伙伴不一定能满足新产品开发生产的

要求,这时,企业就会组织一个特定的供应商和销售渠道组成的短期或一次性供应链,形成"虚拟工厂",把供应和协作单位看成是企业的一个组成部分,运用"同步工程"组织生产,用最短的时间将新产品打入市场,时刻保持产品的高质量、多样化和灵活性,这就是"敏捷制造"的核心思想。

3) 体现事先计划与事中控制的思想

ERP系统中的计划体系主要包括:主生产计划、物料需求计划、能力计划、采购计划、销售执行计划、利润计划、财务预算和人力资源计划等,且这些计划功能与价值控制功能已完全集成到整个供应链系统当中。

另一方面,ERP系统通过定义事务处理相关的会计核算科目与核算方式,以便在事务处理发生的同时自动生成会计核算分录,保证了资金流与物流的同步处理和数据的一致性。从而实现了根据财务资金现状,可以追溯资金的来龙去脉,并可以进一步追溯所发生的相关业务活动,改变了资金信息滞后于物料信息的状况,便于实现事中控制和实时做出决策。

此外,计划、事务处理、控制与决策功能都在整个供应链的业务处理过程中实现,要求在每个业务流程处理过程中最大限度地发挥每个人的工作潜力与责任心,流程与流程之间则强调人与人之间的合作精神,以便在组织中充分发挥个人的主观能动性与潜能,实现企业管理从"金字塔式"组织结构向"扁平式"结构的转变,提高企业对市场动态变化的响应速度。

4) 体现了"五流"合一的现代先进管理思想

在供应链上除了人们已经熟悉的"物流""资金流""信息流"外,还有容易为人们所忽略的"增值流"和"工作流"。就是说,供应链上有五种基本"流"在流动。

从形式上来看,客户是在购买商品或服务,但实质上,客户是在购买商品或服务时获得能带来效益的价值。各种物料在供应链上移动,是一个不断增加其技术含量或附加值的增值过程,在此过程中,还要注意消除一切无效劳动与浪费。因此,供应链还有增值链的含义。不言而喻,只有当产品能够售出,增值才有意义。企业单靠成本、生产率或生产规模的优势打价格战是不够的,要靠价值的优势打创新战,这才是企业竞争的真正出路,而ERP系统要提供企业分析增值过程的功能。

信息、物料、资金都不会自己流动,物料的价值也不会自动增值,要靠人的劳动来实现,要靠企业的业务活动,即工作流或业务流程,它们才能流动起来。工作流决定了各种流的流速和流量,是企业业务流程重组研究的对象。ERP系统提供各种行业的行之有效的业务流程,而且可以按照竞争形势的发展,随着企业工作流(业务流程)的改革在应用程序的操作上做出相应的调整。

总之,ERP所包含的管理思想是非常广泛和深刻的,这些先进的管理思想之所以能够实现,又同信息技术的发展和应用分不开。ERP不仅面向供应链,体现精益生产、敏捷制造、同步工程的精神,而且必然要结合全面质量管理以保证质量和客户满意度;结合准时制生产以消除一切无效劳动与浪费、降低库存和缩短交货期;它还要结合约束理论来定义供应链上的瓶颈环节、消除制约因素来扩大企业供应链的有效产出。

随着信息技术和现代管理思想的发展,ERP的内容还会不断扩展。有一点是可以肯定的,ERP的发展趋势将与电子商务系统和物流管理系统实现无缝对接,真正提高企业的市场竞争能力。

六、分销需求计划

1. DRP 的概念

分销需求计划(distribution requirement planning,简称 DRP)是库存管理的一种方法,是 MRP 原理和技术在流通领域中的具体应用。

2. DRP 的实施

在实施 DRP 时要输入三个文件:社会需求文件,由订货单、订货合同、提货单或市场预测数据整理而成;供应商货源文件,提供生产厂及其产品的信息;库存文件和在途文件,提供流通企业仓库中各种商品的库存数量和在途数量等信息。

根据输入的这三份文件,形成了两个计划文件:送货计划、订货进货计划。

3. 生产企业与流通企业的分销模式比较

生产企业与流通企业的分销模式不同点在于:生产企业的流通部门代替了流通企业物流中心的工作,生产企业的生产部门代替了流通企业的生产厂集合(或者说是生产市场)的位置。

生产企业与流通企业的分销模式比较共同的基本特征有以下几点。

(1) 接受社会需求,并以满足社会需求为本企业全部工作的宗旨。

(2) 依靠一定的物流能力(包括仓储、运输、包装、装卸、搬运等能力),以物流活动作为基本手段来满足社会的物资需求。

(3) 为满足社会需求要从生产厂(物资资源市场)组织物资资源。

4. DRP 的优缺点

(1) 对存货的有效管理使得存货水平得到了有效的降低,同时降低了仓储费用。

(2) 对主生产计划的指导协调了产品的制造和物流环节,降低了产品的成本。

(3) 降低了配送过程的运输费用。

(4) 提高了预测能力。

(5) 改善了服务水平,保证顾客的需求能得到满足。

(6) 提高了存货对市场不确定性的反应的机动性。

七、物流资源计划

1. LRP 的概念与基本思想

1) LRP 的概念

物流资源计划(logistics resource planning,简称 LRP),是运用物流手段进行物资资源优化配置的技术,它是在 MRP 和 DRP 的基础上形成和发展起来的,是 MRP 和 DRP 的集成应用。

从市场的角度来看,LRP 是为企业生产和流通的高效运行组织资源,包括从社会和企业内部有效地组织资源,改善企业物流,提高企业效率。

从社会的角度来看,LRP 是为市场需求进行经济有效的物资资源配置,满足社会的物资需求。

总的说来,LRP 就是要打破生产和流通的界限,面向大市场,为企业生产和社会流通提供经济有效的物资资源配置。

2) LRP 的基本思想

LRP 的基本思想包括了以下几个方面。

(1) 站在市场的高度,既为社会市场需求配置物资资源,满足社会的物资需要,又为企业的生产和流通的经济高效运行组织资源。

(2) 打破生产和流通的界限,允许企业在整个大市场内为企业、为社会统一进行物资资源配置,以降低配置成本。

(3) 灵活运用各种手段,打破地区、部门、所有制界限,利用各种经营组织、经营方式以及采用各种物流优化方法,什么方式能实现资源的有效配置、最能提高经济效益,就采取什么方式。

2. LRP 的处理步骤

步骤1:将主需求计划中本企业能够生产的主产品和零部件单独运行 DRP,得出需要向企业生产部门提交的订货进货计划,其中,内部主需求计划是主需求文件的一部分,即企业能够生产的一部分。

步骤2:由生产订货计划运行 MRP,得出产品投产计划及其零部件外购计划。

步骤3:将主需求文件中的非本企业能生产的部分和由 MRP 得出的外购部分再输入 DRP 运行,得出从市场的订货进货计划和送货计划。

项目小结

国内对供应链管理的研究才刚刚起步,研究供应链管理对我国企业实现生产经营现代化、规范化,彻底打破"大而全,小而全",迅速迈向国际市场,提高在国际市场上的生存和竞争能力都有着十分重要的理论与实际意义。发达国家的经验表明,没有流通产业的现代化,就不可能有经济建设的现代化。流通产业的发展处于经济先导地位,流通产业的社会化程度高,在一定意义上来讲,意味着一个国家的现代化程度较高。

当今社会是一个瞬息变化的社会,将来会有更多更好的供应链管理方法涌现出来,我们学习本项目,能很好地在企业和再学习的过程中发挥作用,为电子商务的蓬勃发展贡献自己的力量。

案例任务分析

分析任务

1. 是什么促使了福特汽车公司配置全球资源的策略?
2. 福特汽车公司是如何实施配置全球资源的策略的?
3. 什么是扩展企业?扩展企业的特征是什么?

实训考核

实训项目 电子商务供应链管理在企业中的应用

1. 实训目的:了解、熟悉电子商务环境下的供应链管理,体验电子商务供应链管理的系统观念、合作观念、集体性观念,增加感性认识。

2. 实训内容:

(1) 了解企业信息基础设施和软件系统,有一个感性认识;咨询企业供应链管理信息模块

（供应商、ERP、PDM、HR、财务、物流等）。

（2）了解企业生产的产品，分析产品从原材料到产成品的生产流程，了解主要商流。

（3）参观企业仓库（了解企业的原材料、半成品、成品），体验库存管理的电子化。

（4）参观市场部、生产部和客服部，了解市场信息反馈、计划下达和客户产品使用情况信息反馈，体验电子化的需求预测和响应。

（5）咨询进行供应链管理的前后企业生产经营状况。

3．实训要求：通过了解一个公司对其供应链的管理，分析商品从物料供应商、生产商、销售商并最终到消费者手中的整个过程。

完成教师安排的实训报告。

项目七
在电子商务环境中的物流服务

DIANZI SHANGWU
YU WULIU GUANLI

> **项目目标**
>
> 1. 掌握在电子商务下的物流服务的内涵及其特征,了解如何选择适宜的市场定位、制定适宜的服务战略和选择适宜的客户服务标准。
> 2. 掌握电子商务物流服务的含义,了解以物流电子化为特征的现代物流发展趋势,熟悉如何发展电子商务物流。
> 3. 掌握传统物流服务和电子商务环境中的物流客户服务内容,理解增值性物流服务的内容。
> 4. 了解在电子商务环境中的物流客户服务战略,掌握物流客户服务战略的制定和选择。

知识链接

本项目主要介绍了在电子商务环境中的物流服务的内涵及特征,在电子商务环境中的物流客户服务内容,在此基础上讲解了电子商务环境中的物流客户服务战略,其中,客户服务战略的制定和选择是本项目的重点。

任务一 在电子商务环境中的物流服务概述

案例引导

2014年4月24日,第五届中国电子商务物流大会在北京召开,日日顺物流凭借最后一公里差异化服务创新模式的出色表现,荣获2013—2014年度"服务创新企业"大奖。

近年来,随着电子商务的快速发展,物流配送已经成为影响电子商务发展的主要瓶颈,在大件物流方面表现尤为突出:三、四级市场物流服务水平低,用户服务体验差;配送深度有限,无法到达乡镇、到村;配送速度慢、大件商品送货、安装的多次上门等。

围绕这些痛点,日日顺物流创新打造了"按约送达、送装同步"的最后一公里物流服务平台,建成集仓储、配送、安装一体的成熟服务体系,实现全国无盲区覆盖,差异化的服务体验实现了家电网购物流服务第一口碑引领。

日日顺物流差异化的服务模式和服务口碑吸引了阿里集团达成战略合作,双方整合各自领域的优势,逐步开始打造全新的家电及大件商品的物流配送、安装服务等整套体系及标准,实现日日顺物流服务标准的不断升级。

在2013年"双11"期间,日日顺物流仅来自天猫的大件商品订单就达到了30余万单,全部实现精准配送,将以往被电子商务视为难度最大的物流难题轻松化解。为了提升配送效率,日日顺物流以每辆车为单位组成"小微"团队,配备 GPS 导航,使用 PDA 接单,通过移动端反馈评价和电子发票等服务方式令人耳目一新。

此外,其提出的"24 小时限时送""送装同步""超时免单"等服务内容深入人心,被视为大件物流的行业标杆。

纵观日日顺物流的市场布局,不难发现其创新的高起点,经过十年磨一剑的积淀,日日顺物流在电子商务物流的深度、广度、速度上都达到了行业领先。

在深度上,日日顺物流在全国拥有 15 个发运基地,91 个物流配送中心,7600 多家县级专卖店,26000 多个乡镇专卖店,19 万个村级联络站,真正实现了"配送到村、送货进门、服务入户"。

在广度上,日日顺物流在全国有 3000 多条客户配送专线、6000 多个服务网点,覆盖全国 2800 多区、县,无论用户身在何处,都能实现本地下单,异地配送,解决了长久以来电子商务"能买全,送不全"的弊端。

在速度上,日日顺已在 1500 多个区、县实现 24 小时限时达,在 460 个区、县实现 48 小时内送达。随着物流配送标准的不断升级,将有更多地区实现提速,让电子商务的大件商品物流成为真正意义上的"快递"服务。

与会期间,业界专家和企业代表们就电子商务物流的未来发展达成共识,认为物流网络下沉的大环境需要企业"细化服务项目,提升服务效率",通过创新打造智慧物流,形成丰富的大物流体系解决方案。

相比之下,日日顺物流在三、四级市场建立的综合服务网络被公认为最佳参考范本,其开放的平台模式能够快速配置资源,打造共生共赢的生态圈,借助优化的综合服务能力,进一步扩大"最后一公里"的配送版图。

提出问题

1. 日日顺电子商务物流配送解决了以往电子商务物流配送中的哪些问题?
2. 日日顺电子商务物流服务有什么优势?

任务分析

本任务从电子商务环境中的物流服务的内涵、特征等基本知识入手,介绍了电子商务中物流服务的概况、发展现状和存在的问题及对策。

一、物流服务的概念与内容

1. 物流服务的概念

物流服务是为了满足客户的物流需求,开展的一系列物流活动的结果。物流服务是联结厂家、批发商、零售商的纽带,也是体现企业经营差别化的重要一环。物流服务水准的确立对经营绩效具有重大影响,归根到底,物流服务的本质是满足顾客的需求。物流服务方式的选择对降低物流成本具有重要影响。

2. 物流服务的内容

不同物流企业的物流服务内容是不一样的,工商企业和专业物流企业的物流服务内容就有一定的差别。

工商企业的物流服务是其客户服务的一部分,是由企业向顾客提供的,能够使交易中的商品增值的服务。工商业物流服务要求达到一定的库存保有率,缩短订货周期,提高配送准确率和商品完好率。企业物流是企业的重要组成部分,是提高企业核心竞争力的关键,同时也是物流业发展的需求基础。调查显示,从原材料到产成品,一般产品加工制造的时间不超过10%,而90%以上的时间处于仓储、运输、搬运和配送等物流环节。据中国物流与采购联合会公布数据显示,2013年上半年我国工业品物流总额占全国社会物流总额的比重高达91.8%(来源:财界网),所以完善企业物流服务是非常重要的一项活动。企业物流就是由7个"适当"(7R表达法)组成,即适当的产品、适当的数量、适当的条件、适当的地点、适当的时间、适当的顾客和适当的成本,这7个"适当"描述了企业物流服务的基本内容,强调了成本与服务的重要性。企业物流服务具体包括了采购、运输、存储、搬运、生产计划、订单处理、包装、客户服务以及存货预测等内容。

专业物流企业物流服务的常规内容主要有运输、存储、配送、包装、流通加工、物流系统设计及网络化物流服务、信息咨询等。随着第三方物流的发展,提供增值物流服务将成为第三方物流发展的趋势,国外公司在此方面已先行一步。目前,世界上很多规模大的跨国物流配送公司,如UPS、FedEx等第三方物流企业都在各行业积极开展增值物流服务,提高服务的附加值水平,并获得了可观的经济效益。随着我国这几年物流行业的迅猛发展,国内有些学者、工商企业及物流公司逐渐开始认识到开展增值物流的巨大意义,并开始注重这方面的研究。例如,有些第三方物流企业,根据客户的需要,代客户完成如订单处理、流通加工、库存管理、JIT物料配送、保税仓储、报关服务、信息通信服务、售后维修服务等增值工作,并从中获取了不亚于传统物流服务的利润。

二、电子商务物流服务及其特点

1. 电子商务物流服务

电子商务物流是基于互联网技术推动物流行业发展的一种新商业模式。通过互联网,物流公司能够被更大范围内的客户主动找到,能够在全国乃至世界范围内拓展业务。目前,已经有越来越多的企业通过网上物流交易市场找到了客户、合作伙伴、海外代理。电子商务物流最大价值就在于为整个行业提供了更多的机会。

物流企业是以服务作为第一宗旨的,因此,如何提供高质量的服务便成了物流企业管理的中心课题。物流企业要具备运输、仓储、进出口贸易等一系列知识,深入研究客户的生产经营发展流程设计,以便为客户提供全方位系统的优质服务。美国、日本等国物流企业成功的要诀,就在于它们都十分重视客户服务的研究。

2. 电子商务物流服务的特点

与传统物流服务相比,在电子商务环境下,当前的物流服务正在向信息化、网络化、智能化、柔性化、一体化、国际化和全球化的方向发展。

1) 信息化

电子商务时代,物流信息化是电子商务的必然要求,电子商务物流服务在各种物流信息化技术与观念的支持下,工作方式、手段和流程都发生了很大的变化,改变了物流服务的面貌。物流信息化表现为物流信息的商品化、物流信息搜集的数据库化和代码化、物流信息处理的电子化和计算机化、物流信息传递的标准化和实时化及物流信息存储的数字化等。在前面几章已经介绍了很多物流信息技术和信息系统在各类物流服务中的应用。从实例中可以看到,国内外的物流行业在电子商务背景下都十分重视物流信息化的发展,以信息化手段提升物流服务水平。

2) 网络化

物流服务的网络化是电子商务物流服务的主要特征之一,是物流信息化的必然发展。电子商务的基础就是网络,通过建设物流配送系统的计算机通信网络,使物流企业、工商企业的联系通过计算机网络进行,同时物流企业内部网也通过内联网技术进行互联,提高了分布在各个配送点的信息共享和交换效率。也就是说,这里的网络化有两个方面的含义:一是物流配送系统的计算机通信网络化,包括物流配送中心与供应商或制造商的联系要通过计算机网络,另外与下游顾客之间的联系也要通过计算机网络;二是组织的网络化,即企业内部网。当今世界Internet等全球网络资源的可用性及网络技术的普及为物流的网络化服务提供了良好的外部环境。

3) 智能化

智能化是物流服务信息化的一种高层次应用,物流服务过程需要进行大量的运筹和决策,如库存水平的确定、运输路线选择、车辆调度、物流配送中心经营管理的决策支持等问题都需要借助于大量的知识才能解决。通过物流智能化技术,如决策支持、数据库和数据仓库、机器人等相关技术的研究成果,有效提高物流现代化的水平。目前,专家支持系统和智能机器人等相关技术已经在国际上有比较成熟的研究成果,也已被一些大的跨国企业所采用,如美国安利公司和日本的丰田汽车公司就是这方面的典范。物流服务的智能化已经成为电子商务中物流发展的一个新趋势。

4) 柔性化

柔性化本来是为了实现"以顾客为中心"的理念而首先在生产领域提出的,而柔性化的物流正是适应生产、流通与消费的需求而发展起来的新型物流模式,它要求物流配送中心根据现代消费需求"多品种、小批量、多批次、短周期"的特点,灵活地组织和实施物流作业。在电子商务时代,物流发展到集约化阶段,一体化配送中心已不单单是提供仓储和运输服务,还必须开展配货、配送和各种提供附加值的流通服务项目,甚至还可按客户的需要提供其他特殊的服务。

5) 一体化

电子商务物流服务一体化就是以物流系统为核心的、从生产企业经由物流企业、销售企业直至消费者供应链的整体化和系统化。电子商务物流一体化是物流产业化的发展形势,它还必须以第三方物流充分发育和完善为基础。电子商务物流一体化的实质是物流管理的问题,即专业化物流管理的技术人员,充分利用专业化物流设备、设施,发挥专业化物流运作的管理经验,以求取得整体最佳的效果。

6) 国际化

电子商务物流国际化,即物流设施国际化、物流技术全球化、物流服务全球化、货物运输国际化、包装国际化和流通加工国际化等。电子商务物流国际化的实质是按国际分工协作的原则,依照国际惯例,利用国际化的物流网络、物流设施和物流技术,实现货物在国家与国家之间的流动和交换,以促进区域经济的发展和世界资源的优化配置。国际化物流正随着国际贸易和跨国经营的发展而不断发展。

7) 全球化

全球化把物流企业和生产企业更紧密地联系在一起,形成了新的社会大分工。生产厂商集中制造产品、物流企业专精物流服务,但是比起传统的物流服务,全球化下的电子商务物流服务对物流企业的要求更高,更强调物流增值服务。例如,在配送中心,实现对进出口商品的代理报关业务、暂时存储、搬运和配送,必要的流通加工,从商品进口到送交消费者手中的一条龙服务。

在全球化下,物流企业从许多不同的国家收集所需要的资源,再加工后向各国出口,在运输问题、仓库建设问题等方面就带来了很多的难题。物流信息共享和交换也成为迫切需要解决的问题。很多企业都有自己的商业机密,物流企业很难与之打交道,因此,如何建立信息处理系统,以及时获得必要的信息,对物流企业来说,是个难题。另一个困难是需要素质较好、水平较高的管理人员,因为有大量牵涉合作伙伴的贸易问题。电子商务的全球化特点,给电子商务物流服务带来了很大的挑战。

除上述内容外,物流设施、商品包装的标准化,物流的社会化、共同化也都是电子商务物流服务的新特点。

三、电子商务物流服务的决策步骤

电子商务物流服务管理能否制定出行之有效的物流服务策略,往往影响具体的物流服务水准和能力。因此,科学合理地进行物流服务策略的分析和策划是电子商务物流服务管理的一项十分重要的职能。

具体来讲,电子商务物流服务的决策主要有以下五个步骤。

1. 电子商务物流服务要素的确定

要开展电子商务物流服务,首先必须明确电子商务物流服务究竟包括哪些要素以及相应的具体指标,即哪些物流活动构成了服务的主要内容。一般来讲,备货、接受订货的截止时间、进货期、订货单位和信息等要素的明确化是物流战略策划的第一步,只有清晰地把握这些要素,才能使以后的决策循序进行,并可加以操作和控制。

2. 向客户收集有关物流服务的信息

这种信息资源的收集可以通过调查问卷、座谈、访问,以及委托作为第三方的专业调查公司来进行,调查的信息主要包括电子商务物流服务的重要性、满意度,以及竞争企业的电子商务物流服务是否具有优势等问题。具体的收集和分析方法主要有以下三种形式。

1)客户服务流程分析

这种分析方法的基本思路是:为了正确测定企业与客户接触时的满意度,就必须明确企业与顾客之间究竟有哪些节点,把这些节点以时间序列为基轴加以标示。

2)客户需求分析

这种方法主要是着眼于探明客户需求与本企业所实施的电子商务物流服务水平之间有什么差距。据此,明确本企业需要改善或提高的物流服务。这种方法的关键是所提出的问题要尽可能具体、全面,否则无法全面掌握客户的真实需求和对企业物流服务的愿望。此外,还应当注意的是,客户的需求肯定会有先后顺序,一般来讲,位于优先位置的是企业物流服务的核心要素,而不同的细分市场,其服务要素的先后顺序也不尽一致。

3)定点超越分析

电子商务物流服务的定点超越也是通过与企业竞争或优秀企业的服务水平相比较来分析的,找出本企业物流服务的不足之处,并加以改善。具体方法主要有服务流程的定点超越和客户满意度的定点超越两种方式。

3. 客户需求的类型化

由于不同的细分市场客户服务的要求并不一致，所以电子商务物流服务水准的设定必须从市场特性的分析入手。此外，客户思维方式以及行动模式的差异也会显现多样化的客户需求。在这种情况下，以什么样的特性为基础来区分客户群成为制定物流服务战略和影响核心服务要素的重要问题。此外，在进行客户需求类型化的过程中，应当充分考虑不同客户群体对本企业的贡献度以及客户的潜在能力，也就是说，对本企业重要的客户群体，应在资源配置和服务等方面予以优先考虑。

4. 制定电子商务物流服务组合

对客户需求进行类型化之后，首先要做的是针对不同的客户群体制定出相应的物流服务基本方针，从而在政策上明确对重点客户群体实现经营资源的优先配置。

此后，进入物流服务水准设定的预算分析，特别是商品单位、进货时间、在库服务率及特别附加服务等重要服务要素的变更会对成本产生什么样的或多大的影响，这样，既能使企业实现最大程度的物流服务，又能将费用成本控制在企业所能承受或确保竞争优势的范围之内，在预算分析的基础上，结合对竞争企业服务水准的分析，根据不同的客户群体制定相应的物流服务组合。这里应当重视在物流服务水准变更的状况下，企业应事先预测这种变更会对客户带来什么样的利益，从而确保核心服务要素水准不会下降。

5. 电子商务物流服务组合的管理和决策流程

电子商务物流服务组合的确定是一个动态的过程，也就是说，最初客户群体的物流服务组合确定后，并不是一成不变的，而是要经常定期进行核查、变更，以保证物流服务的效率化。从电子商务物流服务管理决策的全过程来看，决策流程可以分为五个步骤，即客户服务现状把握、客户服务评价、服务组合制定、电子商务物流服务系统再构建、客户满意度的定期评价，这五个方面相互之间不断循环往复，从而推动电子商务物流服务不断深入发展，提高效率和效果。

四、我国电子商务物流服务的现状和存在的问题

我国作为一个发展中国家，物流服务业起步较晚、发展水平较低，在引进电子商务时，并不具备支持电子商务的现代化物流服务水平，电子商务物流服务的发展遇到了前所未有的"瓶颈"，对企业竞争优势有很大的影响。概括来讲，目前，我国电子商务物流服务存在以下几个方面的问题。

1. 电子商务物流服务人才的短缺

国外物流和配送教育非常发达，引进电子商务后，国外形成了更加合理的物流服务和配送人才的教育培养系统，教育和企业的重视使得国外在电子商务物流服务上处于领先的优势地位。相比较而言，我国在电子商务物流服务和配送方面的教育还相对落后，高端人才教育也刚刚起步，职业教育则更加贫乏，通过委托培训和教育电子商务物流服务人才的企业也不多见。电子商务物流人才的短缺对我国电子商务物流服务产业的发展造成了重大的影响。

2. 企业对电子商务物流服务的重视不够

部分企业对电子商务物流重视不够，只是把物流服务水平看作是一种销售手段而不做出明确的制度规定。在大多数的企业中，并没有专门的电子商务物流部门，物流只是在安排生产或销售计划时才会考虑，这也导致企业对电子商务物流投入的不足，无法建立电子商务系统，无法

利用信息系统的优势。并且,由于企业的各个部门之间存在多样的矛盾,致使企业无法从一个系统和全局的高度来看待本企业的物流系统。随着批发商和零售商要求的升级,这种对物流的态度将会使企业无法应对它们的要求。

例如,目前,许多企业或是由于销售情况不稳定,或是由于没有存放货物的地方,或是为了避免货物过时,都在努力削减库存。库存削减必然导致多批次、小批量配送,或多批次补充库存,因此,过度削减库存可能会使物流成本上升而不是下降。

3. 电子商务物流服务绩效评价机制的缺失

目前,企业对电子商务物流服务绩效几乎不进行评价,这一评价机制长期缺失,主要是由于两个方面的原因造成的:一是电子商务物流服务成本管理存在很大的困难,物流成本的不明确性和隐含性导致企业无法准确衡量和核算物流成本,尤其是在电子商务物流环境之中;二是我国对电子商务物流服务成本核算尚未建立统一的会计核算制度,缺乏统一的标准,这对企业进行电子商务物流服务成本核算和管理带来标准的缺失,无法找到物流成本核算和管理的模范标准与企业,也就无法评估现有电子商务物流服务的管理水平,无法找到问题的所在,对改进电子商务物流服务造成了极大的困难。

4. 电子商务物流服务制度环境的不完善

制度环境主要是指融资制度、产权转让制度、人才使用制度、市场准入或退出制度和社会保障制度等。企业在改善自身电子商务物流效率的同时,必须涉及各种物流资源在企业内部和企业与市场之间的重新配置与分配。但是,由于我国上述制度环境的不完善,企业根据经济合理原则对电子商务物流服务资源的再配置就会遇到很多困难,甚至难以前行。

5. 电子商务物流服务定位的错位

从国内现状来讲,目前,许多企业仍然把电子商务物流服务定位在传统物流服务上,对电子商务物流服务没有重新进行认识。事实上,电子商务物流服务不仅是信息的电子化和网络化,更多的是由此带来的物流服务的变革。在电子商务物流服务中,其服务应该是传统物流服务和增值性物流服务的有机结合,并且后者逐渐成为电子商务物流服务的主体。因此,如何发展增值性的电子商务物流服务,便成为企业竞争优势持续的关键点。

五、发展电子商务物流服务的对策

目前,企业存在这样或那样的影响电子商务物流发展的因素,那么,就有必要对电子商务物流发展的途径进行深入的认识。一般来讲,电子商务物流服务发展的途径主要有以下三个方面。

1. 必须提高全社会对电子商务物流服务的重视,加大人才培养的力度

如果把电子商务物流服务和电子商务放在一起进行宣传,电子商务是商业领域内的一次革命,而电子商务物流服务则是物流服务领域的一次革命。要改变过去那种重视商流、轻视物流的思想,把物流提升到企业整体战略考虑之中的一个重要影响因素的高度,把发展电子商务物流服务作为一个产业来抓。因此,不仅必须提高全社会对电子商务物流服务的重视,针对我国电子商务物流服务教育和培训机制的落后、电子商务物流服务人才的匮乏,我们更应该加大人才培养的力度。加大人才培养的力度可以通过改革现有人才培养机制,引进国外先进的电子商务人才和培养方式,将教育与公司物流产业相结合,扩展电子商务物流服务的产业链条,最终实

现人才培养的跨越式发展,实现我国电子商务物流服务发展的远景目标。

2. 国家和企业共同参与,构建电子商务物流服务系统

电子商务物流服务系统最显著的特点就是信息系统的建立,物流信息的电子化和网络化。计算机技术和网络通信技术为电子商务物流服务系统的建立提供了强大的技术支持,但是企业建立电子商务物流服务系统需要耗费巨额的资金,并且由于物流服务的特殊性,它需要上游企业和下游企业或个体的配合,因此,电子商务物流服务系统不是一个企业的事情,它需要多方协作和共同努力。也就是说,要形成全社会的电子商务物流服务系统,需要政府和企业共同出资。具体而言,政府要在高速公路、铁路、航空和信息网络等基础设施方面投入大量的资金,以保证交通流和信息流的通畅,形成一个覆盖全社会的交通网络和信息网络,为发展电子商务物流服务提供良好的社会环境。而对于企业来讲,其需要投资现代物流技术,要通过信息网络和物流网络,为客户提供便捷的服务,提高企业的竞争力。也就是说,在企业内部必须建立电子商务物流服务系统,与外界的信息网络形成一个有机的整体。

3. 鼓励发展第三方物流,提高物流企业的专业化和社会化水平

通过对国外物流企业功能的发展研究可以看出,物流企业所提供的服务内容已经远远超过传统的仓储、分拨和运送等物流服务,第三方物流企业发展迅速。在美国,由于不断削减供应链成本的需要,美国的制造商和零售商们要求物流公司做得更多一些,物流企业提供的仓储、分拨设施、维修服务、电子跟踪和其他具有附加值的服务日益增加。例如,新加坡环球公司亚太地区总裁保罗·格雷厄姆称,物流服务商正在变为客户服务中心、加工和维修中心、信息处理中心和金融服务中心。第三方物流企业借助信息技术提供越来越多的物流服务,能够对市场变化做出迅速的反应。鼓励发展第三方物流,提高物流企业的专门化和社会化水平,延伸服务领域,建立功能齐全、布局合理、层次鲜明的综合物流服务体系,已是全球物流服务业发展的潮流所在,也是我国电子商务物流服务业发展的重要方向。

任务二 电子商务中的物流客户服务内容

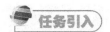

案例引导

2014年4月,具有"江南粽子大王"美称的五芳斋正式签约入驻全国首个电子商务物联网产业服务基地——储仓快杰电子商务园区,由该园区为五芳斋提供包括仓储、商品仓储管理、订单处理、退换货、单据及数据等在内的一系列服务。

据悉,五芳斋之前的仓储合作伙伴是"中联网仓",在今年端午节前夕,将60%的货物转移分配至储仓快杰电子商务园区,此番选择用意何在呢?

对此,五芳斋电子商务公司总经理王永波对记者表示,"粽子是一种节令性非常强的商品,每年端午节期间是一年一度的销售高峰,峰值订单量极大,最容易出现'爆仓'的问题,需要有精准、高效的仓配供应链服务来满足需求,储仓快杰在这方面有独到优势。"

数据显示,五芳斋自3月下旬入驻至今,已入库12万件,包括价值8元至188元不等的40

个品类。预计今年端午节期间发货量将达20万件,价值逾2亿元。目前,五芳斋已入驻天猫、京东、亚马逊中国、1号店、腾讯拍拍网等多家第三方电子商务平台。

储仓快杰创始人、万冠科技董事长蔡万想信心满满地向记者透露,由于园区采用了自主研发的WCS分拣控制系统和网仓2号仓储管理系统,实现扫描、称重、分拨全自动流水线作业,并首次采用电子拣选货架,大幅提高了仓储作业效率,而且使得错误率降至行业最低水平。截至目前,园区日均发货3000单,预计2014年内将突破600万单,交易商品总价值超过5亿元。

对此,中国电子商务研究中心主任曹磊表示,当前大部分网商都选择与第三方物流公司合作配送产品,因为自建仓储物流并不是一件容易的事,就算对于一些电子商务巨头来说,实施起来也会面临很大的压力。仓储物流服务外包无疑是行业大势所趋。每逢节假日促销打折,电子商务"爆仓"现象频频出现,使得如何在保证准确率的前提下,高效快捷地配送成为一大挑战。

据悉,与传统仓库不同的是,储仓快杰电子商务园区着重于智能仓储物流服务平台和公共办公服务平台发展,利用现代科技构筑整个电子商务生态链,突破传统思维,将仓储物流服务和办公服务智能结合。

提出问题
1. 五芳斋为什么要更换仓储合作伙伴?
2. 与其他仓储服务企业相比,储仓快杰电子商务园区在仓储服务方面有什么优势?

任务分析

本任务从电子商务中的物流服务的环境特点等基本知识入手,介绍了电子商务中物流服务的具体内容。

一、电子商务环境特点分析

电子商务是在互联网开放的网络环境下,基于浏览器/服务器的应用方式,实现客户和企业信息沟通、网上购物、电子支付的一种新型的运作方式。目前,我国的电子商务正处于稳步发展的阶段,它既是企业发展的外部环境,又是企业发展的有力工具和手段。电子商务环境的基本特点可以从以下六个方面进行分析。

1. 高度发达的信息技术

电子商务环境,首先是一个高度发达的信息技术环境。建立在互联网基础上的计算机网络以及基于电话通信、光纤通信、宽带通信等的通信基础设施,为人们提供了一个快速通畅的信息通信环境。人们利用电子邮件等各种网上信息传输方式,可以快速进行信息沟通和文档传输等工作,这样不但大大提高了工作效率,而且也大大降低了运行成本。

2. 自由宽松的社会环境

电子商务环境也是一个相对自由宽松的社会环境。地区、行业和等级层次的约束条件相对来说要少得多。网上各个企业的网站都是平等的,毫无地区、行业和层次的限制,只要不违反法律,就可以比较自由地开展各种业务活动。现在各国政府也在网上实行了比较自由宽松的政策。因此,网上的业务运作应当比网下的现实社会的业务运作要方便得多、高效得多。

3. 遥远而又很近的客户市场和供应商市场

电子商务环境因为是一个无界的环境,所以无论多么遥远的客户或者供应商,无论它是在哪一个国家、哪一个地区、哪一个行业、哪一个层次,也无论双方是否认识、有无直接关系,都可以通过互联网进行紧密接触。所有这些客户就形成了企业的客户市场;所有这些供应商就形成了供应商市场。因此,企业和它的客户市场和供应商市场都可以毫无障碍地直接接触。

4. 完备方便的业务处理

电子商务环境,一般依托电子商务网站进行工作,各个企业都建立起自己的电子商务网站,它们共同构成了一个网上社会。一般的电子商务网站,功能都比较齐全完备,一般包括以下内容。

(1) 企业介绍和宣传,包括企业各个部门甚至一些典型的个人资料介绍,以及企业的发展战略、服务宗旨承诺等。

(2) 企业服务和产品介绍、宣传、展示和广告。

(3) 企业的业务范围、流程。

(4) 客户关系窗口。

(5) 销售窗口。

(6) 采购窗口。

(7) 企业管理窗口。

(8) 电子支付窗口。

(9) 友情链接窗口等。

只要赋予一定的权限,就可以进入其中任意的窗口,处理自己需要处理的业务。任何人坐在一台计算机前,按按鼠标,就可以方便快捷地办理相关的各项业务。

5. 方便迅速的客户沟通和供应商管理

在电子商务环境中,由于网上社会有一个遥远而又很近的客户市场和供应商市场,所以企业利用自己的电子商务网站,可以很方便地联系客户,客户也可以很方便地登录网站,联系企业。企业和客户能够很方便迅速地进行信息交流沟通,加强业务往来,提高工作效率。企业可以利用电子商务网站收集客户信息,建立客户档案,进行客户管理。

企业利用自己的网站,除了加强客户沟通之外还可以方便迅速地与供应商联系。一旦需要订货,寻找资源,很快就可以在网上找到相应的供应商,并且在网上进行业务洽谈,可以快速达成合作意向,开展合作行动。企业同样可以利用电子商务网站,收集各个供应商的信息,进行供应商管理和供应链管理。

6. 网上和网下相结合的工作环境

在电子商务环境中,客观上为企业创造了两个工作环境:一是网上工作环境;二是网下工作环境。这两个工作环境的关系为:网下是基础,网上是网下环境的扩充和延伸。企业就像长了翅膀,可以更好地发挥自己的能力,更好地提高效率,更多地降低成本,进而获得更大的市场。聪明的企业家,会巧妙地利用这两个工作环境,把它们有机地结合起来,发挥各自的特长,以获得企业的最大效益。

从上面的分析可以看出,电子商务环境为企业创造了一个高效方便的运作环境,为企业的发展创造了非常有利的条件。在电子商务环境中,物流企业应当充分利用电子商务环境所带来的有利条件,建立起一套适合于电子商务环境的工作模式,使企业获得最大的发展。从实质上来看,电子商务与非电子商务都是以商品销售为目的,物流是实现销售过程的最终环节,但由于采取不同形式，一部分特殊服务就变得格外重要。

二、在电子商务中的物流服务的内容

如果将电子商务物流的需求仅仅理解为门到门运输、免费送货或保证所订的货物都送到的话，那就错了。因为电子商务需要的不是普通的运输和仓储服务，它需要的是物流服务。那么，电子商务物流服务到底包括哪些内容？一般认为，电子商务物流服务包括两个方面的内容，即传统物流服务（也称为基本物流服务）和增值性物流服务。

1. 传统物流服务

传统物流服务覆盖全国或一个大的区域的网络，因此，第三方物流服务提供商首先要为客户设计最合适的物流系统，选择满足客户需要的运输方式，然后具体组织网络内部的运输作业，在规定的时间内将客户的商品运抵目的地，除了在交货点需要客户配合外，整个运输过程，包括最后的市内配送都应由第三方物流经营者完成，以尽可能地方便客户。

1）存储功能

电子商务既需要建立互联网网站，同时又需要建立或具备物流中心，而物流中心的主要设施之一就是仓库和附属设备。需要注意的是，电子商务服务提供商的目的不是要在物流中心的仓库中存储商品，而是要通过仓储保证市场分销活动的开展，同时，尽可能降低库存占压的资金，减少存储成本。因此，提供社会化物流服务的公共型物流中心需要配备高效率的分拣、传送、存储和拣选设备。在电子商务方案中，可以利用电子商务的信息网络，尽可能通过完善的信息沟通，将实物库存暂时用信息代替，即将信息作为虚拟内存。

2）装卸搬运功能

装卸是指物品在指定地点以人力或机械载入或卸出运输工具的作业过程；搬运是指在同一场所内，对物品进行空间移动的作业过程。有时候在特定场合，单称"装卸"或单称"搬运"也包含了"装卸搬运"的完整含义。在习惯使用中，物流领域（如铁路运输）习惯将装卸搬运这一整体活动称作"货物装卸"；生产领域习惯将这一活动称作"物料搬运"。

3）包装功能

包装为在商品流通过程中保护商品，方便储运，促进销售，按一定技术方法而采用的容器、材料及辅助物等的总称。也指为了达到上述目的而采用容器、材料和辅助物的过程施加一定技术方法等的操作活动。因此，包装具有双重含义：一是静态的含义，指能合理容纳商品，抵抗外力，保护和宣传商品，促进商品销售的包装物，如包装材料和包装容器等；二是动态的含义，指包裹、捆扎商品的工艺操作过程。简言之，包装是包装物及包装操作的总称。

4）流通加工功能

流通加工是指物品在从生产地到使用的过程中，根据需要施加包装、分割、计量、分拣、刷标识、贴标签、组装等简单作业的总称。其主要目的是方便生产或销售，专业化的物流中心常与固定的制造商或分销商进行长期合作，为制造商或分销商完成一定的加工作业，如贴标签、制作并粘贴条形码等。

5）运输功能

运输功能是指利用设备和工具，将物品从一地点向另一地点运送的物流活动，其中包括集货、分配、搬运、中转、装入、卸下、分散等一系列操作。电子商务物流服务的运输功能负责为客户选择满足需求的运输方式，然后具体组织网络内部的运输作业，在规定的时间内将客户的商品运抵目的地。对运输活动的管理要求选择经济便捷的运输方式和运输路线,以实现安全、迅速、准时和经济的要求。

6)配送功能

配送功能物流配送是物流服务的最终阶段,以配货、发送形式最终完成社会物流,并最终实现资源配置的活动。配送功能在电子商务物流服务中的作用是非常突出的,它不单是简单的送货运输,更重要的是集经营、服务、社会集中库存、分拣和装卸、搬运于一体。

7)物流信息处理功能

电子商务物流服务作业离不开计算机,因此,在电子商务物流服务中,将物流作业的信息进行实时采集、分析、传递,并向客户提供各种作业明细信息及咨询信息,这是尤为重要的。

2. 增值性物流服务

电子商务物流服务除了要提供传统的物流服务外,还要提供增值性的物流服务。所谓的增值性物流服务是指在完成物流传统功能的前提下进行的,根据客户需要提供的各种延伸业务活动。电子商务物流服务的增值性物流服务主要包括以下内容。

1)增加便利性的服务,即解放人的服务

一切能够简化手续、简化操作的服务都是增值性服务。简化是相对于消费者而言的,并不是说服务的内容简化了,而是指为了获取某种服务,以前需要消费者自己做的一些事情,现在是由商品或服务提供商以各种方式代替消费者做了,从而使消费者获得这种服务变得简单。

例如,在提供电子商务物流服务时,一条龙门到门服务、完备的操作或作业提示、省力化设计或安装、代办业务、一张面孔接待客户、24小时营业、自动订货、传递信息和转账以及物流全过程追踪等都是对电子商务物流服务有用的增值性服务。

2)加快反应速度的服务,即让流动过程变快的服务

快速反应已经成为电子商务物流服务的动力之一。传统的观点和做法是将加快反应速度变成单纯对快速运输的一种要求,但在客户对速度的要求越来越快的情况下,它也变成了一种约束,因此,必须想其他办法来提高速度。而这正是电子商务物流所要求的,利用电子商务系统来优化物流过程和网络、加快反应速度的必然途径。

3)降低物流成本的服务,即发现第三利润源的服务

电子商务物流发展的前期,物流成本将会居高不下,有些企业可能会因为根本承受不了这种高成本而退出电子商务领域,或者是选择性地将电子商务物流服务外包出去,这是很自然的事情。因此,发展电子商务物流服务,一开始就应该寻找能够降低物流成本的物流方案。

例如,企业可以采取以下方案:采用第三方物流服务商、电子商务经营者之间或电子商务经营者与普通经营者联合,采取物流共同化计划,同时,具有一定的企业规模,可以考虑对电子商务物流设备投资,从而从长期来看,降低企业的物流成本,增加物流运作的自主性。

4)提供定制服务,即满足特定客户需求

企业在实现物流价值方面常常不仅限于快速交货,也包括根据不同客户的要求制订相应的物流方案,为客户提供定制的服务。例如,客户想要直接在码头提货,可以为客户自有车辆或其雇用的运输公司车辆提供回程运输货载,这对双方都有利。企业赢得效率,顾客也减少了车辆的空缺。有时,当客户相信企业有能力把货物准确有效地装到他们的卡车上时,可以采用甩挂方案,即客户的车辆达到企业配送中心时,摘掉挂车,由配送中心的工人装货,司机可原地等待。这样,企业也减少了有关装运、接受与验货等管理费用和时间。

5）延伸服务

延伸服务向上可以延伸到市场调查与预测、采购及订单处理，向下可以延伸到物流配送、物流咨询、物流方案的选择与规划、库存控制决策建议、货款回收与结算、教育与培训、物流系统设计和规划方案的设计等。

6）额外的劳动增值服务

电子商务物流服务可以使产品更适于销售给客户。针对特定的目标客户群，在电子商务物流服务中，有时需要采取特殊的包装。例如，饮料制造商将一车货物运到仓库后分解为较小的批量后再包装，将不同口味的饮料每若干个一组包装，就会出现多种包装形式、每包不同口味的组合，引起超市货架的变化。制造商是不可能做这种工作的，而应在尽可能接近最终客户的时候完成。通过改变每一包装内容，物流作业增加了商品对客户的吸引力和价值。

任务三　电子商务中的物流客户服务战略

案例引导

作为手机的电子商务渠道，京东已经成了各大手机企业的首选，成了手机冲击销量的"必然保证"。在2013年11月京东推出"JDPhone"计划之后，京东通过大数据分析，向手机企业"反向定制"的手机产品迅速走向市场，尤其是中兴努比亚"Z5S mini"成为"国母手机"之后，再次引发了人们对"京东定制"的关注。

作为重要的电子商务渠道，京东的JDphone、JD+计划的用意非常明显，是京东将互联网思维与这些厂商本身的优势结合，但更深层来看，京东其实有三重战略思考。

其一，推动手机企业的销售，加大京东在3C、智能产品领域的领头地位。

其二，京东在"虚拟运营商"上的长尾布局：在JDphone项目中，通过与国内手机企业推出"全网通"3G制式的智能手机，通过用户在京东的消费和信用记录，结合京东未来的"虚拟运营商"身份，再推出"京东零元购机"合约套餐。

其三，通过反向定制以及虚拟运营商的布局，加大对产业、对消费者的"引领"，说白了就是电子消费市场中的"运营商"。此前，传统手机产业链中最核心的角色就是运营商。运营商的集采是手机企业的重要销售渠道，现在京东的野心就是成为"线上的运营商"、电子商务里的运营商。

但如果仅限于手机领域，那人们对京东的想象力就弱了。4月15日，京东在"未来已来——京东家电'五一'大促发布会"，再次主动"出击"，又开始了家电领域的"京东定制"。

京东家电联手长虹开展"互联网定制"合作，首批定制200万台999元的欧宝丽32英寸电视机，低于市场价300元。32寸平板电视机是市场主流机型，最低价格在1300元左右。

在京东与长虹的合作中，京东依托电子商务渠道的低成本、快速库存周转率等特点，将32英寸平板电视的价格降到千元以下。这其实就是把京东在手机领域已经玩熟了的"家电+手机"的融合之路，复制到了家电领域。事实上，此前京东与家电品牌厂商的合作已经开始，如

2014年3月,京东作为海尔"MOOKA"在电子商务渠道的唯一合作伙伴,联手海尔发布为互联网用户定制的四款"MOOKA"智能电视。2013年9月,TCL与爱奇艺联合推出互联网电视"TV+",京东也是作为"TV+"产品的独家首发渠道。

提出问题
1. 京东的三重战略思想指的是什么?
2. "京东定制"的实质是什么?

本任务从物流客户服务战略的基本思想、引发物流客户服务战略策划的动因等知识入手,介绍了电子商务中物流客户战略的策划、分析和制定。

一、电子商务物流客户服务战略策划

物流问题是发展电子商务所面临的一个必须解决的重要问题,高水平的物流客户服务是电子商务活动中不可或缺的部分。在物流客户服务对电子商务的重要性越来越明显的环境之下,如何有效地实现物流客户服务将成为电子商务企业最终无法回避的一个关键问题。

随着物流客户服务竞争的日益激烈,任何短期行为都会招致企业的损失,面对激变的环境和多样的需求,企业只有站在战略的高度上进行经营策划,才能为企业赢得先机。物流客户服务作为企业经营的一个重要方面,自然也就必须对其服务战略进行策划,在分析物流客户服务环境的前提下,制定物流客户服务战略。

1. 物流客户服务战略

物流战略是企业根据外部环境和自身条件,为寻求物流业务的可持续发展,就物流发展目标以及达到目标的途径与手段而制定的长远性、全局性的规划与谋略。

物流客户服务战略是物流企业经营战略的重要组成部分,是通过对物流服务的未来需求进行预测和对整个供应链的资源进行管理,形成优越的客户满意度的长期规划。

2. 影响物流客户服务战略策划的动因

物流客户服务战略策划是企业为应对经营物流环境的变化,而进行的一种具有方向性和指导性的经营规划。当经营环境变化特别激烈、显著时,经营战略比任何时候都要重要。影响物流客户服务战略策划的动因主要表现在两个方面——物流需求高度发展和物流企业间竞争加剧。具体来说,影响物流客户服务战略策划的动因有如下几个表现。

1) 物流需求从各类企业释放

主要体现在以下三类企业中。一是外资企业成为物流需求增长最快的客户。有资料显示,世界五百强企业中的绝大多数都在中国进行投资,共设立了3000多个项目,涉及所有制造领域以及多数服务领域。90%左右的外资企业选择物流外包,占全部物流外包企业的70%左右。通用汽车、戴尔、摩托罗拉、麦当劳、雅芳等跨国公司,构成了第三方物流服务需求的主体。二是新兴企业正在成为第三方物流服务需求的重要来源。特别是通信、电子类企业、零售连锁企业,如联想、国美电器、搜狐等一批新兴企业,随着经营规模的扩大,纷纷借助第三方物流的专长,在激烈的市场竞争中寻求优势。三是传统企业越来越多地加入第三方物流服务需求企业的行列。部分国有大型企业开始打破"大而全"的传统观念,着手对传统物流管理模式进行改造,逐步剥离物流资产,实现物流外包。特别是汽车、家电、医药、饮料等行业的大型企业如长虹电子、石家庄制药、青岛啤酒等都开始使用第三方物流。

2) 物流需求的范围扩大

随着中国产业集中度的提高,拥有全国乃至国际品牌的企业不断涌现,企业经营规模和范围不断扩大。特别是在致力于消费产品的制造企业中,越来越多的企业采用直接面向零售终端进行销售的深度分销模式,对物流服务的深度与广度提出了更高的要求。许多企业把分散在经营点的库存管理、仓储管理、配送管理等物流功能从经营点剥离出来,建立一个集中控制的物流平台,来解决整个分销体系中的物流问题。从干线运输到区域配送中心的管理再到区域配送,每一个环节的物流运作都寻找服务可靠、价格合适的外包物流服务商,从而使第三方物流服务的客户需求在服务地域与范围上不断扩大。

3) 物流需求的层次向供应链模式转换

尽管运输、仓储等传统物流服务仍然占第三方物流服务的80%左右,但在汽车、电子、快速消费品等典型行业,越来越多的企业将物流外包的需求提高到增值服务乃至一体化服务的层次。例如,华晨汽车将物料采购订单执行监控、到货接收、包装拆分和再包装、库位管理、根据生产计划的物料准备和搭配、生产线的JIT物料配送等进厂物流,以及维修零配件物流整体外包给中国物流公司,并着手构建供应链协同平台;同时,将成品车零公里运输和中转库的管理与控制,包括售前预检增值服务,维修零配件的库存管理、包装、配送、成品车的存储等,外包给中远物流,形成比较典型的成品车一体化物流服务。又如,联想集团为了打造一个高效供应链,由柏灵顿物流负责联想集团国外市场的物流服务,嘉里物流负责国内的物料物流业务,中外运和金鹰国际货运负责在北京和上海的成品物流业务,从而形成了高水平的物流服务团队。

4) 物流企业间竞争加剧

经过几年的发展,中国第三方物流服务企业扩张的步伐逐步加快,形成了四类企业竞争的格局:一是传统国有企业转型的物流企业,如中外运、中远物流、中海物流等,在目前阶段它们仍占市场的主导地位;二是新兴民营物流企业,如宝供、大通等,市场份额快速上升;三是外资物流企业,如UPS、DHL、TNT、EXEL等,市场份额逐步扩大,并主要占据高端市场;四是源自生产流通企业的物流企业,如海尔物流等,利用其与生产企业的密切联系来发展供应链服务。

随着传统企业加快业务重组与资源整合的步伐,新兴企业努力扩大规模和提升水平,外资企业在中国完全开放物流市场前夕加紧"抢滩登陆",各类企业的竞争日益加剧。

3. 物流客户服务环境分析

1) 宏观环境分析

企业的宏观外部环境间接地或潜在地对企业发生作用和影响,是物流企业赖以生存和发展的土壤。这些因素主要有政治因素、经济因素、社会文化因素、技术因素等。

2) 微观环境分析

微观环境分析又称为产业竞争性分析,主要是分析本行业中的企业竞争格局以及本行业和其他行业的关系。根据迈克尔·波特教授的观点,行业竞争存在着五种基本的竞争力量,这五种力量的状况及综合强度,决定着行业的竞争激烈程度,从而决定着行业中获利的最终潜力。这五种基本的竞争力量是:供应商的讨价还价能力、购买者的讨价还价能力、新进入者的威胁、替代品的威胁和行业内现有竞争者的竞争。

3) 企业内部环境分析

企业内部环境是指企业能够加以控制的内部因素,对内部环境进行分析的目的在于掌握企业目前的状况,明确企业具有的优势和劣势,以便有效利用资源,制定能够发挥企业优势的物流战略,实现确定的战略目标。内部环境分析是物流运作的基础,是制定物流服务战略的出发点和依据。

4. 物流客户服务战略类型选择

物流客户服务战略有多种类型,主要分为以下四种:速度经营战略、优势经营战略、安全经营策略和网络经营策略。

1) 速度经营战略

所谓速度竞争,是指企业为了获得和保持竞争优势,抢先一步采取行动,开拓新市场,抓住市场机会,抢占市场制高点,使企业在竞争中处于主动地位,而获得生存与发展。

2) 优势经营战略

所谓优势经营战略,是指企业在竞争过程中要认清自己和主要对手的优势、劣势及其程度,做到以己之长,攻彼之短,避免与强大的竞争对手短兵相接,以在竞争中制胜。

3) 安全经营策略

所谓安全经营策略,是指以安全为导向的发展策略。具体来说,企业在经营过程中通过对企业内外环境的分析,掌握有可能影响企业经营战略目标实现的不确定性因素,辅之以相应的风险管理措施,最大限度地避免或减少不确定因素对企业经营的影响,以提高企业的经营安全程度,获取最佳经营效益。

4) 网络经营策略

企业网络是由两个或两个以上独立但相互联系的企业为了经营的需要并企图获得竞争优势,通过协议、承诺或信任所建立起来的一种长期性关系。采用网络经营策略可以实现企业间的资源共享、优势互补,增强企业的抗风险能力,有利于企业彼此之间的学习、发展。

面对不同的物流客户服务战略,企业在选择时应考虑的主要因素有以下几点。

(1) 物流客户服务政策。

(2) 物流客户服务的组织结构。

(3) 应急服务。

(4) 增值服务。

(5) 交易过程要素控制。

(6) 售后服务。

二、电子商务物流客户服务市场定位

市场的定位也被称作产品的定位或竞争定位,是根据竞争者现有产品在细分市场上所处的地位和客户对产品某些属性的重视程度,塑造出本企业产品与众不同的鲜明个性或形象并传递给目标客户,使该产品在细分市场上占有强大的竞争位置。

企业通过细分市场,确定所要进入的目标市场,然后对如何进入市场、对进入市场的竞争状况作进一步的分析,以确定企业自身的市场位置,这就是市场定位的问题。

1. 市场定位的过程

定位过程的两个阶段:分析市场和竞争对手,弄清潜在客户是如何感受并评价竞争对手的,确定针对对手而言的企业自身的市场位置;按照客户的态度评价自己的服务,制定一种定位战略,不断检查定位效果。

1) 确定市场定位的步骤

企业管理人员必须通过对市场的分析、企业内部各种条件分析和竞争对手的分析,来确定本企业的市场定位策略。要确定市场定位策略,管理人员还应通过调研,了解各个细分市场认为哪些服务属性是重要的;不同的客户如何评价各个竞争性企业的产品和服务。

2) 确定市场定位策略

企业市场定位时必须强化当前位置,避免迎面打击;确定空缺的市场位置,打击竞争者的弱点。企业管理人员可以从六个方面考虑本企业的市场定位:属性、特色、价值定位;价格和质量定位;服务目的、服务范围;服务类别定位;服务者类别定位;针对竞争对手定位。

2. 定位战略的执行

企业确定市场定位战略后,需要全面实施战略。定位是通过与客户隐性和显性的各种接触中传达出去的,这就要求企业的员工、政策和形象都能反映相似的内容,传递期望中的市场定位。实践中,市场营销组合是执行定位战略的关键所在。一般来说,市场营销组合包含的内容有以下六个方面。

(1) 服务产品。

(2) 价格。

(3) 促销和定位。

(4) 人员。

(5) 程序。

(6) 客户服务。

三、电子商务物流客户服务战略制定

在电子商务和网络的支持下,现代物流增加了一些增值性物流服务,如加快反应速度的服务,增加便利性服务,延伸服务,提供个性化服务等。在电子商务环境下,制定物流客户服务战略,需要进一步提高物流业的服务水准。企业必须在每个细分市场上确定服务战略,并且需要向消费者说明本服务与现有竞争服务以及潜在竞争服务之间有什么区别。战略是勾画客户服务形象并提供价值的行为,以此使该细分市场的消费者理解和正确认识服务有别于其他竞争服务的象征。

1. 物流客户服务战略制定的步骤

物流服务战略的制定是一项系统工作,应当按照具体步骤综合考虑企业外部和内部的影响因素有序进行,只有这样,才能使制定的战略成为企业朝正确方向前进的有力保障。科学合理地制定物流服务战略主要有以下五个步骤。

(1) 确定物流服务要素。

(2) 收集物流服务信息。

(3) 整理物流服务信息。

(4) 划分客户群。

(5) 制定物流服务组合。

2. 几种典型的电子商务物流客户服务战略

客户服务战略是指物流企业为了适应未来环境的变化,提高客户满意度而寻找长期生存和稳定发展的途径,并为实现这一途径优化配置企业资源,制定的总体性和长远性的服务战略。目前,典型的电子商务物流客户服务战略有以下几种。

1) 增值为本战略

增值服务是建立在基本服务基础之上,企业提供超过承诺的服务。主要涉及五个领域,即以客户为核心的服务、以促销为核心的服务、以制造为核心的服务、以时间为核心的服务,以及基本服务等。

2) 关系至上战略

在现代市场营销理论中,随着消费者个性化需求的日益突出,加之媒体分化,市场营销的变量从传统的"4P"组合,即产品(product)、价格(price)、地点(place)和宣传(promote)转变为以客户关系为中心的"4C"组合,即面向消费者需求(consumers' wants and needs)、消费需求定价(cost to satisfy wants and needs)、方便购买(convenience to buy)和实时沟通(communication)。

3) 客户满意战略

这一战略的指导思想是:企业的整个经营活动要以客户满意为方针,站在客户的立场上,按客户的观点来考虑和分析客户的需求。此战略的主要内容有以下几种:以客户为中心研究设计产品;最大限度为客户创造安全、舒适和便利;重视客户的意见、客户参与和客户管理;留住客户并尽可能实现相关销售和推荐销售;使服务手段和过程处处体现真诚和温暖;以满足客户个性化服务为中心的原则,建立富有活力的企业组织。

项目小结

本项目介绍了电子商务物流服务的含义、内容及特征,着重阐述了电子商务物流服务中增值性服务的具体内容,介绍了我国电子商务物流服务的现状和存在的问题,探讨了电子商务物流服务发展对策。

电子商务物流服务就是指利用电子化的手段,尤其是利用互联网技术来完成物流全过程的协调、控制和管理,实现从网络前端到最终客户端的所有中间过程服务,其最显著的特点就是各种软件技术与物流服务的融合和应用。在电子商务物流服务中,包括传统物流服务和增值性物流服务,认识到增值性物流服务的潜在价值是电子商务物流服务发展的必然趋势。

对电子商务中的物流客户服务战略进行了讲述,介绍了电子商务物流客户服务战略策划和电子商务物流客户服务市场定位,并在此基础上对电子商务物流客户服务战略的制定做了比较详细的分析,最后介绍了几种典型的电子商务物流客户服务战略。

案例任务分析

国内知名的第三方仓储服务供应商北京百利威仓储物流与世界500强企业、中国最大的通信运营商中国移动签订仓库业务托管协议,百利威为中国移动北京公司的仓储业务提供专业的第三方仓储运营综合服务,标志着百利威现代仓储物流战略的一次跃升。2012年,百利威现代仓储物流推出全国业务发展战略,在北京、沈阳、武汉、成都、广州、西安、上海、廊坊、马鞍山、济南等地建设仓储物流中心,形成完善的仓储物流网络,支持电子商务企业全国布局发展。

分析任务
1. 百利威电子商务物流服务取得了哪些成效？
2. 我国电子商务物流服务中存在哪些问题？

实训考核

实训项目　电子商务物流服务
1. 实训目的：通过实训，掌握设计电子商务中的物流客户服务内容的方法。
2. 实训内容：选定一家电子商务企业，从物流企业的角度为其设计合适的物流服务内容。
3. 实训要求：将参加实训的学生分组，在教师指导下进行设计，完成实训报告。

项目八 电子商务环境中的物流成本管理

DIANZI SHANGWU
YU WULIU GUANLI

1. 掌握电子商务物流成本的概念及构成。
2. 熟悉电子商务物流成本的控制方法。
3. 了解电子商务物流成本优化的合理化方法。

本项目主要介绍了电子商务物流成本的基本概念与分类,电子商务物流成本的新特点,在此基础上讲解了电子商务物流成本的控制方法的相关知识,其中成本控制的具体方法是本项目的重点。

任务一　电子商务环境中的企业物流成本的管理

案例引导

沃尔玛降低运输成本的学问

沃尔玛公司是世界上最大的商业零售企业,在物流运营过程中,尽可能地降低成本是其经营的哲学。

沃尔玛有时采用空运,有时采用船运,还有一些货物采用卡车公路运输。在中国,沃尔玛百分之百地采用公路运输,所以如何降低卡车运输成本,是沃尔玛物流管理面临的一个重要问题,为此沃尔玛主要采取了以下措施。

1. 沃尔玛使用一种尽可能大的卡车,大约有16米加长的货柜,比集装箱运输卡车更长或更高。沃尔玛把卡车装得非常满,产品从车厢的底部一直装到最高,这样非常有助于节约成本。

2. 沃尔玛的车辆都是自有的,司机也是它的员工。沃尔玛的车队大约有5000名非司机员工,还有3700多名司机,车队每周每一次运输可以达7000~8000公里。对于运输车队来说,保证安全是节约成本最重要的环节。因此,沃尔玛的口号是"安全第一,礼貌第一",而不是"速度第一"。

3. 沃尔玛采用全球定位系统对车辆进行定位,因此,在任何时候,调度中心都可以知道这些车辆在什么地方,离商店有多远,还需要多长时间才能运到商店,这种估算可以精确到小时。沃尔玛知道卡车在哪里,产品在哪里,就可以提高整个物流系统的效率,有助于降低成本。

4. 沃尔玛的连锁商场的物流部门,24小时进行工作,无论是白天还是晚上,都能为卡车及时卸货。另外,沃尔玛的运输车队利用夜间进行从出发地到目的地的运输,从而做到了当日下午进行集货,夜间进行异地运输,翌日上午即可送货上门,保证在15~18个小时内完成整个运输过程,这是沃尔玛在速度上取得优势的重要措施。

5. 沃尔玛的卡车把产品运到商场后,商场可以把它整个地卸下来,而不用对每个产品逐个检查,这样就可以节省很多时间和精力,加快了沃尔玛物流的循环过程,从而降低了成本。这里有一个非常重要的先决条件,就是沃尔玛的物流系统能够确保商场所得到的产品是与发货单完全一致的产品。

6. 沃尔玛的运输成本比供货厂商自己运输产品要低,所以厂商也使用沃尔玛的卡车来运输货物,从而做到了把产品从工厂直接运送到商场,大大节省了产品流通过程中的仓储成本和转运成本。

沃尔玛的集中配送中心把上述措施有机地组合在一起,做出了一个最经济合理的安排,从而使沃尔玛的运输车队能以最低的成本高效率地运行。

资料来源:http://www.chinawuliu.com.cn/cflp/newss/content1/200907/769_30006.html

提出问题

从上述案例可以看出,沃尔玛的集中配送中心把上述措施有机地组合在一起,做出了一个最经济合理的安排,从而使沃尔玛的运输车队能以最低的成本高效率地运行。那么,什么是物流成本,怎样构成?物流成本如何计算和控制?这正是本任务要学习和探讨的内容。

本任务从物流配送和电子商务物流配送的内涵、特点等基本知识入手,介绍了物流配送的优势、发展和分类。

一、电子商务物流成本的概念

根据 2001 年 7 月 5 日正式实施的中华人民共和国国家标准《物流术语》(GB/T 18354—2006),物流成本定义为物流活动中所消耗的物化劳动和活劳动的货币表现,即产品在事物运动过程中,如包装、运输、存储、流通加工、物流信息等各个环节所支出人力、财力和物力的总和。物流成本是完成各种物流活动所需的全部费用。

电子商务物流成本是在进行电子商务物流活动过程中所发生的人、财、物耗费的货币表现形式。

二、电子商务物流成本的分类

按不同的角度,物流成本的构成有不同分类。

1. 按物流费用支出形态分类

按照支出形态将物流成本分为直接物流费即本企业支付的物流费用和委托物流费即支付给其他物流服务组织的费用两大项。直接物流费包括材料费、人工费、管理费、燃料动力费、折旧费等;委托物流费包括包装费、运输费、手续费、保管费等。这种分类的优点是便于检查物流成本用于各项日常支出的数额和所占比例,对比与分析各项成本水平的变化情况。该方法比较适合生产企业和专业物流部门的物流成本管理。

(1)材料费,是指因物料消耗而花费的费用,包括包装材料费、消耗性工具费、低值易耗品摊销及其他物料消耗费。

(2) 人工费,因人力劳务的消耗而花费的费用,包括工资、奖金、补贴、福利、医药、职工教育培训等费用。

(3) 管理费,是指办公费、差旅费、交通费等。

(4) 燃料动力费,是指机械在运转或施工作业中所耗用的企业自制或外购的固体燃料(如煤炭、木材)、液体燃料(汽油、柴油)、电力、水和风力等费用。

(5) 折旧费,是指基本折旧费、大修理折旧费。

(6) 其他费用,是指劳动保护费、材料损耗费、利息支出等。

2. 按物流活动的范围分类

按物流活动的范围分为物流筹备费、企业内物流费、销售物流费、退货物流费、废弃品物流费。这种分类方法便于分析物流各阶段的成本花费情况,较适合综合性的物流部门。

(1) 物流筹备费,是指物流的计划费、预测费、准备费用。

(2) 企业内物流费,是指采购仓储物流费、各种生产性物流费、装卸费、运输费、加工费、包装费。

(3) 销售物流费,是指为销售服务的物流费、存储费、运输费、包装费、服务性费用。

(4) 退货物流费,是指因退货、换货引起的物流费。

(5) 废弃品物流费,是指在商品、包装材料、运输容器的废弃过程中产生的物流费用。如垃圾清运费、排污费等。

3. 按物流的功能分类

根据物流的功能,把物流成本分为物品流通费、信息流通费、物流管理费三个方面。这种方法用于分析不同功能的物流成本所占比例,从而发现物流成本的问题所在。

(1) 物品流通费,是指完成商品的物理性流通所产生的费用,包括运输费、存储费、包装费、装卸运输费、保管保养费、流通加工费。

(2) 信息流通费,是指由于处理、传输物流信息所产生的费用,包括与存储管理、订货处理、顾客服务有关的费用。

(3) 物流管理费,是指进行物流的计划、调整、控制所需的费用,包括作业现场管理费、物流机构管理费。

上述几种物流成本的分类方法是比较常见的。事实上,物流管理人员可以根据企业物流现状及所反映的物流成本的不同侧面,采用不同的分类方法。采用何种分类方法通常是围绕如何加强物流成本管理进行的,目的是降低物流成本。

4. 按成本与业务量的关系分类

按成本与业务量的关系,分为固定成本、变动成本和半变动成本。

1) 固定成本

固定成本是指其总额在一定时期和一定业务量范围内,不受业务量增减变动影响而保持不变的成本,如按直线法计算的固定资产折旧、管理人员薪酬、机器设备的租金等。固定成本总额只是在一定时期和一定业务量范围内才是固定的。

2) 变动成本

变动成本是指其总额随业务量的变动而成正比变动的成本,如直接材料、直接人工和包装材料等。

3）半变动成本

总额受业务量变动的影响，但变动的幅度与业务量的增减不保持比例关系的成本，如辅助材料费、设备维修费等。

5. 按计入营业成本的方式分类

按计入营业成本的方式，分为直接成本和间接成本。

1）直接成本

直接成本又可称为可追溯成本，指与某一特定的成本对象存在直接关系，它们之间存在明显的因果关系或受益关系，为某一特定的成本对象所消耗。

2）间接成本

间接成本是指与某一特定成本对象没有直接联系的成本，它为几种成本对象所共同消耗，不能直接计入某一特定成本对象的成本，如厂房的折旧等。

6. 按转化为费用的不同方式分类

按转化为费用的不同方式，分为产品成本和期间成本。

1）产品成本

产品成本是指可计入存货价值的成本，包括按特定目的分配给一项产品的成本总和。

2）期间成本

期间成本是在发生当期不计入产品成本的生产经营成本，在发生当期直接转为费用。

三、电子商务物流成本的特点

电子商务物流成本的特点有以下几点。

（1）在通常的企业财务决算表中，物流成本核算的是企业对外部运输业务者所支付的运输费用或向仓库支付的商品保管费用等传统的物流成本，对于企业内部与物流中心相关的人员费、设备折旧费等则与企业其他经营费用统一计算，因而，从现代物流管理的角度来看，企业难以正确把握企业的物流成本。

（2）在一般物流成本中，物流部门无法完全掌握的成本很多，从而增加了物流成本管理的难度。

（3）物流成本削减具有乘数效果。

（4）从销售关联的角度来看，物流成本中过量服务所产生的成本与标准服务所产生的成本是混同在一起的，例如，很多企业将促销费纳入物流成本之中。

（5）物流成本在企业财务会计制度中没有单独的项目。

（6）对物流成本的计算与控制，各企业通常是分散进行的。

（7）由于物流成本是以物流活动全体为对象，所以，它是企业唯一的、基本的、共同的管理数据。

（8）各类物流成本之间具有效益悖反关系，一类物流成本的下降往往以其他物流成本的上升为代价。

四、影响电子商务物流成本的因素

影响物流成本的因素很多，主要涉及以下几个方面：竞争因素、产品因素、环境因素、管理因素等。

1. 竞争因素

1）订货周期

企业物流系统的高效必然可以缩短企业的订货周期，降低客户的库存，从而降低客户的库存成本，提高企业的客户服务水平，提高企业的竞争力。

2）库存水平

存货的成本提高，可以减少缺货成本，即缺货成本与存货成本成反比。

3）运输

企业采用更快捷的运输方式，虽然会增加运输成本，却可以缩短运输时间，降低库存成本，提高企业的快速反应能力。

2. 产品因素

产品的特性不同影响物流成本，产品的特性包括产品价值、产品密度、产品废品率、产品破损率和特殊搬运。

1）产品价值

产品价值的高低会直接影响物流成本的大小。随着产品价值的增加，每一物流活动的成本都会增加，运费在一定程度上反映货物移动的风险。一般来讲，产品的价值越大，对其所需使用的运输工具级别越高，仓储和库存成本也随着产品价值的增加而增加。高价值意味着存货中的高成本，以及包装成本的增加。

2）产品密度

产品密度越大，相同运输单位所装的货物越大，运输成本就越低，同理，仓库中一定空间领域存放的货物也越多，库存成本就会降低。

3）产品废品率

影响物流成本的一个重要方面还在于产品的质量，也即产品废品率的高低。生产高质量的产品可以杜绝因次品、废品等回收、退货而发生的各种物流成本。

4）产品破损率

产品破损率较高的物品即易损性物品，对物流成本的影响是显而易见的，易损性的产品对物流各环节如运输、包装、仓储等都提出更高的要求。

5）特殊搬运

有些物品对搬运提出了特殊的要求。例如：对长大物品的搬运，需要特殊的装卸工具；有些物品在搬运过程中需要加热或制冷等，这些都会使物流成本增加。

3. 环境因素

环境因素包括空间因素、地理位置及交通状况等。空间因素主要指物流系统中企业制造中心或仓库相对于目标市场或供货点的位置关系等。若企业距离目标市场太远，交通状况较差，则必然会增加运输及包装等成本，若在目标市场建立或租用仓库，也会增加库存成本，因此，环境因素对物流成本影响是很大的。

4. 管理因素

管理成本与生产和流通没有直接的数量依存关系，但却直接影响着物流成本的大小，节约办公费、水电费、差旅费等管理成本相应可以降低物流成本总水平。另外,企业利用贷款开展物流活动,必然要支付一定的利息,资金利用率的高低,影响着利息支出的大小,从而也影响着物流成本的高低。

五、物流成本管理

1. 物流成本管理的内容

物流成本管理主要包括以下内容。

（1）物流成本预测。

（2）物流成本决策。

（3）物流成本计划。

（4）物流成本控制。

（5）物流成本核算。

（6）物流成本分析。

上述各项成本管理活动的内容是互相配合、相互依存的一个有机整体。成本预测是成本决策的前提。成本计划是成本决策所确定目标的具体化。成本控制是对成本计划的实施进行监督,以保证目标的实现。成本核算与分析是对目标是否实现的检验。

2. 物流成本管理的发展过程

物流成本管理的发展过程大致可以分为以下几个阶段。

1) 物流成本认识阶段

物流成本管理在物流管理中占有重要的位置,"物流是经济的黑暗大陆""物流是第三利润源"等观点都说明了物流成本问题是物流管理初期人们关心的主要问题。

2) 物流项目成本管理阶段

在对物流成本认识的基础上,根据不同部门、不同领域或不同产品出现的特定物流问题,组织专门的人员研究解决。但是,对于物流成本管理的组织化程度以及对物流成本的持久把握方面仍存在不足。到了这个阶段,物流管理组织开始出现。

3) 引入物流预算管理制度的阶段

随着物流管理组织的设置,对物流成本有了一个统一、系统的把握,开始引入物流预算管理制度。也就是说,通过物流预算的编制、预算与实际的比较对物流成本进行差异分析,从而达到控制物流成本的目的。但是,这个阶段编制的物流预算缺乏准确性,对于成本变动原因的分析也缺乏全面性,而且对物流费用的把握仅限于运费和对外支付的物流费用。

4) 物流预算管理制度确立阶段

在这个阶段推出了物流费用的计算标准,物流预算的制订及其管理有了比较客观准确的依据,物流部门成为独立的成本中心或利润中心。

5) 物流业绩评价制度确立阶段

物流预算管理制度确立后,进一步发展的结果是形成物流业绩评价制度。通过对物流部门对企业业绩贡献度的把握,准确评价物流部门的工作。物流部门的业绩评价离不开其对降低物流成本的贡献度的考核,降低物流成本是物流部门永恒的课题。

任务二　电子商务中物流成本的构成与控制

案例引导

美国的物流成本管理

美国物流成本占GDP的比重在20世纪90年代保持在11.4%~11.7%范围内,目前,这一比重有了显著下降,由11%以上降到10%左右,但物流成本的绝对数量还在一直上升。

美国的物流成本主要由三个部分组成:一是库存成本;二是运输成本;三是管理费用。比较近20多年来的变化可以看出,运输成本在GDP中比例大体保持不变,而库存费用比重降低是导致美国物流总成本比例下降的最主要的原因。这一比例由过去接近5%下降到不足4%。由此可见,降低库存成本、加快周转速度是美国现代物流发展的突出成绩。也就是说利润的源泉更集中在降低库存、加速资金周转方面。

运输成本包括公路运输成本、其他运输方式成本与货主费用。公路运输成本包括城市内运送费用与区域间卡车运输费用。其他运输方式成本包括:铁路运输费用、国际国内空运费用、货物代理费用、油气管道运输费用。货主方面的费用包括运输部门运作及装卸费用。近十年来,美国的运输费用占国民生产总值的比重大体为6%,一直保持着这一比例,说明运输费用与经济的增长是同步的。

物流管理费用,是按照美国的历史情况由专家确定一个固定比例,乘以库存费用和运输费用的总和得出的。美国的物流管理费用在物流总成本中比例大体在4%左右。

库存周期:美国平均的库存周期在1996年至1998年间保持在1.38个月到1.40个月之间,但1999年发生了比较显著的变化,库存周期从1999年1月份的1.38个月降低到年底的1.32个月,这是有史以来的最低周期。库存周期减少的原因是由于销售额的增长超过了库存量增长。

提出问题

从上述案例分析,美国物流成本的主要结构构成是什么?对电子商务物流成本控制有什么启示?

一、电子商务物流成本构成

要进行物流成本控制,首先要对物流成本有一个正确的认识。一般来说,电子商务物流成本主要由以下一些成本构成。

1. 人工成本

人工成本是为物流从业人员支出的费用,如工资、奖金、津贴、社会保险、医疗保险、培训费等。

2. 作业消耗

作业消耗是物流作业过程中的各种物质消耗,如包装材料、燃料、电力等的消耗,以及车辆、设备、场地设施等固定资产的磨损折旧。

3. 物品消耗

物品消耗是指原料、半成品、协作品、商品等对象在运输、装卸搬运、存储等物流活动过程中的合理损耗。

4. 利息支出

利息支出属于再分配项目的支出,用于各种物流环节占用银行贷款的利息支付等。

5. 管理费用

管理费用是组织、控制物流过程花费的各种费用,如通信费、办公费、线路租用费、差旅费、咨询费等。

上述物流费用存在相互作用、相互制约的关系。物流系统成本管理不是降低某一环节的费用支出,而是追求物流总费用最低。因此,需要用系统集成的观点分析和控制物流费用消耗。

二、物流成本管理的方法

物流成本管理的基础是物流成本计算,原因包括两个方面:其一,成本能真实反映物流活动的实际状态,活动方法的差别会以成本差别明显表示出来;其二,把成本作为统一尺度来评价各种活动,很容易计算出盈亏,效果显著。物流成本计算揭示物流成本的大小,利用真实的数据说明物流管理的重要性,提高企业对物流的重视程度。通过成本计算能发现物流活动中存在的问题,找出解决问题的最佳方案,从而提高物流成本管理的水平。由于成本计算方法在前面已经讲述,下面我们介绍成本管理的方法。

1. 物流成本横向管理法

通过对本年度物流成本的分析,科学合理地进行物流成本预测,挖掘降低物流成本的可能性,确保物流成本计划的可行性。

2. 物流成本纵向管理法

物流过程的优化管理。运用各项技术,实现物流运输优化、配送优化、库存优化,实现最佳服务、最小物流成本、最快信息反馈。

3. 计算机管理法

通过计算机系统,建立横向和纵向的物流循环体系,实现总成本最小的物流方案。

三、控制物流成本的主要途径

由于实际物流情况的复杂性和多变性,控制物流成本的方法也是多种多样、变化不定的,但一般都遵循以下几条原则。

1. 加快物流速度,扩大物流量

全部物流成本可以大体划分为可变成本和固定成本两部分。前者如运输费、包装费、保管费等,它们随着物流量的变化而变化,即物流量增加时,物流成本的绝对值也随之增加,反之则减少。但它们的物流成本水平,即占物流成本数量的百分比相对比较固定。后者如工资、固定资产折旧费、管理费等,它们在物流量变动时,其绝对值通常保持不变或变化较小,即相对比较固定,但其费用水平与物流量的变化呈现反比例关系,即物流量增加时,费用水平下降。

根据这两种成本的特点,我们可以采取加快物流速度,扩大物流量的原理和方法,降低物流成本。当物流速度加快时,虽然可变成本也增加,但其幅度小于物流量增加幅度,而固定成本部分则与物流量成反比,即物流速度越快,物流量越大,其成本越小。从物流速度与流动资金需要量的关系来看,在其他条件不变的情况下,物流速度越快则所需要的流动资金越少。从而减少资金占用,减少利息支出,使物流成本降低。

2. 减少物资周转环节

物资在从生产领域进入消费领域,到达消费者手中之前,需要经过许多相互区别而又相互衔接的周转环节。这些环节越多,物资的流通时间也就越长,物流成本就必然相应增加。因此,尽可能地减少流通环节和减少物流时间,尽可能地直达供货,尽可能地减少物资的集中和分散,就会使物流速度加快,从而减少物流成本。

3. 采用先进、合理的物流技术

采用先进、合理的物流技术是减少物流成本的根本性措施。它不仅可以不断提高物流速度,增加物流量,而且可以大大减少物流损失。例如,先进、合理的装卸、运输机械,集装箱、托盘技术的推广(硬技术),科学、合理的运输路线、库存量(软技术)等都对减少物流成本具有十分重要的影响。

4. 改善物流管理,加强经济核算

物流管理水平的高低是影响物流成本的最直接因素。虽然管理本身不直接产生效益,但它却能通过其他具体的物流执行部门对物流成本产生影响。因此,加强物流管理,实现物流管理的现代化,是降低物流成本的最直接有效的方法。在具体实施过程中,采用岗位责任制方法,加强经济核算,对原材料消耗、资金、人员、物流各个环节的支出等层层分解,实行目标管理,是行之有效的好办法。

值得说明的是,降低成本并不意味着同时降低服务质量。如果在降低成本的同时,服务质量也随之降低,那么,由于成本降低所增加的利润就会因服务质量的降低而带来的物流量的减少所抵消,甚至成为负值。

任务三　电子商务中的物流成本控制的具体方法

案例引导

安利降低物流成本的秘诀

同样面临物流资讯奇缺、物流基建落后、第三方物流公司资质参差不齐的实际情况,国内同行物流成本居高不下,而安利(中国)的储运成本仅占全部经营成本的4.6%;2006年1月21日,在安利的新物流中心正式启用之日,安利(中国)大中华区储运部营运总监许绍明透露了安利降低物流成本的秘诀:全方位物流战略的成功运用。

安利的物流储运系统,其主要功能是将安利工厂生产的产品及向其他供应商采购的印刷品、辅销产品等先转运到位于广州的储运中心,然后通过不同的运输方式运抵各地的区域仓库(主要包括沈阳、北京及上海外仓)暂时存储,再根据需求转运至设在各省市的店铺。

安利储运部同时还兼管全国近百家店铺的营运、家居送货及电话订货等服务。所以,物流系统的完善与效率,在很大程度上影响着整个市场的有效运作。然而,国内的第三方物流供应商在专业化方面有所欠缺,很难达到安利的要求。

安利采用了适应中国国情的"安利团队+第三方物流供应商"的全方位运作模式。核心业务如库存控制等由安利统筹管理,实施信息资源最大范围的共享,使企业价值链发挥最大的效益。而非核心环节,则通过外包形式完成。

如以广州为中心的珠三角地区主要由安利的车队运输,其他绝大部分货物运输都是由第三方物流公司来承担。所有的仓库均为外租第三方物流公司的仓库,而核心业务,如库存设计、调配指令及储运中心的主体设施与运作则主要由安利本身的团队统筹管理。

目前,已有多家大型第三方物流公司承担安利公司大部分的配送业务。公司会派员定期监督和进行市场调查,以评估服务供货商是否提供具竞争力的价格及符合公司要求的服务标准。这样,既能整合第三方物流的资源优势,与其建立坚固的合作伙伴关系,同时又通过对企业供应链的核心环节——管理系统、设施和团队的掌控,保持安利的自身优势。

提出问题

从上述案例分析,安利为降低物流成本采取了哪些具体措施?实施的效果如何?

一、电子商务物流成本控制的现状

电子商务物流成本控制是根据计划目标,对成本发生和形成过程以及影响成本的各种因素和条件施加主动影响,以保证实现物流成本计划的一种行为。

迄今为止,我国尚没有完善的统一电子商务物流核算标准,也没有科学合理的综合管理框架。企业不同,电子商务物流成本的计算标准也不同,各企业所计算出的成本就缺乏相互对比的基础;企业内部计算物流成本的标准时常改变,缺乏统一明确的会计成本核算标准和整理方法,因此,对物流成本的计算是不完全的,进而影响了物流合理化的发展。

电子商务物流成本控制还没有超出财务会计的范围。从现代物流管理的角度来看,我国企业现行的财务会计制度中,按职能为基础的成本核算体系将物流系统诸环节隔离分解,没有单独核算物流成本的会计科目,一般所有成本都列在费用一栏中,导致一些物流费用无法计量与控制,造成物流成本信息失真。

长期以来,许多厂商把经营重点都放在生产和销售环节上,对物流管理比较粗放。为了寻求更多的效益,目前,很多商家都十分重视降低生产成本和销售成本,想方设法从这两个环节中找利润,却往往对物流中潜在的利润视而不见。企业也没有设置和配备正规的负责物流会计的机构和人员,有的公司把降低物流成本的工作完全委之他人(物流专业人员或销售、生产部门)。

二、物流成本控制的方法和途径

1. 采用目标成本法,进行事前控制、事中控制和事后控制

1) 事前控制

事前控制即物流成本预算,是指进行物流活动之前,对影响物流成本的各种因素和条件进行事前规划,即通过成本预测,选择最佳的降低成本的措施,确定计划期内的目标成本,作为成本控制的依据。

2) 事中控制

事中控制,是对物流活动过程中成本的形成和偏离成本目标的差异及其原因及时进行揭示,并采取措施加以改进,保证物流目标实现的控制过程。着眼于各个物流功能成本的监督和控制,使物流成本节省到最低限度,以达到预期的物流成本目标。

3) 事后控制

事后控制,即在实际物流成本形成之后,对实际物流成本的核算、分析和考核程序。物流成本事后控制即将实际物流成本控制和一定的标准比较,确定物流成本的节约或浪费,并进行深入的分析,查明物流成本节约或超支的主客观原因,确定其责任归属,对物流成本责任单位进行相应的考核和奖惩。

2. 树立物流总成本的意识,加强企业员工的成本管理意识

在实践中发现,不少企业把降低物流成本的努力停留在某一项活动上,而忽略了对物流活动的整合,没有树立起全员成本管理与控制意识,这样不利于物流成本的整体控制。现代物流的显著特点就是追求物流总成本的最小化,把降低成本的工作从物流管理部门扩展到企业的各个部门,做到深入人心,使企业员工具有长期发展的战略成本意识。

3. 加强企业物流基础设施建设

物流设备、物流工具等企业物流运作的硬件基础,会占用企业大量的资金,购置这些设备时就必须考虑是否能满足并适合企业的物流需要,评价其成本效益。同时,企业的物流运作与企业的经营业务密切相关,且物流战略必须服从企业的发展战略。因此,在购置物流基础设施之前就必须根据企业的最高效益目标来制订物流战略计划,确定企业的物流需求。然后再根据物流的运作要求在不影响物流质量的前提下选择物流成本最低的物流基础设施。

4. 提高具有竞争优势的物流服务水平,通过效率化的配送来降低物流成本

企业实现效率化的配送,减少运输次数,提高装载率及合理安排配车计划,选择最佳的运送手段,从而降低配送成本。

5. 建立高效的组织模式和规范的物流模式

通过企业物流成本控制方法的探讨来控制物流成本,对商品流通的全过程实现供应链管理,使由生产企业、第三方物流企业、销售企业、消费者组成的供应链整体化和系统化,实现物流一体化,使整个供应链利益最大化,从而有效降低企业物流成本。对企业的业务流程和作业程序进行程序再造,明确业务分工,规范服务标准,提高作业效率,降低物流成本。

6. 借助现代化的信息管理系统来降低物流成本

采用现代化的信息管理系统一方面可使各种物流作业或业务处理能力准确、迅速地进行;

另一方面通过信息系统的数据汇总,进行预测分析,可控制物流成本发生的可能性。计算机迅速及时的信息传递和分析,通过配送中心的高效率作业、及时配送,并将信息反馈给供货商和生产企业,可以形成一个高效率、高能量的商品流通网络,为企业管理决策提供重要依据。同时,还能够大大加快商品流通的速度,降低商品零售价格,提高消费者的购买欲望,从而促进国民经济的发展。

总之,对电子商务企业来说,要实施现代化的物流管理,就必须进行物流成本的控制,而进行物流成本的控制,则在于全面、正确地把握企业各个环节的物流成本的核算和管理,降低企业的物流成本。

项目小结

本项目先讲述了电子商务物流成本的含义。从多个角度对电子商务物流成本的类别进行分析,最后详细论述了电子商务物流成本的管理及控制的基本方法。通过本项目的学习,应能了解在电子商务环境中物流成本的构成及有效的控制方法,分析成本控制的合理性。

案例任务分析

亚马逊扭亏为盈启示:降低物流和支付成本

世界最著名的电子商务企业——亚马逊是怎么盈利的?原来它用五年时间,将物流成本降低了近一半!同时,利用这种物流成本优势,以减免运费的方式,打击竞争对手,扩大销售额和市场份额,以发挥规模效应,从而进一步降低物流成本。相比之下,中国的电子商务企业,在降低物流成本问题上,尚未找到合适的模式。

电子商务企业用虚拟的网络店面代替了实体店面,虽然节约了店面租金,却增加了物流成本。

"物流执行成本"(包括运输、订单处理、仓储、收发货和退换货等成本)已成为电子商务企业除销货成本外的最大支出。以当当网为例,2010年前九个月当当网毛利润率为22%。其中,营销费用、技术费用和一般管理费合计占总销售收入的9.3%,但仅"物流执行成本"一项就占到销售收入的13%,致使公司前三季度(加上其他业务收益后)净利润率仅为1%。

而亚马逊在20世纪90年代,"物流执行成本"也一度占到总成本的20%,目前,下降到10%左右,但仍占总销售收入的8.5%(亚马逊最大的成本是"销货成本",由于在销货成本的基础上确定售价,因此,其销货成本占销售收入的比例一直保持在80%左右。至于其他成本,占总销售收入的比例较小)。

由此可见,物流成本的降低对电子商务企业非常关键。亚马逊当初之所以能扭亏为盈,其关键因素也是物流成本的降低。

我们看看亚马逊的例子。1999—2003年,亚马逊重新整合物流体系,使外部运输成本占销售收入的比重,从13.8%下降到9.7%,"订单执行成本"(主要是呼叫中心运营、订单处理、仓储、收发货及支付系统成本)占销售收入的比重,从最高时的15%下降到9.1%。

另外,从利润数据来看,亚马逊从1995年成立到2002年实现盈利,这期间,"产品目录的成熟和规模效应"及"运输成本的下降"分别贡献了3.5个点的毛利润率,推动毛利润率上升了7个百分点;同时,"订单执行成本"的下降,也贡献了5个点的利润率;再加上商誉等无形资产摊销和重组成本等非经营性成本的大幅降低,使亚马逊的营业利润率从-30%上升到0%。

因此,从经营的角度来看,亚马逊的扭亏主要来自物流成本和支付成本的下降。我们看到,对于多数电子商务企业来说,物流仍是规模发展的瓶颈。但相反,对于那些能有效控制物流环节的企业来说,却是一项核心竞争能力。

比如,亚马逊,物流成本的降低为其提供了新的促销空间,它不断降低免运费门槛,以此来打击竞争对手。免运费订单的最低额度,从最初的99美元降到49美元,2002年进一步降至25美元。2005年,亚马逊又推出一项会员服务,即一年支付79美元,就可以享受无限量的免运费两日内送达服务,以及折扣价的次日送达服务。

据亚马逊测算,2005年,公司总计为消费者节约了4.75亿美元的运费支出。这也就意味着,亚马逊为消费者提供了4.75亿美元的补贴。直接后果是导致公司2005年第四季度没能达到利润目标,并使业绩公布当天的股价暴跌10%。当时,很多投资人质疑亚马逊的"物流促销"方案是否太"昂贵"了,对投资人来说是否值得。

但亚马逊坚持推广它的物流促销计划。结果是公司从客户处收取的运费,1999年时相当于运输成本的105%,到2004年时已降至68%。而到2010年9月,公司从消费者处收取的运费仅能覆盖毛运输成本的48%,相应地,净运输成本则从零上升到销售收入的4%左右(若不是运输成本的降低,该比例将上升至7%)。

但是,市场份额的增长和销售规模的扩张,降低了订单执行的固定成本;其他业务的开展,则弥补了净物流成本的上升。

亚马逊的物流模式:超大物流中心

亚马逊的物流促销,成为电子商务行业的经典案例。那它是如何用五年时间使物流成本降低近一半的?与国内企业深度介入物流运输环节不同,亚马逊的配送环节全部外包。美国境内部分外包给美国邮政和UPS,国际部分外包给基华物流CEVA、联邦快递等。

亚马逊如何加强对物流环节的掌控呢?

答案就是大规模建设"物流中心"。截至2009年年底,亚马逊在美国本土拥有物流仓储中心约110万平方米,在海外则达到53万平方米。上述物流中心,除了为亚马逊自己的货物提供收发货、仓储周转服务外,也为亚马逊网站上代销的第三方卖家提供物流服务。无论是个人卖家还是中小企业,都可以把货物送到较近的亚马逊物流中心,亚马逊按每立方英尺(1英尺=0.3048米)每月0.45美元收取仓储费(相当于每立方米每月人民币106元)。

客户下单后,亚马逊的员工就会负责订单处理、包装、发货、第三方配送及退换货事宜,并按每件货物0.5美元或每磅0.40美元收取订单执行费。

目前,由第三方销售的商品占到亚马逊总销量的30%,活跃的卖家有190万,通过亚马逊系统配送的货物达100多万种。

通过物流中心,亚马逊将分散的订单需求集中起来(不仅是信息集中,也是货物集中),再对接UPS、基华物流等规模化物流企业,以发挥统筹配送的规模效应。

规模化的平台也为现代科技的应用提供了空间。2006年,亚马逊选定"伯灵顿北方圣达菲物流"BNSFLogistics作为其美国本土的"物流管理解决方案"提供者,通过进一步优化物流体系,降低物流成本。

亚马逊模式的启示:用物流中心提高行业集中度

亚马逊模式的核心,是用物流中心聚合订单需求,以对接大型物流企业,发挥规模效应。在国内,由于尚不具备 UPS、联邦快递这类真正具有规模优势的现代物流企业,因此,许多电子商务公司选择了"自建物流队伍"。

但从国际物流行业的发展趋势来看,"规模化"和"专业化"是行业发展的必然方向,自建物流队伍不仅会面临"重资产"的压力,而且较长时期内物流成本也难以对抗专业化的物流公司。所以,电子商务公司要突破物流瓶颈,根本途径不是全盘自建物流体系,而是用规模化的物流中心,聚合海量货物,进而培植规模化的物流企业,最终,通过规模效应的发挥降低物流成本。实际上,联合利华、宝洁等大型制造企业以及沃尔玛、亚马逊等大型商业企业的发展,已经推动了物流行业集中度的快速提升,包括物流中心的规模化和物流企业的规模化。有了规模化的物流中心,才能培植规模化的物流企业,物流业集中度的提高是电子商务平台发展的基础。

分析任务

1. 亚马逊通过哪些途径降低并控制物流成本?
2. 亚马逊有哪些经验是值得国内电子商务企业借鉴的?

实训考核

实训项目　电子商务物流成本

1. 实训目的:通过实训,了解企业物流作业成本构成。
2. 实训内容:通过了解任一 B2C 型电子商务企业的网上营销情况,了解其物流作业成本构成,根据本项目所学的知识,分析其物流成本耗费合理与否,并提出合理化建议,如何有效的控制物流成本。
3. 实训要求:将参加实训的学生分组,在教师指导下进行设计,完成实训报告,报告的字数在 1000 字以上。

参考文献

[1] 郑承志. 电子商务与现代物流管理[M]. 沈阳:东北财经大学出版社,2006.

[2] 崔介何. 电子商务物流[M]. 北京:中国物资出版社,2008.

[3] 刘丽华,蔡舒. 电子商务物流管理[M]. 武汉:武汉大学出版社,2008.

[4] 章承林,李卉群. 电子商务物流管理与实训[M]. 北京:经济科学出版社,2008.

[5] 王立坤,孙明. 物流管理信息系统[M]. 北京:化学工业出版社,2003.

[6] 周云霞. 电子商务物流[M]. 2版. 北京:电子工业出版社,2010.

[7] 燕春蓉. 电子商务与物流[M]. 2版. 上海:上海财经大学出版社,2010.

[8] 万海霞,赵玉国. 电子商务物流管理[M]. 武汉:武汉大学出版社,2010.

[9] 周长青. 电子商务与物流[M]. 2版. 重庆:重庆大学出版社,2011.

[10] 张铎. 电子商务物流管理[M]. 3版. 北京:高等教育出版社,2011.

[11] 李红霞,李琰. 电子商务物流[M]. 北京:中国铁道出版社,2012.

[12] 吴健. 电子商务物流管理[M]. 2版. 北京:清华大学出版社,2013.

[13] 付淑文. 电子商务物流应用实务[M]. 北京:北京大学出版社,2013.